칼리의 프랑스 학교 이야기

칼리의
프랑스 학교 이야기

목수정 지음

생각
정원

2004년 5월 강화도 흙집에서 잉태되었던 아이가 2005년 3월 파리에서 태어났다.

생후 8개월에 한국으로 돌아가 유아기를 보내고 2008년에 파리로 귀환한 아이가 이 도시에 입성하며 처음 한 말. "엄마, 이 도시는 무지갯빛이야!" 그 무지갯빛 도시에서 칼리는 학교에 들어갔고, 지금 열세 살 소녀가 되었다.

아이를 키우는 일은 내게 새로운 사랑에 도달하는 과정이었다. 마침내 내게도 허락된 이 긴 사랑의 여정 앞에서 난 호흡을 가다듬고 길을 나섰다. 지금까지는 몰랐던 또 다른 사랑의 언어를 찾아내 건네고, 또 받았다. 그리하여 인생이 감추어둔 또 다른 보물을 캐내는 그 길을 아이와 함께 걸었다.

아이를 양육하거나 교육한다는 말은 내게 적합하지 않았다.

우리는 서로 생각을 주고받으며, 세상을 향해 발을 내딛어갔다. 처음에는 좁은 보폭으로 조심스럽게 걸었지만, 나중에는 씽씽 달려가는 아이를 잡으러 가다가 넘어지기도 했다. 아이는 내게 세상을 보는 새로운 창을 열어주고, 나는 종종 나의 창가로 아이를 데려와 내가 바라보는 창으로 세상을 보게 해주었다.

아이가 네 살 되던 해였다. 어느 날 같이 집에 오던 길, 잠시 한눈파는 사이에 아이가 순식간에 눈앞에서 사라졌다. 동네 한 바퀴를 혼미한 정신으로 돌고 집에 돌아갔을 때 아이는 거기에 멀쩡히 있었다. 아이를 찾아 동네를 돌던 15분 동안 잠시 후 닥칠지 모를 내 인생의 결정적 비극을 확인하게 되면 어떤 마음가짐으로 살아야 하는지를 생각했다. 나는 지금까지 아이의 삶이 행복했는지 급히 점검했다. 그러고는 '후회 없이 행복한 시간을 누렸다면 어느 순간 인생이 멈춘다 한들 무엇이 아쉬우랴'라는 대범한 결론에 도달했다. 결국 아이에겐 아무 일도 없었고 내가 15분 동안 바들바들 떨며 흘렸던 식은땀은 순식간에 상쾌하게 증발해버렸지만 그 직전에 절박하게 던진 질문과 거기서 얻은 답변은 선명하게 이정표처럼 내 머리 위에 떠 있다.

아이의 미래를 위해 아이가 누릴 오늘의 행복을 유보하지 말지어다. 그날 이후 내가 얻은 하나의 원칙이다. 그날 밤부터 자기 전에 아이에게 물었다. "오늘 하루, 행복하게 보냈어? 칼리야, 넌 행복한 아이니?" 아이가 주저 없이 고개를 끄덕이면 서로 이마와 볼, 코에 뽀뽀를 전하고 아이를 꿈나라로 보내주곤 한다.

이 경이로운 존재와 삶을 같이한 지 13년. 나와 아이 아빠는 매일 아이를 열광적으로 맞이한다. 아침 식사를 하러 눈을 비비며 식탁으로 다가올 때, 현관문을 딸랑이며 학교에서 돌아올 때, 일요일 늦은 아침에 침대 위에 누워 있는 엄마와 아빠 사이로 점점 덩치가 커져가는 토끼 한 마리가 파고들어 올 때 우린 "칼리다!"라며 환호성을 지른다. 마치 복권에라도 당첨된 것처럼.

환호 인파 (단 두 명뿐이지만) 앞에서 매일을 열어간다 할지라도 사랑의 언어가 온전히 전달되고 흡수되는 일에는 늘 착오가 발생하기 마련이다. 언제나 매끄럽고 보드라운 관계만은 아니었다. 아이가 커갈수록 사회와 접하는 관계망이 넓어지고 부모와의 접촉면은 줄어든다. 아이는 점점 더 먼 곳으로 항해해나가며, 세계와의 관계 속에서 자신을 구축해나간다. 엄마는 매일 밤 여전히 행복한 아이로 살고 있는지 확인할 뿐, 지하철에서, 길에서, 학교에서 세상과 만나고 부딪히며, 느끼고 경험하며, 웃고 울다가 다시 집으로 돌아와 휴식을 취하는 아이를 팔 벌려 안아줄 뿐이다. 학교와 집 사이에서 얻은 것으로 제 세계를 축조해나가는 것은 오로지 아이의 몫이다.

    한국에서의 어린이집 시절을 지나, 만 세 살 때부터 아이는 프랑스 공교육 시스템과 함께 살아가고 있다. 유치원과 초등학교를 거쳐, 중학교까지 다니면서 아이가 경험한 학교라는 틀을 통해 프랑스 사회가 축적해온 양식들이 아이 속에 스며드는 것을 지켜보았다. 훌쩍 엄마를 넘어서서, 저만의 멋진 세상을 친구들과 함께 짓고 있는 아이의 모습, 학부모로 이 나라 학교를 겪으며 지내온 지난 13년의 관찰과 생각들을 책 속에 차곡차곡 담았다.

2장
등수가 사라지면 우정이 피어난다

3장
아이들을 움직이는 것은 바람이 아니라 햇볕

4장
경쟁하지 않을 자유

"엄마, 왜 세상의 모든 꽃들은 예뻐?"

: 칼리, 3살(2008) :

1장

아이는
온전한 인격체다

프랑스에선 육아가 쉽다고요?

며칠 전, 한 지인의 결혼식에 참석했다. 프랑스에서 결혼식은 구청이나 시청에서 열린다. 혼인신고식에 해당하는 이 절차를 마친 다음에 화려한 버전으로 한 번 더 하든, 피로연만 하든, 둘이서 샴페인 한 잔씩만 마시든, 각자 알아서 할 일. 구청장이나 시장이 간단히 정해진 절차에 따라 주례를 서고 각각의 증인 두 명이 이들의 결혼서약에 서명을 하는 것으로 결혼식은 완료된다. 파리 바로 옆에 있는 작은 도시 뱅센(Vincennes) 시청. 19세기에 지어진 멋진 석조 건물의 연회실에서 결혼식은 치러졌다. 만면에 미소를 띤 여성 시장이 들어와 주례사를 읽는데, 이런 말이 귀에 쏘옥 들어왔다.

"앞으로 두 분이 부부의 연을 맺고 살아가는 동안, 부부간의 끈끈한 애정이 가정을 지탱하는 중심이라는 사실을 잊지 마십시오. **자녀들을 다소 희생시키는 한이 있더라도**, 두 사람의 애정을 지키는 데 항상 우선순위를 두어야 한다는 사실 명심하셔야 합니다."

"자녀들을 희생시키더라도?" 이 나라에 오자마자 내 눈에 들어오던 놀라운 사실 중 하나가 이 나라 젊은 (혹은 나이 든) 부부들이 가정생활의 중심을 자녀가 아니라 그들 자신의 애틋한 부부애를 유지해나가는 데 둔다는 점이었다. 그런 '현장'이 목격될 때마다 눈 동그랗게 뜨고 '럴수럴수 이럴 수가……' 했던 터에 그 행동을 신념화한 문장이 증거물처럼 내 귓가에 들려오자 혼자 웃음을 삼키며 속으로 이렇게 되뇌었다. '안다 알아!' 굳이 이 나라 사람들이 상식으로 갖고 있는 이 태도를 저렇게 강조해서 말하는 건 '혹시 신부가 한국인이라서?' 하는 생각이 스친다. 아시아계 여성들은 자신과 남편과의 관계보다 자식을 더 삶의 중심에 둔다는 통념을 저분은 알고 계신 건지도.

물론 틀린 얘기가 아니다. 우린 자식을 위해 부모가 희생하는 것을 당연히 여길 뿐 아니라, 다분히 미화하기도 한다. 부모가 그렇게 하시는 걸 보고 자랐고, 그 부모의 은혜에 보답하기 위해 우린 그들의 꿈을 헤아리며 나의 목표를 정하거나, 나의 욕망을 제어하기도 한다. 그리고 우리가 다시 부모가 되었을 때, 같은 헌신과 희생을 기꺼이 받아들인다. 그런데 문득 서서 생각해보니 내 부모는 날 위해 살았고, 나는 내 자식을 위해 살면, 그럼 내 인생은 대체 누가 살아주는 건가? 내 인생을 완성시키는 대신, 널 위해 나를 다 바쳤다라고 말하는 것은 일종의 회피일 수도 있다는 생각이 든다. 각자 자신의 삶을 최선을 다해서 살아내는 것이 각 개인에게 주어진 최대의 과제일 터인데, 왜 우린 쉽게 너를 위해 내 인생을 바쳤다고 말하며 뿌듯해하는가?

부부 애정을 중심으로 가정을 꾸려나가라는 이야기는 "너 자신의 인생을 먼저 존중하라"는 이야기와 같다. 주례사에서 시장이 굳이 "아이를 희생시키는 한이 있더라도"라고 표현한 것은 흔히 아이를 핑계로 부부의 돈독함이 훼손될 수 있기 때문이다. 대표적이고 극단적인 사례가 우리의 기러기아빠 스토리일 것이다. 내가 선택한 내 인생의 파트너와의 사랑의 결실이 아이이고, 아이의 행복 또한 두 사람의 굳건한 사랑을 바탕으로 보장되는 것이니 결실을 맺게 한 그 본질을 잊지 말라는 것이다.

이러한 사고는 당연히 육아 패턴에도 차이를 가져온다. 프랑스 여자들의 육아를 지켜보면 나를 아이의 요구에 맞추는 것이 아니라, 나와 남편이 함께하는 삶의 패턴에 적당한 자리를 아이에게 내어준다. 아이의 울음에 나의 몸이 반응하는 것이 아니라,

나의 생활 리듬에 아이가 자신의 울음과 욕망을 절제하도록 훈련시킨다. **아무런 죄책감 없이.** 내 삶의 중심은 "**바로 나야**"라는 확고한 중심이 있는 사람만이 할 수 있는 일이다.

예를 들어 이 나라 사람들은 일정한 시간에 아이를 재운다. 아이는 물론 어른들이 정한 시간에 자지 않으려고 칭얼대지만 어느 정도 그 칭얼댐에 응해줄 뿐, 울음을 그칠 때까지 안아주지 않는다. 적당한 선에서 "이제 자거라" 하며 아기방 문을 닫고 나온다. 오래 지나지 않아 아이들은 일찍 자고 일찍 일어나는 어린이가 된다. 이때 엄마 아빠가 망설이거나 아이의 울음에 약해지는 모습을 보이는 순간, 공든 탑은 무너진다. "넌 지금 자야 한다. 잠이 안 오더라도 혼자 있는 시간을 견뎌야 해"라는 메시지가 명확해지면 아이는 더 보채지 않는다. 아이의 보챔을 이 나라 사람들은 자신이 어디까지 요구할 수 있는지 팔을 뻗어 경계를 찾는 과정이라고 얘기한다. 양육자가 그 경계를 명확히 정해주지 않으면 아이도 어른도 함께 힘들어진다는 것이다. 따라서 반복해서 알아들을 때까지 그 경계선이 어디 있는지를 단호히 알려주는 것은 양육자의 첫 번째 임무라는 것.

수유하는 방식, 기저귀 갈아주는 패턴, 간식 주기, 휴가……. 모든 일에 이 가치관의 차이가 적용된다. 모유 수유와 분유 수유 양자 간의 선택에서 기준은 엄마의 편리함이다. 태어났을 때, 71

퍼센트의 엄마가 모유 수유를 선택하고 대략 3개월까지 이 모유 수유는 이어진다. 이후엔 대체로 직장에 복귀하기 때문에 이 나라 엄마들의 수유 기간은 대략 3개월이 평균치다. 처음부터 젖이 넉넉히 나오지 않아, 혹은 자신의 선택에 의해 분유 수유를 한다 해도 죄책감을 느끼게 하는 사람도 없거니와 제3자가 끼어들어 조언을 한다는 건 있을 수 없는 일. 어린 자녀를 두고 둘만의 휴가를 떠나는 사람들도 적지 않다. 부모 노릇으로부터 잠시 해방되어 연인으로서의 애틋함을 되찾는 시간을 주기적으로 갖는 것은 애정을 유지하기 위한 이들의 방식이다. 아이가 한 살이건, 서너 살이건 그들은 이런 규칙을 아이 때문에 깨뜨리지 않으며, 조부모 또한 이런 일에 자신들이 등장하여 조력자가 되어주길 마다하지 않는다. 부부의 애정을 유지시키기 위한 노력은 존중받아야 할 신성한 일이기에 당당히 주변에 도움을 요청할 수 있는 것이다.

칼리 아빠는 먼 길 갔다 집에 돌아올 때, 항상 나를 먼저 품에 안는다. 아이는 그다음이다. 아침에 일어나 식탁 주변에서 세 식구가 서로 다시 만날 때도, 언제나 나와 긴 포옹으로 아침 인사를 먼저 하고, 아이는 포옹을 나누는 부모를 보며 자신의 차례를 기다린다. 나와 칼리 사이에 언쟁이 생기면 희완은 언제나 아이 앞에서 나의 권위를 먼저 세워주고 엄마 말이 옳음을 아이에게 일깨운다. 설혹 우리 사이에 이견이 있더라도 아이 앞에서는 부모가 한 팀임을 언제나 상기시킨다. 엄마 아빠가 있은 후에 네가 생겨 났다는 사실을 아이에게 확인시켜주는 것은 아이에게 서운함이 아니라 오히려 든든함이 된다. 부모는 자신의 뿌리이기 때문이다.

육아를 상대적으로 쉽게 만들어주는 첫 번째 조건이 바로 양육자의 자기중심적 마음가짐이라면, 두 번째는 육아를 철저히 공적인 일로 받아들이는 이 나라의 시스템이다. 구체적으로 이 나라의 공교육 시스템을 누린 것은 아이가 세 살 때부터였고, 그 시스템이 있었기에 난 지금까지 글을 쓰고 번역을 하면서 살아올 수 있었다고 생각한다. 이 나라가 제공하는 혜택은 충분히 누렸으나 자기중심적인 주 양육자의 태도는 충분히 내게 스며들지 못했다. 딸이 커가면서 오히려 아이가 엄마와 자신 사이에 확고한 서로의 영역이 설정되도록 자율의 힘을 급속히 키워갔다. 프랑스 학교가 길러낸 독립적인 어린 시민이 한국 엄마의 끈끈함을 훌쩍 뛰어넘어 넓은 세상으로 나아가기 시작했다. 그 아이를 한 발자국 뒤에서 바라보며, 난 프랑스 아이의 엄마가 되어갔다.

탄생 설화

2004년 5월. 칼리 아빠와 결혼은커녕 미래에 대한 어떤 기약도 한 바 없었다. 그가 제 나라 프랑스로 돌아가고 내가 새 직장에 출근을 시작한 지 한 달도 안 되었을 무렵, 칼리가 내 배 속에 들어왔다는 것을 알았다. 이 소식을 한순간이라도 부정적으로 느낀 적이 있었던가? 삶은 철저히 해석이 아니던가? 객관적으로 아이를 맞이할 안온한 환경은 갖추지 못했지만, 상관없었다. 아이를 맞는 데 필요한 건, 아이를 기쁘게 맞아줄 엄마, 굳이 하나를 더하자면 아빠 정도면 충분하다고 믿었다. 앞뒤 재지 않고 충만한 기쁨으로 아이 소식을 맞았고 이후로도 다이아몬드같이 단단한 환희에 균열을 낼 일은 생겨나지 않았다. 운이 좋아서라기보다 어떤 훼방도 뚫고 들어오지 못하도록 마음으로 거부했기 때문이다.

흔히 '상처를 받는다'라고 표현한다. 우비를 뚫고 들어오지 못하는 비처럼 상처는 침입을 허락하지 않는 표면으로 침투하지도, 효과를 발휘하지도 못한다. 배 속의 아이 소식을 접한 순간 오로지 기쁨으로 아이와 함께 살아가기로 했고, 그것으로 충분했다. 이때 내가 누린 기막힌 행운이 한 가지 있었다면, 다니던 직장이 한국 최초로 원내 진출에 성공한 소위 '진보정당'이었다는 사실. 정치적 '가오' 때문이라도 비혼 상태에서 임신하고 육아휴직을 신청해 1년간 자리를 비울 계획을 세우는 나를, 구박할 수 있는 구조가 아니었다. 난 느긋하게 그 상황을 누렸다.

7개월이라고는 믿을 수 없을 만큼 단출했던 배는 아이 아빠의 바람에 따라 아빠 곁에서 아이를 낳기 위해 프랑스로 건너오자마자 풍선처럼 부풀어올랐다. 아이는 이제야 누울 자리를 찾았다는 듯 순식간에 몸집을 불렸다. 예정일로부터 일주일이나 지난 3월 8일, 칼리가 세상에 나왔을 때 산파들은 에스키모(이누이트) 아이가 나왔다고 탄성을 질렀다.

출산은 의료 행위가 아니라는 철학을 바탕으로 자연스러운 출산을 최대한 돕는 병원(Maternité des Lilas)에서 아이를 낳았다. 의사는 대기하고 있다가 의학적 개입이 필요한 순간에만 불려와 합류할 뿐, 경험 많은 산파들이 출산을 주도한다. 두 명의 산파가 나의 출산을 도왔다. 난산이었다. 아침 9시에 시작된 산통은 밤을 넘기고 다음 날 새벽으로 향했다. 의사가 두 번의 의학적 개입을 한 후에야 나는 칼리와 만날 수 있었다.

과다 출혈로 출산 직후 의식을 잃었다가 깨어나자 산파들은 내게 아이 젖을 먹이라고 했다. 산파가 이미 탱탱하게 부풀어 있는 내 유두를 가리켰다. 나도 모르게 내 몸은 아이를 위한 젖을 준비하고 있었다. 산파의 도움으로 자세를 잡고 아이를 안아 젖을 물리자 아이는 젖을 힘차게 빨기 시작했다. 오우! 운전면허는 커녕 학원 한 번 안 다니고 운전석에 앉았는데, 차가 씽씽 달려 나가는 듯한 이 기분.

아이는 세상에 태어나기 전, 신생아 훈련소에 입소하여 철저히 교육이라도 받고 나온 듯, 나는 알지 못하는 신생아로서의 행동 수칙을 이미 척척 알고 행동했다. 유전자라는 지도가 우리 몸에 새겨져 있어서겠지만, 아이가 태어난 이후, 매 순간 나를 훌쩍 뛰어넘는 이 생명체에 압도될 수밖에 없었다. 그때부터였던 것 같다. 나보다 아이가 더 잘 알고 있다는 그 직관적 믿음에 이끌렸던 것은.

태아일 때부터 인간의 성장은 생명체가 지구상에 처음 나타나 오늘날 인류에 이르기까지의 진화 과정을 압축하여 재현하는 과정이라고 한다. 물에서 태어난 최초의 생명은 육지로 올라와 네

발로 걷다가 어느 날 직립을 한다. 그리고 외마디 소리를 내뱉던 인간은 손과 뇌신경을 발달시키는 다양한 움직임 끝에 혀를 움직여 언어를 구사하기 시작한다. 아이를 키우는 1~2년 사이에 수십억 년간 진행된 생명체의 진화 과정을 지켜볼 수 있었다. 마침내 걷고, 말하고, 감정을 표현하고, 고집을 부리다가도 사랑을 건네는 인간으로 성장하는 그 모습을.

엄마가 불행하면 모두가 불행하다

혹독한 출산의 시간이 지나가고 새날이 밝았다. 간밤에 같은 병원에서 태어난 아이는 모두 여섯 명. 여섯 명의 산모들이 한자리에 소집되었다. 심리학자가 주재하는 각자의 출산 경험을 토로하고 털어내는 자리였다. 나는 병실 내에 있는 화장실에 가는 것조차 힘에 겨운 상태였다. 다른 포유동물들에게는 조용히 치러지는 일이 왜 이토록 인간에게는 힘겨운지!

그들이 순응한 무엇을 우리가 필시 어겨왔고, 되돌아가려 해도 그 길을 모르는 탓이리라. 혹자는 출산의 고통이 직립보행을 선택한 인간이 맞이하게 된 업보라고도 한다. 네발짐승들은 발달한 골반을 가졌기에 출산에 큰 어려움을 느끼지 않지만, 인간은 직립보행을 하면서 자유로운 손을 얻고 손의 움직임이 무한히 뇌를 자극하면서 인간의 눈부신 진보가 시작되었다고. 대신 골반의 움직임이 현저히 줄어들면서 본래의 설계도면을 이탈했고, 오늘의 신체 구조에 이르면서 인간은 출산의 고통을 감당해야 했다. 결국 전체 인류의 지적인 성장을 위해 여자가 독박을 쓰는 구조? 우리가 발달한 골반을 포기한 대가로 얻은 기술의 진보를 나는 기계와의 불화 때문에 누리지 못했다. 18시간이나 걸린 혹독한 출산의 후반부에 무통분만 주사는 전혀 효과를 발휘하지 못했다. 출산의 과정이 뒤흔들고 간 내 몸 상태를 받아들여야 했다.

모임에 가지 못한 대신, 한방을 쓰던 다른 산모에게 모임에서의 이야기를 전해들었다. 무통분만 주사가 완벽하게 효과를 발휘한 나머지 아무런 고통 없이 아이를 만나서 자신의 출산 경험을 완전히 도난당했다고 느낀 산모도 있었고, 나처럼 수중분만을 계획했다가 가중되는 고통을 감당할 길이 없는데다 이 고통을 다 견디다가는 태어나는 아이를 도저히 사랑할 수 없을 거란 생각에 뒤늦게 무통분만 주사를 청한 사람도 있었다. 제왕절개가 예정되어 있었던 사람도 있었다. 다른 산모들과 같은 출산의 경험에서 일찌감치 제외되어 있던 그분에게 사람들은 '힘내시라'며 응원의 메시지를 보내는 분위기였다.

프랑스에서 제왕절개는 산모의 요청에 따라 행해질 수 없으며, 의사만이 불가피한 경우에 결정할 수 있다. 그것은 본격적인

의료 행위였고, 따라서 일반 산모보다 회복 기간도 오래 걸렸다. 출산의 방식이 무엇이든 의사의 판단에 의해 결정되는 의학적 개입이 있다면, 의료보험이 모든 것을 커버한다. 임신 중에 진행되는 초음파 검사까지. 따라서 엄마들의 불안감을 이용한 불필요한 검사를 권유하는 일은 있을 수 없다.

내 경험을 그들 앞에서 토로하진 못했지만 여러 산모들의 술회 속에 내 이야기가 담겨 있었기에 이야기를 전해듣는 것만으로도 내 경험이 객관화되는 느낌을 가질 수 있었다. 서른 즈음 깨달았던 것 중 하나는 어지간한 심리적 고통은 객관화라는 거울 앞에서 치유의 길을 찾을 수 있다는 사실이다. 산후우울증을 예방하기 위해 병원 측이 이런 자리를 마련해주었다는 사실 자체가 사실상 내겐 위로였다.

병원 측은 출산 전에도 예비 부모를 위한 사전 교육 차원에서 이런 자리를 여러 차례 마련했다. 부부가 함께 모이거나 예비 엄마 혹은 예비 아빠들만 따로 모여서 각자의 불안과 궁금증들을 나누며 미래를 준비하게 했다. 이런 자리를 진행하는 사람들은 산부인과 의사이거나 산파 혹은 심리학자들. 그들은 해답을 주기보다 사람들이 각자 염려하는 바를 토로하게 했고, 열려 있는 해답들을 제시하곤 했다. 여자들은 자연스러운 출산을 위한 준비사항, 모유 혹은 분유 수유의 장단점, 산후 몸 관리 등에 대한 정보들을 주로 들었던 반면, 남자들이 모인 자리에서는 출산 이후 얼마 만에, 어떻게 성관계를 재개해야 하는지에 대한 열띤 논의가 이뤄졌다고 한다. "왜 우리는 그녀들이 원할 때까지 기다려야 하고, 그녀들이 원할 때면 우린 늘 준비되어 있어야 하냐"며 울분을 터뜨린, 역사학자라고 자신을 소개한 남자의 열변에 모두가 크게 공감했다고……

대부분의 산모는 사흘째 되는 날 병원을 떠났으나, 난산이었던 나는 의사의 처방에 따라 일주일을 머물렀다. 2인실에 있다가 사흘째부터는 방에 여유가 생겨서 1인실에서 머물 수 있었다. 한 시간이 멀다 하고 간호사들이 드나들며 나의 수유 자세를 잡아주거나, 육아와 관련한 조언들을 건네주었다.

한국 친구가 쇠고기를 잔뜩 넣고 한 솥 가득 걸쭉하게 끓여온 미역국을 병원에 맡기고 매끼 한 그릇씩 데워달라고 부탁했더니, 병원 측은 기꺼이 내 청을 들어주었다. 미역국이 내 방으로 배달될 때면 병원의 모든 사람들이 신묘한 냄새의 진원지를 향해 호기심을 발동시키곤 했다. 미역이 피를 맑게 해주고 모유 수유에 좋다는 내 얘기에 모두 귀를 쫑긋 세우기도 했다.

피임은 어떻게 하실 건가요?

출산 후 닷새가 지나고 나서야 나는 내 산부인과 의사와 마주 앉았다. (출산 때, 무통분만 주사를 놔주신 분은 당직 의사였지 내 담당 의사가 아니었다.) 미셸 오바마를 연상시키는 지적인 분위기의 늘씬한 중년 여성이었다. 그녀는 내게 금방 다시 아이를 가질 건지, 당분간 피임을 할 건지를 물었다. '어머, 이런 사적인 질문을?' 잠시 당황했으나 그녀는 의사고, 낙태가 허용될 뿐만 아니라 의료보험으로 보장되는 이 나라에선 피임도 당연히 의사가 철저히 묻고 챙겨야 하는 보건의료의 영역이었다. 당연히 아이를 당장 (아마도 영원히) 더 낳을 생각은 없었기에 피임을 곧 하겠노라 말했다.

그녀는 몇 가지 피임 방식에 대해 나와 상의한 후, 결국 내가 선택한 방식에 필요한 처방을 해주었다. 태어나서 처음으로 피임에 대해 의사와 이야기했다. 출산뿐 아니라 피임도 보건의료의 영역에 해당하는 의학적 판단이란 생각을 처음으로 가질 수 있었다. 내 나이 서른여섯 때의 일이었다. 이전까진 내 몸에서 생식에 관한 부분을 스스로 관리하고 결정하는 것이 마치 나의 일이 아닌 양, 운명이 이끄는 대로 가겠다는 듯 막연하고 무지한 태도를 갖고 살아왔다는 사실을 자각할 수 있었다.

피임 문제를 해결한 이후, 의사는 아이가 나온 자리를 찬찬히 진찰했다. 그녀도 힘든 출산이었음을 알고 있었다. 20회에 걸쳐 물리치료를 받을 수 있는 처방전을 써주었다. 일반적으로는 10회 정도의 처방전을 써주지만 내 몸의 상태로 봐서는 20회도 모자랄 수 있다며 재활훈련이 끝나면 다시 오라고 했다. 그때 봐서 필요하면 다시 써준다면서.

출산으로 이완된 몸이 제자리로 돌아와 탄탄한 균형을 되찾게 하고 복근과 자궁 주변이 출산 전 상태로 회복되게 하는 재활훈련까지가 프랑스 사회가 산모에게 제공하는 의료 서비스였다. 나는 수영장이 갖추어진 재활시설에 다니며 두 달에 걸쳐 천천히 내 몸을 재건했다.

산후조리? 아랫목에서 몸을 지지며 한 달간 미역국을 먹고 누군가의 수발을 받는 익히 알던 방식은 프랑스에 없었다. 당연히 산후조리원도 없다. 모두들 아이를 낳고 사흘 뒤면 자신의 집으로 돌아갔다. 친정에 가는 관습도 보지 못했다. 다만 물리치료사들의 도움으로 진행하는 재활훈련의 기회는 모든 산모들에게 주어졌다.

유학 초기 아르바이트로 베이비시팅을 하던 때였다. 내가 돌보던 아이의 엄마가 둘째를 가졌다. 그녀는 아이를 낳고 친정에 가서 한두 달 지낼 거냐는 나의 질문에 "왜 그런 이상한 생각을?" 하는 투로 반문했다. 그녀가 사용한 형용사는 '호러블(horrible)'이었다. 손자를 보러 파리에 상경한 그녀의 엄마가 수다스러운 참견쟁이인 걸 보고, 딸과 말이 안 통하는 엄마라는 사실을 눈치채긴 했지만, 사이가 좋은 경우에도 출산한 딸이 친정에서 한두 달 동안 몸조리를 하다 오는 관행은 흔치 않았다. 출산 직후, 아이와 산모가 남편과 산후조리 때문에 이별하는 일은 이쪽에선 상상할 수 없는 선택이었다. 가정의 중심은 철저히 부부이기 때문이다. 대개 친정 부모들이 아기도 보고 딸도 볼 겸 딸네 집에서 며칠 지내다 가는 것이 보통이었다.

대신 태어난 지 일주일도 안 된 듯한 아기를 데리고 지하철을 타는 엄마들도 심심치 않게 본다. 대체 이분들은 신체 구조가 어찌된 분들이신지 궁금할 따름. 이 씩씩한 여자들의 분위기에 휩쓸려 나도 출산 13일 만에 유모차에 아이를 태워 거리를 산책했다. 3월 중순의 파리는 여전히 쌀쌀했지만 경이의 눈으로 나와 아이를 바라보는 사람들의 시선을 한 몸에 받으며 엄마가 된 이후 달라진 세상을 내딛었다. 하나의 투명한 다리가 놓인 듯, 사람들은 그 보이지 않는 다리를 타고 내게 쉽게 건너와 말을 건넸다. 그들 하나하나를 이해하고 보듬을 수 있을 것 같았다. 어린 아기들을 보면, 단박에 넋을 빼앗기는 것은 나만의 습관은 아니었다. 갑자기 세상과 나 사이에 있던 마음의 둑 하나가 툭 무너지고 그 위로 빛이 쏟아져 들어왔다.

어쩌다 출산 대국

A———————— 대략 20년 전부터 프랑스를 일컫는 또 다른 명칭이 생겨났다. 유럽의 출산 대국!

1965년부터 현재까지 세계 거의 모든 나라에서 출산율은 급하강 곡선을 그려왔다. 1965년 5.04명이던 세계 평균 출산율은 2015년 2.45명으로 절반 이하로 뚝 떨어졌다. 여전히 5명에 가까운 출산율을 유지하는 아프리카 덕분에 평균은 2.5명이지만, 60년대(6.7명)에 비하면 아프리카에서도 낮아진 출산율은 예외가 아니다. 지구의 포식자 서열 중 최상위를 차지하는 인류의 개체 수를 억제해줄 존재는 인류 자신뿐. "생육하고 번성하라"는 창조주의 말씀에 따라(!) 최대한 번성에 힘써오던 인류는 대략 그 시절쯤부터 성장 곡선을 조절해가기 시작했다. 보이지 않는 어떤 힘에 의해.

2015년 유럽의 평균 출산율은 1.6명에 지나지 않으며 북미의 경우도 1.8명에 불과하다. 물론 우리는 지구 인구가 계속 늘어나 70억 명에 이른다는 사실을 기억하고 있다. 인구가 지속적으로 불어난 것은 평균 수명이 늘어났기 때문이다. 아이들이 태어나는 속도는 급속히 떨어졌지만, 의학의 발달이 사망 속도를 지연시켰다. 이러한 현상은 지구촌 북반구에 위치한 대부분의 나라들에게 '인구 고령화'라는 새로운 고민을 야기했다.

　　모두가 이 갑작스러운 변화에 비상등을 켜고 있던 와중에 유독 프랑스는 20년 전부터 출산율이 올라가기 시작했다. 1994년 1.73명이었던 출산율은 2006년에 마침내 2.00명을 기록했고, 2015년까지 지속적으로 2.00명을 넘는 출산율을 유지하고 있다. 지난해에는 1.88명을 기록하면서 다소 내려갔으나 여전히 유럽 1위의 출산국이란 자리를 고수하고 있다.

　　세계 최저 출산율을 기록 중인 우리나라(2016년 1.17명)로서는 프랑스의 사례를 유심히 살펴보지 않을 수 없다. 저출산이 국가적 재앙으로까지 인식되기 시작한 이명박 정부 때부터 부지런히 언론인과 연구원들이 프랑스를 드나들며 그 비법을 캐기 시작했다. 2006년부터 국가적 프로젝트로 가동된 저출산 대책에 정부는 약 100조가 넘는 돈을 쏟아부었다지만 우리나라는 여전히 세계적인 저출산 국가에서 타이틀을 벗어나지 못하고 있다.

결론부터 말하자면 프랑스의 출산율 증가는 '출산율 증가'라는 목표를 향한 국가적인 노력으로 얻어낸 성과가 아니다. 출산의 주체인 여성이 기꺼이 아이를 낳아 기르고 싶은 방향으로 사회가 진화해온 결과다. 마찬가지로 우리나라가 기록적인 저출산 국가의 반열에 오른 것은 사회적 모순들이 해결되지 않고 계속 축적되어 더 이상 여성들이 아이를 낳아 기르고 싶지 않은 사회가 되어버린 탓이다. 자국민이 기꺼이 '헬(지옥)'이라 부르는 사회에 생명이 번성하지 않는 것은 당연한 일.

1960년대 이후 내려가기만 하던 프랑스의 출산율을 끌어올린 환경으로는 크게 세 가지를 꼽을 수 있다. 하나의 전쟁과 사람들의 윤리적 감각을 송두리째 뒤흔든 혁명 그리고 바뀐 시대의 패턴을 정책에 반영하길 게을리하지 않은 정치권이었다.

프랑스는 일찍이 1932년에 '가족수당법'을 마련하고 있었으나, 오늘날과 같은 빈틈없는 사회보장제도의 골격을 갖춘 것은 제2차 세계대전 직후인 1945~1946년이다. 이웃인 독일 나치하에서 굴욕을 겪으며 야만적 전쟁을 치러냈던 프랑스인들은 레지스탕스를 이끌었던 드골 장군의 임시정부하에서 새로운 프랑스를 건설하겠다는 열의를 불태웠다. 1945년 10월, 연합군이 2차 대전에서 승리를 거둔 지 불과 5개월 만에, 그리고 새로운 프랑스의 헌법이 제정되기 1년 앞선 시점에 '사회보장법'이 탄생했다. 이 사실은 당시 모든 프랑스 국민들이 동등하게 생존과 안전을 확보해야 한다는 생각이 얼마나 절실한 시대정신이었는지, 그리고 복지를 이루는 주된 힘은 자본의 여력보다 성숙한 시대정신임을 엿보게 한다.

이후 1960~1970년대까지 이 사회보장제도에서 제외된 직군들을 빠짐없이 수혜자로 포함시키는 보완의 과정이 이어졌다. 의료보험(질병·출산 및 양육·장애·사망), 산재보험, 퇴직연금, 가족수당(출생수당·기본수당·양육수당·장애아수당·새 학기 보조수당 등)이 그 내용이다. 1969년에는 직업의 형태상 실업급여를 타기 힘들었던 공연예술, 영화, 방송 계열에서 일하는 사람들도 실업급여를 비롯한 4대 보험의 수혜 대상이 되도록 제도 개선책이 마련되었다.

1968년 5월에는 이른바 '68혁명'이 있었다. 그 사건은 이후 10년간 프랑스 사회의 고루한 가부장제 관습들, 특히 오랜 가톨릭 국가의 구태들을 통쾌하게 벗어던지게 했다. 곳곳에 여성운동 단체가 생겨나고, 그들의 억압되었던 욕망과 권리에 대한 요구가 일거에 폭발하면서 세상은 말 그대로 혁명의 시간을 겪는다. 가족주의, 가톨릭 중심의 경건주의, 가부장제를 밀어버린 그 자리에 페미니즘, 개인주의, 다원적 문화와 예술이 들어섰다. 동성애자들이 자신의 존재를 드러내고 목소리를 드높였으며, 가족의 가치를 위해 희생되던 여성들이 제 몫의 삶을 요구했다. 1960년대 초까지만 해도 프랑스에서는 기혼 여성이 직업을 가지려면 남편의 동의가 필요했을 만큼 프랑스의 여권은 원시적인 상태에 머물러 있었다. 1975년에는 낙태가 합법화되고 1982년에는 낙태가 의료보험의 적용을 받는 시술이 된다. 1971년 시몬 드 보부아르를 비롯한 343명의 여성 유명 인사들이 "나는 (낙태를 한) 잡년이다(Je me suis fait avorter)"라고 선언한 이후 4년 만의 일이었다. 이 일은 피임이 완전하지도 자유롭지도 않았던 당시에 여성들에게 자신의 신체에 대한 결정권을 부여한 상징적 사건이었다.

신체의 자유를 획득한 사람들은 더 이상 제도와 인습에 굴복하기를 거부했고, 구습들은 조롱의 대상이 되었다. 프랑스는 새로운 시대로 진입했다. 오래전부터 결혼 관계 밖에서 태어난 아이와 결혼 관계 안에서 태어난 아이의 숫자는 50대 50이었다. 이아이들에 대한 사회적 구별 혹은 차별은 전무하다. 결혼한 커플과 결혼하지 않은 커플에 대한 사회적 차별이 사라졌기 때문이다. 결혼을 하는 이유는 어떤 사회적 압박 때문이 아니라 법적인편의나 세제상의 혜택들 때문이다. 이런 변화는 68이 가져온 윤리 혁명의 결과였다.

현재 프랑스에는 결혼 외에도 시민연대계약(PACS, Pacte civil

de solidarité, 1999)과 동거 등 다양한 커플의 결합 형태가 있다. 그들이 어떤 형태의 결합을 선택하든 실질적으로 어떤 제약도 받지 않으며, 그들 사이에서 태어난 아이들 역시 똑같은 사회적 혜택을 받는다. 칼리의 친구들을 보면 부모가 결혼한 경우도 있고 하지 않은 경우도 있다. 혼자 아이를 키우는 비혼 엄마, 각자 일주일씩 아이들을 맡아 키우는 이혼 부모 등 여러 경우가 있다. 물론 부모의 관계가 안정적이면 아이들도 성장기의 평화를 보장받는다. 이토록 다양한 형태의 커플이 사회적으로 허용되면서 정상성의 범위가 무한대로 확대되고, 더불어 안정성의 개념 또한 확장된다. 어른들이 자신들의 행복을 극대화할 수 있는 데로 초점을 맞추어 커플의 형식을 취하고 그 선택에 만족하는 한, 아이들은 함께 자신의 행복을 충분히 조율해나간다. 완고한 둑과 같던 가족의 형태가 무너지자 사람들은 형태를 넘어선 삶의 질에 집중했고, 그 결과 훨씬 쉽게 행복에 이르기 시작했다.

일단 낳으시면 아이는 나라가 같이 키웁니다

프랑스에서는 아이가 태어나면 936유로(약 120만 원)의 출산지원금을 받고 이후 2세까지 184유로(약 24만 원)의 기초수당을 받는다. 2세부터 20세까지의 자녀가 두 명 이상 있는 가정은 가족수당을 지급받는다. 자녀가 둘인 경우 1인당 130유로(약 20만 원), 셋인 경우 1인당 약 200유로(약 30만 원)의 가족수당이 지급된다. 자녀가 열네 살이 넘으면 1인당 65유로(약 8만 5000원)가량이 추가 지원된다. 특히 자녀가 셋 이상인 경우에는 거의 모든 공공요금에 할인율이 적용되어 음악원, 무용원, 국공립 문화예술 레저시설, 공공 교통수단까지 가족 모두가 할인받는다. 자녀가 셋이 아니더라도 모든 아이들에게 공립학교 급식비는 물론, 지자체가 운영하는 모든 문화예술, 체육기관에서의 요금은 각 가정의 수입에 따라 7단계로 차등 지급한다.

프랑스에서는 현재 약 11퍼센트의 아이들이 한 부모 가정에서 자라고 있고, 그중 93퍼센트는 엄마와 자녀로 구성된 가정이다. 이러한 가정은 당연히 두 부모 가정보다 많은 지원을 받아 아이 한 명당 매달 600유로(약 78만 원)씩을 지급받는다.

학기 초에도 자녀당 약 400유로(약 52만 원)씩 학용품 구입 보조금이 지급된다(최상위층 제외). 유치원부터 고등학교까지 학비는 무료인데다가 대학교 등록금도 우리나라에 비하면 거의 무료라는 생각이 드는 수준이다. 지난해 프랑스 대학의 연간 등록금은 184유로(약 24만 원)였으니, 자녀 교육에 드는 돈은 부담이 되지 않는 셈이다.

프랑스의 복지제도는 모든 사람을 포섭하는 것을 원칙으로 한다. 따라서 일반적인 케이스에서 벗어나는 사람들도 제도가 따라가며 각별히 돌본다. 정상성의 범위를 그어놓고 거기서 벗어나는 사람들은 복지제도의 사각지대에 놓이게 하는 잔인한 차별을 근본적으로 없애는 방식이다. 내가 오늘 프랑스에 도착한, 세금 한 번 낸 적이 없는 외국인일지라도 이 원칙은 똑같이 적용된다.

1982년부터 전체 노동자들에게 주어진 연 5주의 유급휴가, 2000년에 시작되어 2002년부터는 모든 기업에 적용된 주 35시간(과거 39시간)의 노동 역시 삶의 여건을 풍성하게 만드는 데 큰 기여를 했다.

그러나 올랑드 정부 때(2017년) 단행된 노동법 개악은 이 원칙을 뒤흔들기 시작했다. 여전히 주 35시간이 기본이지만, 각 기업의 단체협약에 따라 이 한계를 넘어설 수 있게 개정된 것이다. 35시간으로의 노동시간 축소는 구조조정 대신, 모두가 조금씩 적게 일하면서 일자리 수는 유지하자는 취지에서 실시된 개혁(2000년)이었다. 실제로 이 제도로 35만 개의 일자리가 탄생했다고 통계청은 전한다. 우파의 자크 시라크 대통령과 사회당의 리오넬 조스팽 총리가 동거 정부를 유지해가던 그 시절 단행된 주 35시간 노동제는 프랑스인들에게 삶의 여유와 가족과 함께하는 시간을 제공하면서 삶의 질을 또렷하게 향상시켰다. 남녀 간의 가사노동 분배는 물론, 자녀와 부모 사이의 관계도 더욱 친밀하고 밀착되게 개선시켰다는 평가를 받고 있다. 여전히 프랑스는 유럽에서 일하는 시간이 가장 적은 나라 중 하나로 꼽힌다. 탄탄한 의료보험 제도와 무상에 가까운 교육 제도, 자유로운 형태의 결합을 허락하는 사회적 분위기, 거기에 더욱 넉넉해진 자유 시간. 이 세 가지 요소가 충족되자 프랑스 여자들이 평균 두 명 정도의 아이를 낳는 시절로 진입하게 된 것이다.

라 크레쉬

/

4개월의 출산 휴가가 끝나면, 프랑스 여자들 대부분은 직장으로 복귀하고, 아이들의 83퍼센트는 탁아소나 그 유사 시설에 간다. 우리말로 '탁아소(Crèche)'라고 하면 어딘지 구 공산권의 허름하고 우울한 보육시설을 연상하지만, 프랑스 사람들이 '라 크레쉬(la crèche)'라고 말할 때 풍기는 느낌은 신뢰감 그 자체다. 아무 의심도 없이 거기서 아이들이 무탈하게 지낼 기라 믿고, 부모들은 오로지 탁아소에 자리를 확보하는 데만 최선을 다한다.

늘 자리가 넉넉한 것은 아니기 때문에 비혼모나 학생 엄마들이 일순위다. 그다음 풀타임으로 직장에 다니는 여성, 파트타임이나 프리랜서로 일하는 여성들에게로 순번이 돌아간다. 전업 예술가인 한 친구는 자신이 직장인은 아니지만 매일 아틀리에로 출근하여 하루를 온전히 작업에 매달리는 직업인이므로, 자신의 아이에게도 반드시 탁아소가 필요하다고 정성스럽게 편지를 썼다. 필요한 서류를 열심히 챙긴 끝에 탁아소가 부족하기로 유명한 동네에서 자리를 확보하고는 기뻐했고, 나를 비롯한 주변 친구들의 축하를 받았다.

하루 종일 머무는 탁아소 외에도 하루 몇 시간만 아이를 맡기는 유아휴식소(Halte-Garderie)도 역시 공공 육아시설로 운영된다. 출산휴가나 육아휴직 중인 엄마들 또는 파트타임으로 일하는 엄마들이 아이를 맡길 수 있도록 유연하게 운영되는 시설이다.

그밖에 정부로부터 보모 자격증을 받은 사람이 자신의 집에서 최대 네 명가량의 아이들을 돌봐주는 가정형 육아시설도 일부 존재한다. 20~59세의 프랑스 여성 중 가정주부의 비율은 14퍼센트에 불과하다. 그들도 한때 일을 하다가 자녀의 수가 늘어나면서 가정에 머무르길 선택한 경우가 대부분이다. 그래서 젊은 엄마들은 대부분 자기 일을 가졌다고 보면 된다. 그러므로 사회가 믿을 만한 보육시설을 운영하는 것은 프랑스 사회를 유지하는 핵심적인 근간이다.

프랑스 탁아소는 대부분 공립이다. 직장이나 단체에서 운영하는 경우도 있지만, 보통은 지방자치단체 관할이다. 비용은 부모의 수입에 비례하여 책정되는데, 월 50유로(약 6만 5000원)에서 500유로(약 65만 원)선이다. 탁아소와 관련해서 프랑스에서 접할 수 있는 유일한 뉴스는 내년에 얼마나 많은 탁아소가 증설될 것인가뿐!

탁아소는 저녁 6시면 칼같이 문을 닫는다. 우리나라와 마찬가지로 프랑스 역시 부모들이 직장에서 집으로 돌아오는 시간은 6

시를 넘기는 경우가 흔하다. 그래서 탁아소나 유치원에서 아이를 데려와 엄마나 아빠가 귀가할 때까지 돌봐주는 숏타임 베이비시터의 수요가 생겨나게 된다.

유학생 시절 나 역시 베이비시터가 되어, 오후 6시에 아이를 탁아소에서 집으로 데려와 씻기고 잠옷으로 갈아입힌 후, 간단한 이유식을 먹였다. 그리고 엄마나 아빠가 돌아오는 7시에서 7시 30분 사이에 아이와 놀아주는 것이 나의 미션이었다.

막 돌이 지났던 한 살배기 티보가 두 살 반이 될 때까지 베이비시터로 일했다. 최저임금을 받는 단순노동이지만 어린 생명의 안전을 나 홀로 보장해야 한다는 책임감이 요구되는 일이었다. 처음 아이를 탁아소에서 데리고 나와 횡단보도를 두 번 건너 아이 집에 도착했을 때 등에는 땀이 흘렀다. 마침내 아이 집으로 들어가 문을 닫았을 때는 안도감에 다리가 후들거렸다. 어떻게 이토록 막중한 일을 나처럼 낯선 이에게 맡길 수 있는가를 생각하면, 나는 평소보다 몇 배 더 신중을 기울여야 했다. 그들이 베이비시터 면접을 보는 데만 한 달 넘게 시간을 소요했던 이유를 이해할 수 있었다.

탁아소에 아이를 찾으러 가면 티보는 노는 데 정신이 팔려 쉽게 내게 달려들지 않았다. 늘 친구들과 좀 더 놀다 가기를 청했다.

탁아소를 좋아하고 보모들과도 잘 지내는 모습을 보면 아이가 그곳에서 어떻게 지내는지 충분히 짐작할 수 있었다.

　매일 아이를 찾을 때마다 탁아소의 보모는 아이가 낮잠을 잤는지, 얼마나 먹었는지, 혹시 열이 있는지, 오늘 무슨 말을 했는지 등을 자세히 알려주었다. 그곳에 아이를 찾으러 오는 엄마 혹은 아빠 또는 나 같은 베이비시터들과 탁아소 보모들 사이엔 평등과 신뢰와 기쁨이 공존했다. 함께 아이를 키워나가는 그 모든 파트너들 속에 속하여 은은한 연대의 감정을 느끼던 그 시절, 온전히 행복했다.

아이는 이제 공화국의 시민

프랑스는 혹시 하루가 28시간 정도 되는 것은 아닐까? 프랑스에 살다 보면, 이런 생각이 들 때가 한두 번이 아니다. 〈토끼와 거북이〉 우화를 온 국민이 교훈처럼 가슴에 새기기라도 했는지, 항상 우리보다 서너 배는 느리다. 그래도 사회가 굴러간다는 사실이 신기해서 하루가 우리보다 네 시간쯤 더 있는 것은 아닐까 하는 생각을 해보기도 한다.

기본적으로 송금은 사나흘이 걸리고, 점심시간에 두 시간씩 은행이 문을 닫기도 한다. 바칼로레아 시험도 한 과목당 네 시간씩 2주일(첫 주 기본 과목, 둘째 주 선택 과목) 내내 치러진다. 기차역에서 표를 살 때도 1인당 3~4분은 걸린다. 역무원과 사소한 농담부터 도착지에 관한 추억, 그리고 다정한 인사까지 나눠야 일이 마무리되는 게 이 나라 스타일이다. 그런데 이런 동네에서도 사람을 깜짝 놀라게 하는 칼 같은 순간들이 가끔 있다.

이를테면 출생신고 같은 것이 그렇다. 아이가 태어나고 사흘 이내에 출생신고를 안 하면 재판에 회부된다. 재판에 회부되고 나면 최소한 벌금형이라도 받게 되어 있다.

이토록 유난을 떠는 이유는 신생아들을 보호하기 위해서다. 프랑스 정부의 입장은 아이들이 태어나면 프랑스 공화국의 시민으로서 보호받아야 한다는 것이다. 아이를 불법으로 빼돌리는 것을 막고 아이가 시민으로서 충분히 보호를 받게 하기 위함이다. 따라서 이름은 미리 지어둬야 한다. 비슷한 이름이 많기 때문에 세 개의 이름을 준비해 가족등록부에 모두 기재한다. 첫 번째 이름을 주로 사용하게 될지라도.

1993년 아이들의 이름을 자유롭게 선택할 수 있게 하는 법이 통과되기 전에는 이탈리아와 마찬가지로 프랑스에서도 달력에 적힌 365명의 성인 이름 가운데 하나만을 아이들에게 붙여줄 수 있었다. 프랑수아나 소피처럼.

1993년부터 부모가 원하는 대로 아이의 이름을 지을 수 있게 되었지만 그 자유는 구청에서 제한할 수 있다. 구청 직원이 그 이름은 아이에게 붙여주기 곤란하다고 판단하면 거부할 수 있다. 어리석은 부모가 아이를 평생 놀림감으로 만들 만한 이름을 짓는 경우가 있기 때문이다. 공무원의 과다한 개입이라고 생각할지 모르지만, 이 부분 역시 당신의 자녀이지만 공화국의 시민이기도 한 그 아이를 국가에서 보호하겠다는 의지가 천명되는 대목이다.

부모가 불법체류자일지라도 산부인과 병원에서 무료로 아이를 출산할 수 있으며, 미성년자 아이가 학교에 다니면 그 가족은 정착의 의지를 가진 것으로 판단되어 법으로 보호받기 시작한다.

아이가 취학 전일 때에는 일정한 소득 이하의 가정에 바캉스 비용이 지원되기도 하고, 아이가 학교에 가기 시작하면서부터는 아이들의 바캉스 캠프 비용 일부가 지원되기두 한다.

1년 등록금이 20만 원 수준인 대학까지 학비는 거의 무료지만 부모의 형편이 어려운 경우 중학생부터 장학금을 신청할 수도 있다. 부모의 경제 수준과 상관없이 누구든 대학교육까지 받을 수 있는 보편적 복지가 제공되는 것은 이 사회가 여전히 '자유 평등 박애'라는 혁명의 구호를 포기하지 않았음을 환기시킨다. 또한 이는 각자의 학력과 경제 수준에 상관없이 일정한 존엄을 지키고 프랑스의 가장 소중한 특징인 '지적 호기심 충만한' 사회를 유지하는 바탕이 된다.

이렇게 아이들을 보호하기 위한 꼼꼼한 사회적 장치들에도 불구하고 2008년 유럽에 밀어닥친 금융위기 이후 유럽연합이 주도

하는 국가 재정 축소와 민영화 그리고 복지 축소의 기조 속에서 프랑스 사회의 빈곤층이 급격히 양산되고 있다.

최근 통계에 의하면 프랑스의 다섯 가구 중 한 가구가 빈곤층에 속하며, 열 가구 중 한 가구는 극도로 불안정한(프레케르, précaire) 상태에 놓여 있다. '프레케르'는 작금의 프랑스 사회를 표현하기 위해 자주 등장하는 형용사다. 한 치 앞을 내다볼 수 없는, 안정성을 잃어버린 삶을 뜻한다.

직장도 주거도 수입도 일정치 않은 부모 밑에서 살아가는 아이들이 점점 늘어난다. 2017년 겨울 리옹시의 교사들은 주거가 안정적이지 않은 220명의 학생들을 위한 시설을 국가가 마련해줄 것을 요구하며 시위에 나서기도 했다. 비단 리옹시만의 현실이 아닌 까닭에 몇몇 일간지는 이 사건을 머리기사로 다뤘다. 낭만과 예술의 나라, 세계 6위의 경제대국 프랑스에서 지금 벌어지는 현실이다.

아빠들에게도 출산휴가를!

칼리를 낳은 후, 난 육아휴직에 들어
갔다. 아이 아빠는 집에서 작업하는 전업 예술가였으니 두 부모가
실질적으로 양육을 위해 서로의 시간을 사용할 수 있었다. 그래서
나는 별 제약 없이 아이를 아빠에게 맡겨두고 물리치료를 받으러
가거나 잠시 친구들을 만나 카페에서 수다를 떨거나 영화관에 갈
수 있었다.

모유 수유를 했지만 하루 한 번 정도는 아이 아빠가 분유나 유
축해놓은 젖을 젖병에 담아 먹였다. 그렇게 확보되는 서너 시간을
온전히 나를 위해서 사용했다. 당시 살던 마레 지구를 산책하거나
책을 읽었다. 휴직 중이었지만 짬짬이 일도 했다. 공동으로 진행하
는 연구 과제에 참여하기도 하고 프랑스 문화정책 동향을 전하는
정부 문화 연구 기관의 통신원 노릇도 했다.

2000년 베이비시팅을 할 때, 내가 돌보던 아이가 일주일간 볼 거리에 감염되어 탁아소를 가지 못한 일이 있었다. 기자인 엄마와 은행 간부인 아빠 중에 일주일간 휴가를 내고 아이 곁을 지킨 사람은 아빠였다. 연 5주 유급휴가 제도가 80년대 초부터 정착된 사회, 육아에 비교적 적극 참여하는 프랑스 남자들의 전통 속에서 가능한 일이었다. 스쿠버다이빙이 취미인 두 부부가 일주일 휴가를 내고 취미를 즐기기 위해 이스라엘로 떠났을 때에는 아이의 친할아버지와 친할머니가 오셨다. 그때도 아이는 여전히 탁아소에 갔고 나는 탁아소에서 아이를 찾아와 이유식을 주었다. 할아버지와 할머니에게 맡겨진 일은 아이와 함께 집에서 잠을 자고 다음 날 아침에 탁아소까지 데려다주는 것뿐. 프랑스인들은 어지간해선 특정인에게 과중한 부담을 지우지 않는 규칙을 준수한다. 육아가 공포스러운 일이 되지 않도록 프랑스 사회가 찾아낸 지혜였다. 일방적 희생은 금지되며, 독박 육아는 금물이다. 단 친정엄마가 다니러 오셨던 며칠은 아이를 탁아소에서 찾아오는 역할을 그분이 자처하셨다. 친정과 시댁 사이에 있는 약간의 온도 차이는 이 정도……

프랑스 아빠들이 누리는 출산휴가는 유럽 내에서 결코 긴 편이 아니다. 그래서 아빠들의 출산휴가를 6주까지 늘려달라는 남성들 중심의 서명 운동이 최근 프랑스 사회에 번지고 있다. 경제학자

토마 피케티를 비롯해 가수, 의사, 배우, 축구선수, 작가 등 프랑스 사회의 유명 인사인 40여 명의 아빠들이 시작한 이 서명 운동은 현재 5만 명가량이 참여한 상황이며, 언론의 관심으로 더욱 확산되고 있다. 단순히 '엄마들은 16주인데, 왜 아빠들은 2주냐? 형평의 원칙에 맞게 남녀 간의 격차를 줄여 달라'는 주장만은 아니다. 그 주장 속에는 '새로운 유형의 남자를 창조'해야 한다는 대범한 의도가 담겨 있다. 남녀가 아이를 처음 만나는 순간의 감동과 일들을 함께 나누며 자녀 양육의 진정한 협업자가 되어야 하고, 여자가 일방적으로 짊어지고 감수하던 직업적 희생과 육아의 스트레스를 이제 남자가 나눠야 한다는 속 깊은 의지가 담겨 있다.

아빠 출산휴가, 이름에 걸맞은 휴가를!

최소한 아빠들의 출산휴가는 선택 가능한 것이 아니라 의무적으로 쓰도록 해야 하며, 엄마들의 출산휴가와 같은 수준으로 급여가 지원되어야 한다. 아빠들이 출산휴가를 쓰면서 직장에 대해 어떤 죄책감이나 부담감도 느끼지 않게 하려면 의무화하는 것이 필요하다.

여기서 한 걸음 더 나아가 아빠들의 휴가를 현행 2주에서 6주로 늘려야 한다. 이는 남녀평등과 사회 전체의 복지 향상을 위한 확고한 이정표가 될 것이다. 아이 인생의 첫 순간에 엄마와 아빠가 함께 감동과 일을 나눠가지기 위해서다. 지금의 2주는 신생아와 아빠가 진정한 만남을 갖기에는 너무나 짧은 시간이다.

실질적인 부모 역할에 일찌감치 협력함으로써 엄마가 일방적으로 짊어졌던 출산 이후의 모든 정신적·육체적 노동을 남성도 함께 나눠가진다. 그리고 부부가 자녀 양육을 위해 지속적으로 협업할 시간을 마련한다.

여성에게 지워지던 부담을 남성이 나눠가짐으로써 출산과 육아가 여성의 직업적 경력에 걸림돌이 되지 않도록 노력해나간다.

— '아빠들에게도 6주의 출산휴가를' 서명 청원 글 중에서

그러나 2017년 5월에 취임한 25대 대통령 에마뉘엘 마크롱 치하의 프랑스가 계속해서 출산대국의 명성을 이어갈지는 미지수다. 취임 직후, 슈퍼리치들에게 통 크게 세금감면을 해주는 것으로 첫 행보를 시작한 그는 유럽위원회가 회원국들에게 제시한 남녀평등 육아휴직에 대해 부정적 입장을 표했다. 유럽위원회는 부모 모두에게 4개월의 출산휴가와 임금의 50퍼센트 수준에 해당하는 육아휴직급여를 지급하자는 제안을 했었다. 이는 여성에게 가중되어온 육아의 부담과 경력상의 피해를 줄이기 위해 고안된 정책이기도 하다. 유럽연합 내에서 비교적 사회민주주의적 노

선을 따르던 프랑스가 이 정책에 대해서는 반대의 입장을 취하고 있다. 좋은 정책이지만 기업과 정부의 부담이 너무 커질 것을 우려한다는 입장이다.

프랑스 아빠들의 요구나 여기서 한 걸음 더 나아간 유럽위원회의 제안은 성평등의 새 차원을 개척하는 동시에 새로운 가족관계의 패턴을 여는 시도일 수 있다. 육아와 관련해선 뒷짐을 지고 바라볼 뿐이던 남자들을 동등한 양육자로 끌어들이며 새로운 남성 혹은 아빠의 탄생을 가능하게 할 뿐만 아니라 여성들이 홀로 앓아오던 산후우울증이라는 질병을 예방해줄 가능성도 엿보인다. 엄마가 불행하면 모두가 불행해진다. 행복한 가정과 사회를 위해 그들을 불행 속에 방치하지 않는 예방 조치는 사회의 의무가 아닌가.

그전까지는 간신히 차별의 장벽을 피해올 수 있었던 운 좋은 여성들도 아이를 낳은 직후 엄마라는 초능력(을 요구받는)자의 어깨 위에 모두 던져지는 짐들을 묵묵히 감당하다 보면 우울과 마주하게 되며, 그 우울은 이후 아이 돌보기 노동에서 지속적으로 배제되는 대신 사회적 경력 쌓기에 집중하는 남편을 통해 더욱 고착화되도록 현 시스템이 설계되어 있기 때문이다. 남녀가 육아와 가사노동의 의무를 함께 지도록 설계하려는 사회적 시도 자체가 많은 여성들을 산후우울증에서 해방시켜줄 것이다.

8개월에 시작된 칼리의 사회생활

칼리가 태어난 지 8개월로 접어들던 시점에 한국으로 돌아왔다. 1년간 쉬었던 직장에 복직하기 위해서였다. 엄마가 사는 곳 근처에 전셋집을 하나 얻고 집에서 가까운 어린이집에 아이를 보냈다. 살인적인 전세가에 대한 소문이 흉흉했지만 강남도 서울 한복판도 아닌, 부천시에 위치한 단독주택 2층의 방 세 칸짜리 전셋집은 다분히 인간적인 비용만으로도 구할 수 있었다.

내가 직장에 가야 하니 아이는 어린이집에 가야 했다. 칼리 아빠가 아이를 집에서 보는 것은 애초에 염두에 두지 않았다. 자유인으로 예술 작업을 하는 것이 그가 서른두 살 때부터 선택한 삶의 모드였기에 그의 삶의 패턴을 존중하기 위해. 집에서 가장 가까운 어린이집에 미리 연락해놓고 아이와 함께 방문했다. 칼리는 어린이집에 있던 작은 미끄럼틀에 홀려서 눈을 반짝이더니 결국 미끄럼틀을 탔다. 그러고는 창밖을 관찰하거나 방 안 가득한 장난감들에 조심스레 손을 올렸다. 마치 꿈의 동산에 당도한 듯, 새 공간에 매료된 모습이었다.

아이의 모습에 쉽게 보낼 곳을 정하고는 며칠 뒤 출근을 시작했다. 어린이집에서 일어나는 안 좋은 일들에 대해 익히 듣고 있었지만 내게는 다른 방법이 없었기에 그들을 믿기로 했다. 내 믿음이 아이에게도 전달되었는지 다행히 칼리는 어린이집을 좋아했다. 못 보던 물건들로 가득한 새 환경은 아이를 자극했고 또래 친구들이 있기에 확실히 집보다 재미있는 곳이었다.

한 달 뒤 아이 아빠가 한국에 도착하자 아이를 어린이집에 데려다주고 데려오는 일은 온전히 아빠의 몫이 되었다. 낮 동안 아이 아빠는 서울이나 우리 동네 (재개발이 예정되어 곳곳에 아파트 공사가 한창이었다) 구석구석을 여행하며 사진 작업을 했고, 오후 6시쯤 아이를 찾아와 집 근처의 들로, 산으로, 초등학교 운동장으로, 시장으로 유모차를 끌고 다녔다. 낯선 서양 남자가 갑자기 동네에 나타나 재래시장을 어슬렁거렸다면 의심의 눈초리를 받았겠지만 그는 늘 칼리와 함께였기에 어디서나 환영받았다.

까칠한 수염을 2밀리미터 정도 기른 회색빛 머리카락의 서양 남자와 초롱초롱 눈을 빛내는 혼혈 아기는 금세 그 동네에서 모든 사람이 알아보는 유명 인사가 되었다. 두 사람이 재래시장을 지나가면 상인들이 나와 구경을 하다가 떡, 과자, 심지어 오이나 당근까지 아이 손에 쥐여주었다.

나는 아무 걱정 없이 7시 반쯤 집에 돌아와 가족과 함께 저녁을 지어먹고 다시 출근하기를 반복했다. 칼리가 아빠에게 보내는 무한한 신뢰와 애정은 바로 이 시절 함께 산과 들 그리고 시장을 누비면서 쌓인 것이 아닌가 싶다. 내 기억에 희완(칼리 아빠)은 한 번도 칼리를 아기 취급하지 않았다. 작은 몸을 가진 성숙한 인간으로 대했다. 매사 아이의 의견을 묻고 이유를 설명하고 아이의 의사를 파악하려고 했다. 그 점에선 나도 비슷했다. 아이를 성숙한 인격체로 대하겠다는 다짐을 해서가 아니라 그럴 수밖에 없었다. 아이는 우리만큼 세상을 다 알고 있는 것처럼 보였기 때문이다.

프랑스 물만 먹으면 되는 일,
프랑스 아이처럼

프랑스 아이들은 레스토랑에서 어른들처럼 얌전히 앉아 전식과 본식, 후식을 차례대로 기다리며 차분히 먹는다는 전설이 지구촌에 전해져온다. 온 세상 엄마들의 눈을 번쩍 뜨이게 하는 이 이야기는 15년간 현지에서 지켜본 결과 전설이 아니라 진실에 가까웠다. 이 아이들이 우아한 유전자를 타고나서가 아니라 태어나면서부터 처절한 훈련을 수행하기 때문이다.

프랑스 아이들은 태어나자마자 자립을 훈련받는다. 마치 아이를 자립시키기 위해 낳은 것처럼 프랑스 엄마 아빠들은 이 미션을 필사적으로 (보일 만큼) 철저하게 수행한다. 삶의 중심은 아이의 부모인 부부 중심으로 흘러가고 그래야만 한다고 믿는다. 자식은 공동의 삶에서 얻은 열매일 뿐, 삶의 줄기는 아닌 것이다. 아이가 태어나면 가족의 지축이 온통 아이 중심으로 흘러가버리는 우리와는 사뭇 다른 풍경이다.

아이가 태어나기 전에 자신의 삶을 이끌어갈 지축을 잘 설정해놓지 않으면 아이라는 거대한 회오리가 어른의 삶을 온통 지배할 수 있다. 그것은 아이의 잘못이 아니다. 중심을 잘 지키고 서 있지 못한 어른에게 전적으로 책임이 있다.

프랑스에서 신생아는 병원에서 집으로 오는 첫날부터 자신의 방에서 혼자 자야 한다. 배고파 우는 아이에게 젖병을 물려줄 때도 엄마들은 아이와 눈을 맞추며 곧 네가 원하는 젖병을 줄 테니 기다리란 말을 차분하게 해줄 뿐, 젖병을 들고 숨 가쁘게 아이에게 달려가지 않는다. 그러다 보면 아이들도 엄마가 자신의 메시지를 간파했음을 알아차리고, 아이가 울음을 그치고 기다리는 기적이 눈앞에 펼쳐진다. 밤이 되면 아이가 부모와 떨어지기 싫어 울어도 그냥 내버려둔다. 그리하여 기필코 아이가 저녁 7~8시에 잠들게 한다. 초보 부모들에게 이 노하우들을 충실히 전수하는 사람은 소아과 의사들이다.

신생아들은 돌이 될 때까지 매달 한 번씩 소아과 의사를 만나 건강과 발육 상태를 확인받고 예방주사도 맞는다. 초보 엄마 아빠들의 사소한 근심거리들은 현명한 소아과 의사의 해답 앞에서 해소되곤 한다. 소아과 의사는 몸무게와 키를 재고 하루 식사량과 배변량, 치아 상태를 차분히 점검한다. 아이가 정기 검진을 받는 데는 대략 40~50분 정도가 걸린다. 의사는 이 정기 검진 시간에 프랑스 소아의학이 축적한 신생아 육아의 노하우들을 부모들에게 전수하는 것이다.

칼리의 어린 시절 주치의는 닥터 샴페인이었다. 거품이 뽀르르 올라오는 샴페인 잔 모양의 도장을 자신의 사인 대신 진단서에 찍어주곤 했다.

재미있게도 프랑스 아이들은 생후 1년이 되기까지 눈 색깔을 특정하지 않는다. "모든 프랑스 아이들은 파란 눈을 갖고 태어난다"라는 속설을 말해준 것도 닥터 샴페인이었다. 생후 1년 동안 아이의 눈은 변화를 거듭하다가 1년이 지나면 하나의 색으로 정착한다. 그제야 아이들의 눈 색깔을 확정할 수가 있다. 칼리도 처음에는 밤색과 파란색이 피자 조각처럼 섞여 있는 눈이었다. 점점 밤색이 파란색을 점령해가더니, 마침내 밝은 갈색 눈동자가 정착했다. 아이의 여권에는 눈동자색에 대해 헤이즐넛빛(noisette)이라 적혀 있다.

닥터 샴페인은 3~4일 동안 15~20분 정도 우는 아이를 내버려두면 자기가 아무리 울어도 부모가 오지 않는다는 것을 깨닫게 되며, 그리하여 더 이상 아이 울음으로 저녁 시간을 위협받지 않고 평화를 보장받는 프랑스 커플들의 오랜 비법을 전했다. 때로 우는 아이를 그대로 두는 훈련을 일주일까지 연장해야 하는 경우도 있다는 말도 덧붙였다. 대부분의 프랑스 부모들은 이런 식으로 아이의 '규칙적 생활'과 자신들의 '자유'로운 저녁 시간을 보장받아, 일찌감치 아이를 재우고 차분하게 저녁 식사를 즐긴다. 생후 3년 이하의 아이들은 7시 반, 초등학생은 9시, 중학생은 10시까지는 자도록 한다. 그리하여 아이가 태어난 후에도 가족의 삶은 철저하게 부부 위주로 흘러갈 수 있는 토대가 만들어지는 것이다.

칼리의 부모는 의사의 말을 따르지 않았다. 칼리 엄마가 주도한 선택이었지만 칼리 아빠도 군이 프랑스 방식을 고집하지 않았다. 아이가 한밤중에 깨어나 젖을 달라고 울면 "저를 부르셨나요?" 하는 기분으로 한걸음에 달려가곤 했다. 이성적 판단에 전혀 근거하지 않은, 내 몸의 반응이었다고나 할까. 엄마는 기꺼이 밤잠을 설칠 용의가 있었건만, 칼리는 처음부터 제법 긴 밤을 보냈다. 덕분에 우린 아이가 태어난 지 석 달 만에 7시간 정도의 긴 밤을 설치지 않고 보낼 수 있었다. 여느 프랑스 커플처럼 나흘간 20분씩 아이를 울리며 7시 반쯤 잠을 재우겠다는 독한 마음을 먹지 않았는데도 아이는 우리를 오래 시험에 들지 않게 해준 것이다.

한국에서 3년 가까운 시간을 보내고, 칼리가 세 살 반이 되던 해, 프랑스로 다시 건너왔다. 한국에서 방바닥에 앉는 식당에 가면, 옆 식탁으로 가 인사하고 다니던 넉살 좋은 한국 아이는 금세 과거를 잊고 파리지앵 행세를 했다. 식탁에 얌전히 앉아 전식, 본식, 후식을 기다리는 바로 그런 아이로 하루아침에 전환된 것. 아이는 자기 앞에 놓인 접시에 집중했고, 식탁이 종이 식탁보로 덮여 있으면 종이 가득 그림을 그렸다. 파리지앵이 되는 건 파리 물만 마시면 저절로 되는 것처럼……. 아이의 파리 생활은 유치원 생활과 함께 시작되었기에, 아이의 식탁 예절이 하루아침에 프랑스식으로 절도 있게 잡혀갔던 비결은 바로 거기에 있었던 거였다.

(위) 한국에서 어린이집을 다닐 때. 오른쪽에서 두 번째가 칼리다.

(아래) 프랑스 유치원의 교실 풍경

À LA MÉMOIRE DES ENFANTS DE CETTE ÉCOLE MATERNELLE,
DES ÉLÈVES DE L'ÉCOLE COMMUNALE
ET DU COURS COMPLÉMENTAIRE DE GARÇONS
DE LA PLACE DES VOSGES,
DÉPORTÉS DE 1942 À 1944 PARCE QU'ILS ÉTAIENT NÉS JUIFS,
VICTIMES INNOCENTES DE LA BARBARIE NAZIE
AVEC LA COMPLICITÉ ACTIVE DU GOUVERNEMENT DE VICHY.

PLUS DE 11400 ENFANTS FURENT DÉPORTÉS DE FRANCE
DONT PLUS DE 500 VIVAIENT DANS LE 4ÈME ARRONDISSEMENT
ILS FURENT EXTERMINÉS DANS LES CAMPS
NE LES OUBLIONS JAMAIS

(위) 칼리가 다닌 유치원 앞에 붙어 있는 나치에 희생된 학생들을 위한 추모 패널
"1942년부터 1944년 사이, 단지 그들이 유대인으로 태어났다는 이유로
비시 정부의 적극적인 협력하에 나치의 야만에 희생된 이 학교의 학생들을 기억합니다.
프랑스 전체에서 1만 1400명의 어린이들이,
파리 4구에서만도 500명이 넘는 어린이들이 희생되었습니다.
그들은 나치의 수용소에서 최후를 맞았습니다. 우리는 결코 그들을 잊지 않을 것입니다."

(아래) 유치원의 학년 말 파티

프랑스 육아철학의 기초를 만든, '돌토'라는 신화

'돌토'는 내가 학생 시절 살던 파리 20구의 한 중학교 이름이었다. 그 학교는 사고가 끊이지 않는 소란스러운 학교로 소문이 자자해서 내게 '돌토'는 심란한 사춘기를 연상시키는 암울한 이름이었다.

우연히 그 이름은 프랑수아즈 돌토(Françoise Dolto)라는 어린이 정신분석학자이자 아동교육 이론의 선구자에게서 따왔다는 사실을 알게 되었다. 즉 그녀의 손길이 절실한 아이들이 모인 학교에 그녀의 이름이 붙어 있는 셈이었다. 과연 돌토라는 이름의 학교는 파리 20구에만 있는 것이 아니었다. 프랑스 전역에 무려 167개나 되는 학교가 돌토라는 이름을 달고 있었다. 아동심리와 아동교육계의 프로이트 같은 존재감을 갖는 그녀는 프랑스 전역의 학교와 집에서 실천되는 프랑스 아동교육의 기초를 닦고 널리 전파한 사람이다.

　프랑수아즈 돌토는 1908년 프랑스의 완고한 가톨릭 부르주아 가문에서 태어났다. 어머니가 편애하던 큰언니가 열여덟 살의 나이에 암으로 세상을 떠났을 때 그녀는 열두 살이었다. 그녀의 어머니는 큰딸의 죽음을 받아들이지 못했고 이후 심각한 트라우마에 시달렸다. 언니의 죽음이 가정에 그늘이 되자 프랑수아즈는 살아남은 딸로서 부당한 죄책감을 견뎌야 했다. 프랑수아즈의 어머니는 언니를 살리기 위해 진심으로 기도하지 않았다며, 언니의 죽음에 대한 책임을 그녀에게 전가했다. 언니를 편애하다 언니가 죽은 이후에는 상실의 고통으로 살아 있는 딸을 구박하던 히스테릭한 엄마는 현대 프랑스의 아동교육에 지대한 영향을 끼친 아동정신분석학자 프랑수아즈 돌토를 키워낸 토양이었던 셈이다. 고통스러운 상황에서도 침몰하지 않고 고통이 건넨 질문들을 자양분 삼아 세상에 의미 있는 작업을 행하는 것이 그녀에게 필생의 과제로 주어졌다.

　일찍부터 아동교육과 의학에 지대한 관심을 가졌던 그녀는 딸의 대학교육을 원치 않았던 어머니의 반대를 무릅쓰고 의학 공부를 시작한다. 정신분석학도로서 그녀가 다룬 주제는 '고통받는 어린아이와 그들이 맺는 어머니와의 관계'였다. 당연히 자신의 어린 시절의 고통들을 파고들었다. 이후 1세기 동안 프랑스 부모들이 금과옥조로 삼은 몇 가지 명료한 결론을 내놓는다.

첫 번째, 아이는 하나의 완전한 인격체다. 앞으로 어른이 될 존재로서 미래에 지닐 가치로 존중되는 것이 아니라, 태어나는 순간부터 이미 완전한 인격체를 지니고 있다.

두 번째, 아이는 부모의 소유물이 아니다. 아이들은 자기 삶의 주인이다. 당시(1930년대)로서는 혁명적인 내용이었고 우리는 여전히 이 사실을 망각하는 경우가 많다.

세 번째, 아이들에게 진실을 말하라. 아이들은 언제나 자기 삶에 대한 직관을 가지고 있다. 진실이 올바로 전해지면 아이는 그것을 바탕으로 자신을 성장시킨다. 그러니 아이에게 왜곡된 진실을 전달하지 말라.

넷째, 모든 것은 언어다. 말뿐 아니라 시선, 손짓, 표정, 태도, 걸음걸이 등 이 모든 것이 언어다. 신생아들도 자신의 의사를 적극적으로 드러내고 소통하려 한다. 그러니 주저 말고, 최초의 순간부터 아이와 적극적으로 소통하라.

그녀의 이론은 자녀에 대한 부모의 의무와 권리를 규정하는 '부모권한법'(1990년)의 초석이 되기도 했다. 이 법에 따라 의무를 행하지 않는 이들은 부모 자격을 박탈당하게 되었다.

돌토 여사는 1950~1970년대 라디오 방송을 통해 꾸준히 청취자들과 만났다. 육아에 대한 그들의 고민에 자신의 답을 전하며 자신이 구축한 자녀교육 이론을 전파했다. 또한 30여 권이 넘는 저서도 남겼다. 돌토 여사 덕분에 프랑스 부모들은 수십 년에 걸쳐 행복한 아이들을 위한 해답을 찾아나갔다.

최근 프랑스 유아교육계에서 주목받는 저서 《행복한 어린 시절(*Pour une enfance heureuse*)》(2014년)의 저자 카트린 귀겐(Catherine Gueguen) 박사는 돌토 여사의 유아교육 이론을 이어가면서 한 걸음 더 나아간다. 귀겐 박사에 따르면 아이는 태어날 때부터 주변 사람들의 감정 상태를 인식할 수 있다고 한다. 즉 태어날 때부터 애정에 대한 공감 능력을 지니고 있어서 타인의 애정 어린 태도를 인식하고 여기 반응하는 것이다. 생후 6개월이 지나면 자신에게 호의적이고 따뜻한 사람에게 끌리는 한편, 악의적인 사람을 피한다. 한 살이 되면 타인에 대한 사랑을 표현하게 되고, 14개월에 이르면 슬픔에 빠진 사람들을 위로할 줄도 알게 된다. 자아를 자각하는 생후 15개월에서 두 살 사이의 시기에 아이들은 당황, 질투, 공감 같은 감정을 느끼게 된다.

타인에 대한 공감은 자신을 타인의 위치에 놓을 줄 알아야 드러난다. 만 세 살이 되면 아이는 더불어 살아가기 위한 사회적 규칙을 이해하고 습득할 수 있다. (이런 이유로 아이들은 이때부터 학교에 다니게 된다.) 그러면서 아이들은 죄책감, 부끄러움, 자랑스러움, 자만심 등 새로운 종류의 감정을 느끼게 된다.

그러나 아이가 자신의 감정에 이름을 붙이는 데는 시간이 걸린다. 호의를 가진 어른이 차근차근 하나씩 짚어가며, "너 지금 화났어? 실망했어? 무서운 거야? 슬픈 거니?"라고 물어보고 아이와 소통하면 아이는 점점 자신의 감정을 언어로 표현할 수 있게 된다. 감정에 대해 소통하면서 점점 더 명확하게 자신의 상태가 어떤지를 표현할 수 있게 된다.

자신을 표현하고 싶은 욕망을 충족시키는 것은 누구에게나 필수적이다. 그것은 우리를 자극하고 행동하게 한다. 어떤 연령대든 마찬가지다. 자신의 감정을 들어주는 사람도, 나누는 사람도 없다면 아이의 정서적 삶은 꺼져버리고 만다. 더 나아가 스스로를 꺾어버린다. 두려움과 의심을 확산시킬 뿐 아니라 살아갈 용기를 방해하는 부정적 감정들을 싹트게 한다.

아이가 소통할 대상을 갖지 못할 때, 어떤 일이 일어나는가? 마음을 닫거나 내면 한구석이 꺼질 수도 있다. 혹은 정반대로 공격적으로 변할 수도 있다. 복종하면서도 갑작스럽게 분노를 폭발시킬 수 있다. 아동심리학자나 소아정신과 의사를 찾아오는 부모들은 대개 그 아이에게 문제가 있다고 생각하기 쉽지만, 사실 아이들의 문제는 어른들과의 관계에서 답을 찾을 수 있다. 어른들이 아이들을 대하는 태도에 애정이나 공감이 결핍되어 있는 경우가 대부분이다.

정신분석학자 낸시 아이젠버그(Nancy Eisenberg) 박사에 의하면, 아이가 '공감'을 많이 경험할수록 사회성은 발달하고 공격적이거나 반사회적인 태도는 줄어든다. 성장하기 위해 두뇌는 '안정적인 관계'를 필요로 한다. 그것은 두뇌를 일깨우는 햇볕과도 같은 것이다.

칼리가 내게 슬펐던 일, 힘들었던 일, 서러웠던 일을 토로할 때, 나는 엄마로서 조언의 말을 찾기 전에 먼저 "그랬구나, 우리 딸, 그래서 우리 칼리가 슬펐구나"라고 먼저 말하며 무릎 위에 아이를 앉히고 꼭 안아준다. 그리고 마주 닿은 두 심장으로 공감을 충분히 확인시킨 후, 비로소 나의 제언을 건넨다. 어른들에게는 그렇게 하지 못하고 냉정하게 해결책이랍시고 대뜸 입바른 소리를 건네곤 하지만, 온전한 책임을 가지고 대해야 하는 존재인 아이에게만은 '공감'이라는 밴드부터 붙여 상처가 노출되는 걸 막은 후, 다음 단계로 나아가는 원칙을 철저히 따른다. 실은 이 단계로 충분할 때가 많다. 공감해주는 사람 하나만 있다면, 다음 해결책 정도는 아이 스스로 찾는다.

왜 세상의 모든 꽃들은 다 예뻐?

두 살 무렵 칼리는 커서 해님이 되겠다 했다. 그러곤 날마다 해님과 달님에게 문안인사를 올렸다. 자기가 크면 해가 될 터이니 그들과 미리 사귀어두자는 뜻? 자연 속의 한 일원으로서의 자신을 자각하는 아이의 모습이 또렷했다. 인간을 제외한 모든 자연을 인간의 이기(利器)를 위한 효용을 지닌 사물로 취급하는 어른들에게선 볼 수 없는. 그러나 아마도 그들 역시 어린 시절엔 갖고 있었을 감각이며 감수성일 것이다.

칼리가 네 살 무렵 어느 이른 봄날 차를 타고 파리의 한 공원 옆을 지나가는데, 붉은 꽃 한 송이가 획 눈앞을 스쳐갔다. 칼리도 그 꽃이 눈에 들어왔던지 내게 이렇게 물었다.

"엄마, 왜 세상의 모든 꽃들은 다 예뻐?"

아이의 이 질문은 더운 날 얼굴에 날아든 물보라처럼 내 의식을 순식간에 맑게 일깨웠다. 공원 옆을 지나가는 순간 우리 두 사람 눈을 동시에 휘어잡은 그 꽃의 매혹을 어떻게 부인할 수 있을까? 그러게 왜? 꽃들은 모두 다 예쁘지? 한참을 생각한 끝에 꽃은 식물에서 생식기의 역할을 하는 부위라는 사실. 벌과 나비를 유혹하여 생식하고 번성하기 위하여 아름다운 자태와 향기를 갖고 있는 거라는 결론에 이른다. "칼리야, 모든 식물은 벌과 나비를 오게 하려고 각자 최선을 다해 꽃에게 아름다운 색깔과 향기를 갖게 만들어온 것 아닐까?" 이렇게 나의 생각을 아이에게 전하자 운전을 하고 있던 칼리 아빠가 끼어든다. 그의 생각은 나의 그것과 확연히 다르다. 꽃은 아름답고 열매나 잎은 아름답지 않다? 그 것은 인간의 편견이라는 것이다. 그 어떤 자연의 요소도 하나하나 우아하고 아름답지 않은 것은 없다는 주장이다. 꽃이 식물의 다른 부위보다 아름답다는 것은 인간이 부여하는 편향된 가치평가란다. 배치되지 않지만, 일치하지 않는 엄마 아빠의 해석 사이에서 아이는 해답을 찾아간다. 그러면서 나 역시 당연하다고 생각하는 내 믿음에 다시 의문을 제기해본다.

아이는 사물이나 음식 등에도 인격을 부여하는 경향을 자주 보였다. 돌이켜보면 나 역시 어린 시절 그들에게 동등한 생명체로서의 존재감을 생생히 느꼈던 것 같다. 엄마와 동네 가게에 같이 가면 누워 있는 토마토, 수박, 포도를 보며 내가 어떤 걸 고르는 게 좋을까를 망설이다 엄마에게 이렇게 물었다. "엄마, 얘들은 우리가 사가서 자기네들을 빨리 먹어주길 원해? 아니면 가급적 늦게까지 가게에 남아서 오래오래 살길 원해? 어떤 게 얘네들을 위해서 좋은 거야?" 엄마의 대답은 "빨리 선택되어 우리 배 속에 들어오길 원한다"였다. 이유를 설명해주시진 않았지만, 당시 엄마는 나에게 신이었기에 그 판단은 내 오랜 갈등을 해결해주었다.

유치원에 다니던 칼리에게 아침 식사 중 말린 자두 하나를 먹으라고 권하니 안 먹는다고 한다. 아침마다 유기농 견과 서너 가지와 생과일 두 가지씩을 항상 먹도록 해왔다. 식탁 위의 모든 음식들은 우리 몸에 들어와 바로 너와 나가 되어 새로운 생명을 얻는 거라고 가르치며. 그런데 그 과일들을 눈앞에 두고 안 먹겠다는 것은 예의가 아니기에 나는 바로 자두의 입장을 대변한다. "저는 아이가 되고 싶어서 기다렸어요." 자두의 호소를 들은 칼리는 바로 자두의 심정을 헤아렸다. 알았단다. 빵을 다 먹을 때까지 잠시 기다리란다. 잠시 기다리던 자두가 이렇게 혼잣말을 했다. "나를 먹어줄 저 아이의 이름은 뭘까?" 그때 칼리가 "엄마!" 하고 부른다. 내가 "왜?" 하고 답하자 아이는 귓속말로 내게 이렇게 속삭

인다. "'칼리야, 왜?' 이렇게 해야지. 자두가 듣게" 하는 거다. 아
그렇구나. 난 "왜 칼리야?" 다시 답했고, 자두는 자기가 곧 칼리
몸속에 들어가 칼리가 될 것을 알게 되었다. "오, 네 이름이 칼리
구나?" 기쁨을 감추지 못하는 자두, 그리고 뿌듯해 하는 칼리.

아이는 언제까지 이렇게 지상 위의 모든 생명체들과 소통하
며, 그들과 우정을 나눌 수 있을지 모르겠다. 자연의 일부임을 느
끼고 자연을 존중하는 태도는 아이를 자연스럽게 에콜로지스트
(생태주의자)가 되도록 이끌었다. 물도, 종이도, 음식도 낭비하지
않고 소중히 여기는 태도를 굳이 가르치지 않아도 가지게 된 건
그들이 모두 생명을 가진 존재라는 자각 때문이다. 어느 날 목화
송이 한 아름을 사서 집에 가져갔더니 아이는 그 목화송이를 보
며 이렇게 말한다. "고마워. 너의 친구들이 내가 입고 있는 바지
를 만들어주었어." 자연과 자신을 구분하지 않고 받아들이는 아
이는 자연의 지혜를 직관적으로 흡수하는 것 같다. 아이가 가지
고 있는 그 보이지 않는 통로, 나에게는 이미 닫힌 그 통로가 오
래도록 닫히지 않고 지혜를 전달해주길 바랄 뿐.

고개 숙이지 않는 사람들

1999년, 유학생활 초창기였다. 버스 안에서 할머니와 같이 어딘가로 가고 있는 꼬마에게 말을 걸었다. "몇 살이니?" 물으니 "네 살"이란다. 그러면서 한국 아이들에게선 한 번도 들어보지 못한 질문을 받았다. "그러는 너는 몇 살이니?" "음…… 나? 난 스물아홉 살." 이름이 뭐냐고 물으니 라파엘이란다. 역시 "넌 이름이 뭐니?"라고 되묻는다. "난 수정이야." 프랑스에 도착한 지 얼마 안 되었을 때니 짧은 어휘로 더는 물을 말도 없었는데, 이번에는 라파엘이 나한테 묻는다. "넌 어디 가는 중이야?"

짧은 대화를 나누며, 지금 내가 네 살짜리를 상대하는 건지, 스물네 살짜리를 상대하는 건지 헷갈릴 지경이었다. 아이인데도 수줍어하거나 애교를 부리는 태도가 전혀 없었다. 세상의 숱한 아이를 상대해본 나로선 신세계에 도달한 기분이었다. 네 살이라는 라파엘은 자신을 미숙한 유아로 보는 시선을 허락하지 않았다. 아이의 태도는 4년 동안 충분히 '독립된 인격체'로 존중받아왔다는 사실을 알려주었다. 돌토 여사의 이론이 충분히 효과를 발휘하는 환경에서 자란 것이다.

내가 돌보던 티보도 그랬다. 한번은 티보와 집에 곧바로 가지 않고 탁아소 근처 놀이터에서 잠시 놀았다. 내가 벤치에 앉아 티보를 지켜보는데 한 청년이 다가와 말을 걸었다. "혹시 나랑 커피 한잔 안 할래요?" 미끄럼을 타던 티보가 다가와 청년의 눈을 똑바로 바라보며 나 대신 대답했다. "안 돼요. 수정은 나를 돌봐야 해요."

두 살의 티보와 스물아홉 살의 나 사이에는 늘 누가 결정의 주체인지를 두고 숱한 분쟁이 있었다. 어떤 골목에서 꺾을지, 어떤 신호등에서 길을 건널지, 어떤 장난감을 욕조에 들고 들어갈지, 어떤 디저트를 먹을지 등등. 두 살 먹은 아이가 이 모든 것은 자신이 결정할 사안임을 표명하는 언어는 "결정을 하는 사람은 나야(C'est moi qui décide)"였다. "내 맘이야"라고 꼬꾸라지며 떼쓰지 않는다. 나도 완벽한 논리를 갖추어, 왜 오늘은 이 디저트를 먹어야 하는지 설명해야 했다. 심지어 길을 건널 때도 왜 이 신호등으로 건너는 게 현명한지 말해야 했다. 티보도 태어나면서부터 완벽한 인격체로 철저히 존중받아온 것이다.

아이가 고집을 부리면 프랑스 부모들은 설명하고 설득한다. 그리고 선택의 범위를 제시한다. 아이가 알아듣든, 못 알아듣든 어른의 언어로 계속해서 설명한다. 프랑스에는 유아에게만 쓰는 특유의 단어가 없다. 아이도 처음 말을 배울 때부터 어른들의 말을 따라 한다. 아이들에게 예의범절을 가르치기 위해 어른들 세계에는 없는 배꼽인사 같은 것은 시키지 않는다.

루이 16세의 목을 마침내 자르기로 했을 때, 프랑스 사람들은 혁명의 광기에 취해 신나게 칼을 휘두른 것이 아니었다. 숱한 고민과 토론 끝에 혁명이 일어난 지 4년 만에야 시민들은 절대군주를 교수대에 세웠다. 그들은 왕권신수설에 세뇌된 나머지 혹시 왕의 목을 자르면 하늘이 무너지지 않을까 염려하기도 했다. 그러나 왕의 목이 떨어져도 하늘은 무너지지 않았고, 그들은 천부인권이라는 명제를 피부로 받아들이게 되었다.

혁명은 모든 사람들이 같은 지위에 놓이는 것, 즉 시민이 되는 것을 의미한다. 높은 지위를 가진 사람 앞에서도 고개 숙이지 않는 전통은 이때부터 프랑스 특유의 정신으로 자리 잡았다. 프랑스 학교에서 교장은 아침마다 교문 앞에 서서 아이들을 맞이하고 인사를 나누는 사람이다. 학교 행사가 있을 때 사회를 보고 자잘한 행정 처리를 도맡아 한다.

아이가 1학년 때 다니던 초등학교는 전교생이 100명이었다. 그 초등학교에서 교장은 재학증명서를 직접 떼주고 아이들이 그린 그림이 들어간 학교의 에코백을 팔았다. 교장은 교사와 학생 위에 군림하는 존재가 아니라 교사들과 다른 자리에서 학교를 함께 이끌어가는 사람이고 가장 분주하게 움직이는 학교의 머슴이었다.

경영진이 대량 해고를 결정했을 때 멱살을 잡고 와이셔츠를 갈기갈기 찢어놓는 노동자들의 패기도 너와 내가 크게 다르지 않다는 생각이 저변에 있기에 가능한 것이다. 2017년 11월, 전국 지방자치단체장 총회에 참석한 마크롱 대통령을 향해 지자체장들이 일제히 야유와 비난의 함성을 보냈다. 마크롱이 긴축재정을 강화하면서 지자체에 내려 보내는 교부금을 더욱 삭감해 지방자치제도 자체를 붕괴시키고 있다는 것이 야유와 비난을 퍼부은 이유였다. 이들의 대의 앞에서 예의는 비틀거리며 쓰러졌다.

파리에 오면 고객의 정의에 대해서 누구든 다시 생각해봐야 할 만큼 당당하고 뻣뻣한 상인들을 만나게 된다. 마치 돈 따위는 관심도 없다는 듯! 누가 파는 사람이고 누가 사는 사람인지 잠시 헷갈릴 만큼 프랑스 상인들은 손님들 앞에서 도도하다. 소비자가 되어서나 가끔 왕 노릇을 해볼 수 있는 나라에서 온 사람들에게는 때때로 감당이 안 되는 수준!

나는 뻣뻣한 프랑스 상인들이 단박에 맘에 들었다. 진상 손님이 되지 않기 위해 애쓸 필요가 없고, 고통스런 감정노동자들의 수고를 보지 않았으니까. 무엇보다 수평한 땅에 함께 서 있다는 그 느낌이 좋았다. 내가 무얼 살지도 모르기 때문에 누군가 내 앞에서 굽신거리는 것도, 안 살 것 같으니까 업신여기는 것도 못 견딜 노릇 아니던가.

관광객으로 잠시 다녀간 사람들 중엔 이 나라 상인들이 동양인이라서 업신여긴다고 오해하는 경우도 종종 있다. 프랑스 사람과 같이 살고 있는 나로서는 그가 겪는 바와 내가 겪는 바에 전혀 차이가 없다는 사실을 알기 때문에 그런 오해는 하지 않는다. 관광객 반, 현지인 반인 파리란 도시에서 이들이 인종별로 차등을 두며 손님을 대할 만큼 섬세하게 굴 겨를이 없다. 그들은 누구에게나 대체로 쿨하거나 터프하다. 다만 고객이 먼저 예의를 갖출 때 그들도 예의를 갖춘다는 사실을 알아둔다면, 좀 더 부드러운 서비스를 받을 수 있다.

처음에는 유난히 꼿꼿한 자세로 걷는 이 나라 사람들을 보면서 그들의 몸이 너무 꼿꼿하다 못해 뒤로 젖혀질 것 같다고 느꼈다. 실은 약간 굽히고 있던 사람은 나였다는 것을 알게 되었다. 이들은 그저 반듯이 허리를 펴고 서 있었을 뿐이다.

세상살이를 위한 세 가지 에어쿠션

'봉주르(Bonjour)', '실트플레(S'il te plaît)', '메르시(Merci)'. 아이들이 말을 시작하면 이 세 가지 말이 자동적으로 튀어나올 때까지 주변의 모든 어른들이 가세해서 가르친다. '봉주르'는 '안녕하세요'다. 누군가에게 말을 걸 때는 무조건 이 말부터 꺼낸다. 이 말을 생략하고 단도직입적으로 본론을 꺼내면 상대방이 눈에 힘을 빡 주고 "봉! 주! 르!" 하고 힘주어 말하는 경우를 종종 경험하게 된다. "예의 좀 갖추시죠"라는 뜻이다. '실트플레'는 공손하게 부탁하는 말이다. 직역하면 '네가 원한다면'이란 뜻이다. 모든 명령문에 붙여서 명령이 아닌 부탁이 되게 만들어주는 영어의 '플리즈(Please)'에 해당하는 말이다.

아이가 "봉주르"라고 인사를 하지 않고 곧장 말을 건네면 어른들은 못 들은 체 대꾸하지 않는다. 아이가 뭔가를 부탁하면서

"실트플레"라고 하지 않으면, "뭐? 잘 못 알아듣겠는데?"라는 식으로 반문하여 문장이 "실트플레"로 끝나도록 유도한다. 급식소에서 식판에 밥을 담아줘도 "메르시", 카페에서 물을 한 잔 갖다줘도 자동적으로 "메르시"라고 말하도록 훈련받는다. 그렇게 수백, 수천 번 반복한 끝에 자동적으로 세 문장이 튀어나오는 정도에 이르면, 사회생활 중에 사람들과의 부딪힘을 막아줄 에어쿠션 세 개를 몸에 달게 되는 것이다.

그것은 만인을 향한 존중의 언어인 동시에 그들과의 적정한 거리를 유지하여 나를 지키는 언어였다. '메르시'를 넉넉하게 말하는 사람은 우아함을 획득하며, '봉주르'를 자주 건네는 사람은 너그러워진다. '실트플레'(경어로는 '실부플레S'il vous plaît')를 잊지 않는 사람은 품위를 얻게 된다. 유학 시절의 나는 티보와 함께 그 세 가지 말을 내 몸에 장착시키며 프랑스 사회에서 안전하고 품위 있게 살아갈 시민이 되는 훈련을 해갔다. 이제 막 프랑스 사회에서 새로 태어난 스물아홉의 나는 티보와 한동안 함께 성장해갔다.

내가 처음 티보를 만나던 날, 내게 인수인계를 해줄 전임 베이비시터 수잔도 만났다. 그녀는 내게 해야 할 일들을 차례로 가르쳐주었고, 티보에 대해선 "일 레 트레 사쥬(Il est très sage)"라고 말했다. 직역하면 '그는 매우 현명하다'였다. '한 살짜리 애가 현명하다고?' 시간이 지나면서 그 말이 아기들에게 쓰일 때는 '얌전하다' 정도로 이해하면 된다는 사실을 알게 되었다. 하지만 '사쥬'의 기본 의미는 '현명한' 혹은 '분별 있는' 정도에서 크게 벗어날 수 없다. 그대로 명사형으로 쓰이면 '현자(賢者)'라는 의미가 된다. 베이비시터 면접을 통과했다는 소식을 듣고 티보와 그의 부모를 만나러 왔을 때, 티보는 기저귀만 차고 엉덩이를 천장으로 치켜들고는 침대에 엎드려 자고 있었다. 며칠 뒤, 탁아소에 내가 데리러 갔을 때 그는 날 알아보고 뚜벅뚜벅 걸어왔다. 애교도 생떼도 없이 새로운 베이비시터를 받아들여야 하는 현실을 순순히 수용하면서 그의 아기 호랑이같이 선명한 자아를 각인시켰다.

한창 배변 훈련을 하던 시절, 그는 파리의 익숙한 광경인 거리에서 볼일을 보는 견공을 목격한다. 티보는 근엄한 표정으로 "안 돼, 강아지야! 이렇게 길에서 볼일을 보면 안 되는 거야. 변기에 앉아서 봐야지!" 하며 개에게 호통을 쳤다. 자신이 배운 그대로.

버스에서 만난 네 살짜리 소년 그리고 티보. 그들의 당당하고 맹랑한 자아는 인간은 모두 자유롭고 존엄하게 태어났다는 〈세계인권선언〉의 첫 구절을 떠올리게 한다. 식탁에 앉아 얌전히 전식, 본식, 후식을 기다리는 프랑스 아이들의 놀라운 이야기는 바로 이런 교육의 바탕에서 나온 것이었다. 내가 받고 싶은 대접을 남에게 더도 덜도 말고 똑같이 해주는 것. 아이라서 아무것도 모르는 존재이니 내 맘대로 하는 것이 아니라 충분히 논리적으로 설명하고 설득하고 동의를 구하면서 인내심을 갖게 하는 것. 그러한 인본주의적 태도가 이 나라 유아교육의 바탕이기도 했다.

프랑스 유치원

프랑스의 유치원은 그 미스터리한 '프랑스 아이들'이 만들어지는 신묘한 공간이다. 아이들의 연령대가 만 3~5세이기에 유치원이라 번역하지만 프랑스에선 엄마학교(École Maternelle)라 불린다.

프랑스의 유치원은 교육부 소속의 교육기관으로 전국에 있는 1만 5079개의 유치원 가운데 0.9퍼센트에 해당하는 137개만 사립이고 거의 대부분이 공립이다. 유치원 교사는 초등학교 교사와 같은 교원 훈련을 받은 교육부 소속 공무원으로서 한 명의 보조교사와 함께 20~25명 정도로 구성된 한 학급을 맡는다. 의무교육은 아니지만 입학을 원하는 아이들을 모두 무료로 받아주어야 할 의무가 국가에 있다.

탁아소는 전체 유아들의 수요를 100퍼센트 감당하지 못하지만 유치원부터는 다르다. 유치원은 아침 9시에 문을 열고 오후 4시 반에 닫는다. 유치원이 끝나면 바로 같은 자리에서 6시까지 놀이 센터가 이어진다. 이때 아이들을 돌봐주는 놀이 교사들은 지방자 치단체 소속이다. 프랑스의 유치원 시스템을 들여다보면 아이는 나라가 키워준다는 말을 고스란히 실감할 수 있다.

유치원 교육의 목표는 언어를 비롯한 자기표현 방식을 발달시 키고, 감각을 일깨우며, 프랑스 사회의 어린 시민으로서 더불어 살아가는 방법을 익히게 하는 것이다. 본래는 3세부터지만 2세 반부터도 입학이 허용된다. 기저귀를 뗀 아이들, 엄마와 떨어져 도 울지 않을 아이들이 온다. 칼리는 3세 반에 처음으로 파리 4구 에 있는 보쥬 광장 유치원에 들어갔다.

유치원에 입학할 때 준비해야 할 것은 두두(Doudou: 낮잠 잘 때 끌어안고 자는 보드라운 헝겊으로 만든 인형. 보통 이 나라 아이들은 아기 때부터 정붙인 두두 한두 개를 갖고 있다) 하나뿐. 실수에 대비하여 여 벌의 속옷도 하나씩 챙긴다. 나머지 모든 준비물은 학교가 알아 서 마련한다. 이토록 어린아이들을 책상에 얌전히 앉히는 것이 가능할까? 가능할지는 몰라도 바람직할까? 결론은 아무 문제 없 다. 제법 괜찮은 방법이다.

둘째 날이나 셋째 날부터 아이들이 담임 선생님께 사랑을 표현하는 모습을 보았다. 50대 후반의 여교사였던 칼리의 첫 번째 담임 선생님 조슬린은 짧은 머리에 셔츠를 깔끔하게 다려 입은 세련된 파리지엔느였다. 분명하고 깔끔한 성격이면서도 아이들을 섬세하게 파악했고, 절도 있는 학교생활 속에서도 유머와 애정을 잃지 않았다.

칼리는 바로 다음 날부터 하트를 그려 선생님께 드렸다. 어떤 아이들은 꽃을 꺾어 갖다드리기도 했다. 아이들은 서슴없이 선생님과 보조 교사 품에 안겨 애정을 전했다. 이 아이들에게는 유치원이 행복한 곳임을 한눈에 알 수 있었다. 교사가 수업을 이끌어간다면 보조 교사는 아이들에게 넉넉한 스킨십을 전하고 엄마 품을 그리워하는 아이들에게 보모가 되어주었다.

하루라도 빨리 유치원에 가고 싶어서 숨이 넘어가던 칼리는 안타깝게도 유치원에 나간 지 사흘째 되던 날, 불상사를 겪었다. 쉬는 시간, 숨바꼭질을 하다가 뒤돌아보니 유치원 마당에 아이 혼자 남겨져 있었던 것. 보조 교사가 같이 마당에 나갔다가 쉬는 시간이 끝나 아이들을 데리고 들어오는 과정에서 숨어 있던 칼리를 놓쳤던 것이다. 아이는 엄청난 두려움을 느꼈을 뿐만 아니라 거기서 한 발 더 나아가 보조 교사가 '나만 안 좋아한다'고 해석하기에 이르렀다. 혼자 마당에서 겁에 질려 있던 아이를 마침 일찍 출근한 놀이 교사가 발견하고 2층에 있던 칼리의 교실에 데려다주었다. 당시 칼리는 아직 프랑스어가 익숙하지 않았고, 등원한 지 사흘밖에 되지 않아 유치원 건물 구조도 잘 몰랐다. 얼마나 오랜 시간 아이가 혼자 남겨져 있었는지 정확히 알 수 없었다.

아이는 그다음 날부터 유치원에 가길 거부했다. 그 유치원이 안전하지 않고 그곳의 어른들은 신뢰할 수 없다고 판단했던 것이다. 아이를 억지로 유치원에 데려갔지만 2층 계단에서 온몸을 비틀며 굴러 내려가는 아이를 교실로 들이밀 수는 없었다. 아이는 퇴행을 보이기 시작했다. 갑자기 바지에 소변을 보기도 하고 떼를 부리기도 했다. 아이 스스로 "착한" 유치원에 가겠다고, 다른 유치원을 알아봐달라고 했다. 우린 그리 멀지 않은 곳에 또 다른 공립유치원이 있는 것을 알아내고는 어차피 사흘밖에 다니지 않아 정도 들지 않았으니, 처음부터 불신이 생긴 이 유치원을 굳이 다닐 필요가 없겠다고 생각했다. 우리는 즉시 유치원을 옮기는 절차를 밟았다.

뜻밖에도 칼리의 유치원 교장이 동의해주지 않았다. 그녀는 부임한 지 며칠 안 되는 신임 교장이었다. 자신이 부임하자마자 이런 일이 발생한 것에 대해 부담을 느끼는 듯했다. 유치원에 소속된 심리상담사를 만나보기도 했다. 우린 심리상담사가 이런 심리 상태에서는 유치원을 옮기는 것이 바람직하다는 의견을 원장에게 전해주길 희망했으나 그녀는 뾰족한 답을 내놓지 못했다. 내가 아이와 한국어로 대화한다는 사실만을 눈여겨보며 마치 아이에게 문제가 있고 유치원에는 아무 잘못이 없는 것처럼 상황을 몰아갔다.

일주일 정도 아이를 유치원에 보내지 않고 집에 데리고 있다가 결국 정면 돌파하기로 했다. 아이를 설득했다. 일단 다시 한 번 가보자. 아이는 용기를 냈고 엄마 아빠도 아이만큼 담대해졌다. 아무 일도 없었던 것처럼 차분하게 교실로 아이를 데리고 들어갔다. 아이는 엄마 볼에 뽀뽀를 하고 선선히 엄마를 놔주었다.

오후 4시 반, 아이를 찾으러 유치원에 갔을 때 아이는 아침과는 딴판이었다. 등 뒤에 해가 솟은 듯, 생글생글 빛나는 표정으로 내 품에 달려들며 외쳤다. "엄마! 친구가 생겼어!" 담임 선생님 조슬린도 만면에 미소를 지으며 칼리의 말을 확인해줬다. "칼리에게 친구가 생겼어요. 이제 다 해결되었어요." 구원의 천사는 노아였다. 일본 엄마와 프랑스 아빠 사이에서 태어난 혼혈 아이. 공통점을 인지했는지 둘은 서로에게 끌렸고 하루 종일 같이 놀았다고 했다. 두 아이는 도저히 떼어놓을 수 없는 서로의 껌딱지가 되어버렸다. 그리고 그날부터 '친구'는 칼리에게 가장 소중한 단어가 되었다. 친구는 지옥을 하루아침에 천국으로 바꿔줄 수 있는 인생의 열쇠라는 것을 아이는 알게 된 것이다. 우정을 나누는 기쁨이 아이를 숨 쉬게 하자 공포와 불안이 점점 물러갔다. 그러자 눈부신 새날들이 밀려왔다.

놀이 센터
/

오후 4시 30분, 유치원이 끝나면 집에 가는 아이도 있지만 유치원에 남는 아이도 있다. 유치원에 남는 아이들은 부모나 베이비시터가 6시에 오기 때문에 그사이 1시간 반 동안 유치원은 놀이 센터(Centre de Loisirs)가 된다. 놀이 센터는 말 그대로 마냥 노는 곳이다. 마당 놀이터에서 뛰어놀거나, 애니메이터(놀이 교사)들과 그림을 그리거나 종이를 접으면서 시간을 보낸다.

놀이 센터를 운영하는 사람들은 교사가 아니다. 따라서 교사와 교장은 4시 30분 이후 유치원에서 벌어지는 일에 대해선 관여하지 않는다. 이때부턴 시청에서 운영하는 놀이 센터에 소속된 애니메이터들이 모든 것을 주관한다.

프랑스에는 두 달이 넘는 기나긴 여름방학 외에도 2주짜리 방학이 연간 네 번 있다. 그때마다 유치원과 학교는 아침부터 6시까지 놀이 센터로 변한다. 방학 동안 부모들이 늘 같이 휴가를 쓸

순 없는 까닭에 아이들은 조부모 집으로 보내지거나 야외 캠프를 떠나기도 하지만, 도시에 남아 놀이 센터에서 시간을 보내는 아이들도 제법 많다. 놀이 센터는 자기가 다니는 유치원이나 학교만이 아니라 같은 구에서 선택할 수 있다. 단, 약간의 비용을 내야 한다.

방학 때 놀이 센터의 프로그램은 아주 다양하다. 루브르박물관, 오르세미술관, 케브랑리박물관, 퐁피두센터 등은 물론 유람선인 바토 무슈를 타고 센강을 한 바퀴 돌기도 한다. 인근 숲에서 야영도 하고, 숲속의 야외 수영장에서 한나절을 보내기도 하며, 마리오네트 공연을 보러 가기도 한다.

공방에 가서 판화 작업을 하거나 도자기를 굽는 프로그램도 있다. 매일매일 다채로운 문화 프로그램들로 꽉 채워져 있어서 멀리 여행 가지 않아도 심심하거나 서러울 일은 없다. 파리에는 끝이 없을 정도로 풍요로운 문화 프로그램들이 넘치도록 있으니까.

놀이 센터는 유치원과 초등학교까지만 이어진다. 중학교 이후부터 아이들은 학교가 끝나면 집에 혼자 가고 자신의 시간을 스스로 운용할 줄 아는 존재로 간주되기 때문이다.

감각 일깨우기

'에베이(Éveil)'는 유치원 또래가 받게 되는 거의 모든 종류의 수업에 붙는 단어다. '눈뜨기' 혹은 '감각 일깨우기' 정도의 의미다. 혹은 '몸을 물에 적신다'라는 표현을 쓰기도 한다.

음악이든, 무용이든, 미술이든, 유치원 시절에는 맛보기 정도로만 가볍게 배우면서 감각만 일깨우는 교육이 이뤄진다. 3년 동안 '학교'에 가서 알파벳을 내내 가지고 놀게 할지언정, 읽기나 쓰기를 가르치진 않는 것처럼.

2013년까지 프랑스의 유치원과 초등학교에는 수요일 수업이 없었다. 2014년에 갑자기 교육개혁이 이뤄지면서 수요일에도 오전 수업을 하는 것으로 변경되었다. 그래서 수요일은 전통적으로 아이들이 학교 밖에서 뭔가를 한두 개씩 배우는 날이었다. 칼리도 유치원에 다니는 동안 한 해에는 음악을, 2년간은 현대무용을 배웠다. 음악의 경우 시에서 운영하는 예술 센터의 '음악에 눈뜨기 수업'에 다니며 온갖 소리와 리듬을 통해 음악이란 세계에 살짝 발을 적시는 시간을 가졌다.

이란 출신의 음악가가 진행하는 그 수업에서 아이들은 일상의 사물들로 악기를 만들기도 하고 각자 집에서 가져온 악기들로 소리를 내보기도 하면서 음악이라는 세계에 발을 딛는다.

1년 내내 일주일에 한 번씩. 하루는 두께가 다른 종이를 찢고 구겨서 부스럭거리는 소리를 내고, 또 하루는 여러 가지 곡물들을 각각 다른 병에 넣어 흔들어보는 방식으로 악기를 만들었다. 마치 선사시대의 인간이 음악을 발견하고 즐기게 된 방법에 접근해가듯. 음악 선생님이 가져온 악기들이 어떻게 소리를 내는지를 직접 경험하면서 현악·관악·타악·리듬 악기들의 특징들을 직접 파악하고, 그 음악이 만들어내는 리듬에 몸을 맡겨보기도 한다.

깊이 들어가는 법이 없이 이렇게 1년 내내 놀이의 형태를 벗어나지 않은 채, 선생님의 손을 잡고 음악이 만드는 세상을 이리저리 방문하며 감각을 일깨우는 작업이다. 아시아와 유럽 사이에 있는 이란이란 나라에서 온 뮤지션답게 음악 교사는 동서양의 모든 악기를 다루며 악기의 속성들을 이해시키고, 그 속성에 맞는 새로운 악기를 일상에서 찾을 수 있는 재료들을 만들어 소리내는 일에 주저함이 없었다. 한 악기를 잡고 바로 테크닉으로 들어가는 우리식 음악교육과는 정반대라고 할 수 있다.

한때 아이는 현대무용을 배우기도 했다. 네다섯 살의 소녀들은 일상의 스토리를 무용으로 꾸민다. 아침에 일어나 피크닉을 준비하고는 기차를 타고 해변으로 가서 긴 수건을 모래사장에 펼쳐놓고 바다를 바라보는 작은 사건의 조각들을 몸으로 표현하며 우아한 현대무용을 만들어간다. 발끝으로 서거나 빙그르 돌기를 배우는 대신, 앉고, 서고, 가방을 메고, 줄을 지어 기차를 타는 일상의 모든 동작들을 활용해 손끝과 발끝의 각도 하나로 우아함을 획득하고 말을 대신하는 몸의 언어로 감정과 대사를 전달한다. 일상의 동작이 시적인 몸의 언어로 표현되는 과정을 아이들은 습득했다.

이 나라는 수영이든, 외국어든, 악기든, 뭘 배워도 일주일에 한 번씩이다. 이런 속도로 어느 세월에 기능을 습득할까 싶지만 물에 발부터 담그고 조금씩 온몸을 젖어들게 하면 어느 순간 아이들은 스스로 온몸을 움직여 수영할 수 있게 된다는 게 이 동네 예술교육이 갖는 믿음이다. 맛을 보고 감각을 익히게 한 다음에 저 스스로의 동력으로 자신의 길을 찾게 하기 위함이다. 중요한 것은 '즐거움'과 '재미'를 놓치지 않게 하는 것. 아리스토텔레스가 말했듯, **"자신의 재능을 자유롭게 실험하는 것, 그것이 바로 행복"**

이며, 재미가 의무로 둔갑하는 순간, 모든 배움의 동력을 잃게 된다고 이들은 믿는다.

칼리 반에는 한국, 일본, 이탈리아, 중국, 독일, 튀니지, 이스라엘 등 다양한 국적을 가진 학부모들이 있었다. 어느 날 나는 교사의 제안으로 한국 동요 하나를 아이들에게 가르쳐주기 위해 학교에 갔다. 물론 다른 외국 학부모들도 모두 한 차례씩 이런 기회를 가졌다. 동요 〈비행기〉의 가사를 한글로 칠판에 쓰고 프랑스어로 그 의미를 가르쳐준 후, 한 소절씩 따라 부르게 하는 것이다. 아이들은 한글을 처음 듣지만, 두 번 만에 곧잘 노래를 따라 불렀다. 어차피 글을 읽지도 쓰지도 못하는 그 나이의 아이들에게 외국어 노래를 습득하는 것은 프랑스어 노래를 습득하는 것과 별 차이가 없는 일이었다. 교사는 세상에 이토록 다양한 언어와 문자가 있다는 것. 그 언어들이 어떤 식으로 발음되는지를 아이들에게 가르쳐주려고 했던 것이었다. 난 종이비행기 24개를 접어 가서 아이들에게 나눠주었다. "떴다 떴다 비행기 날아라 날아라~." 이 어려운 발음을 정확하게 흉내 내며 아이들은 교실이 떠나가라 큰 소리로 노래를 불렀다.

아이들은 말과 예술 활동, 신체 활동을 통해 자신을 표현하는 방법을 다양하게 배운다. 초등학교에 올라가면 영어를 배우기 시작하는데, 당시의 이 학부모들이 진행한 수업은 이들 특유의 눈 뜨기 수업의 일환이었던 것 같다. 세상에는 다양한 언어가 있고, 그 언어들은 어떤 식으로 달리 발음되며, 시각적으론 어떻게 다른 지에 대해 들으며 아이들은 가볍게 외국어에 대한 감각을 익히는 것이다. 이 시절의 교육은 앞으로 배우게 될 세상의 여러 과목들 에 대한 맛보기, 감각 익히기, 그리고 언어와 예술 활동, 신체 활동 으로 나의 생각과 느낌을 점점 더 풍부하게 표현하는 것이 주된 목표다.

지붕 위의 고양이들
/

유치원 시절, 칼리에게는 유치원 친구와 유치원 밖의 친구들 이 있었다. 칼리 껌딱지, 방학이면 편지와 엽서를 보내며 서로를 눈물겹게 사랑하던 단짝 '노아'. 아빠 친구의 딸로 뮌헨에 주로 살고 두세 달에 한 번씩 파리에 올 때마다 꼭 칼리랑 한바탕 놀고 가는 '알바'. 파리 외곽에 살지만 우리 집 바로 옆에 엄마의 가게 가 있어 토요일마다 우리 집에서 칼리랑 노는 인도와 프랑스 혼 혈아 '네나'. 여섯 살이던 칼리가 어느 날, 저녁 식사 자리에서 묻 지도 않았는데 뜬금없이 말했다. 내 친구 노아, 알바, 네나는 서로 잘 아는 사이라고. (실제로 이 아이들은 전혀 모르는 사이다.) 왜냐하면 밤이 되면 친구들과 자기는 고양이로 변신해 지붕 위를 돌아다니며 같이 놀기 때문이란다.

알바는 파랑 고양이, 칼리는 분홍 고양이, 노아는 노랑 고양이, 네나는 초록 고양이로 변하고 모두의 귀는 분홍색이란다. 그렇게 변해 지붕 위에서 같이 놀기 때문에 서로 친하단다. 칼리가 상상 속의 이야기를 늘어놓을 때면 희완과 나는 무아지경에서 그 이야기에 빠져든다. 분홍, 노랑, 파랑, 초록의 아기 고양이들이 지붕 위에서 담벼락에서 아웅다웅하며 함께 노는 모습을 상상하다 보니 어쩐지 아이들의 눈은 하늘색 형광빛일 것 같았다.

여섯 살 칼리는 여전히 모호한 경계를 가진 상상과 현실의 세계에 살고 있었다. 서로 알지 못하는 친구들이 모두 같이 놀았으면 하는 마음이 담긴 상상이기도 하고, 엄마 아빠라는 안전한 울타리를 넘어 친구들끼리 만들어가는 미지의 세계로 얼른 나아가고 싶은 욕망이 투영된 상상이기도 하다. 그런 자신의 욕망을 우리에게 미리 암시하고 무의식중에 우리를 준비시키는 행동이다.

바캉스 캠프

프랑스 사람들처럼 여행을 낙으로 삼는 사람들이 있을까. 프랑스는 전 세계에서 가장 많은 관광객들이 들어오는 나라인 동시에 엄청난 수의 사람들이 세계 곳곳으로 여행을 떠나는 곳이다. 유럽 어디든 박물관에 가면 프랑스어 사용자들끼리 몰려다니는 경우를 자주 보게 된다. 프랑스인들은 미래에 대비해 저축을 하기보다 1년에 한두 번 1~2주씩 여행을 가기 위해 돈을 모은다.

연 5주의 휴가가 주어지기 때문에 대체로 길게 낯선 곳에서 편히 지내다 오는 것이 이 나라 사람들의 여행 패턴이다. 그래서 친구들이 오랜만에 만나면 대부분의 대화가 "어디로 바캉스를 갈거니", "이번에는 어디 다녀왔니"로 "거긴 어땠니"로 이어진다. 유럽에서는 잠시 기차만 타도, 2~3시간만 비행을 해도 아프리카

대륙이나 다른 유럽 국가에 갈 수 있기 때문에 낯선 환경과 문화를 맛볼 수 있는 해외여행을 상대적으로 가볍게 시도할 수 있다.

아무리 어른들에게 연 5주의 휴가가 있다고 해도 아이들이 누리는 연 4개월의 방학과 늘 함께할 수는 없다. 그래서 아이들은 종종 바캉스 캠프(les Colonies des vacances)에 가곤 한다. 산으로 들로 바다로, 아이들은 낯선 어른과 아이들이 있는 먼 곳에 보내진다. 이런저런 사고에 걱정이 안 될까 싶지만 부모 중 열에 아홉은 바캉스 캠프에 대해 매우 긍정적인 편이다.

간혹 친구들끼리 짝지어 보내기도 하지만 본래 취지는 먼 곳에서 온 낯선 아이들이 서로 섞여서 우정을 쌓고 새로운 경험을 해보라는 것인바, 모르는 아이들과 뒤섞이는 일이 대부분이다. 기차나 전세 버스를 타고 전국 각지에서 모인 아이들은 1~2주 정도 자연 속의 숙박시설에서 애니메이터들과 함께 자연을 즐긴다. 겨울이면 눈썰매를 타고 이글루를 짓고 스키 강습을 받으며 일주일을 보낸다. 봄이나 가을이면 말을 타고 농장에서 가축들을 돌보고 숲에서 나뭇잎이나 새들의 깃털을 탐구하는 시간을 갖는다. 생경함 속에서 자연과 호흡하고 신선한 자극을 받게 하는 일을 이 나라 부모들은 전혀 두려워하지 않는 듯하다.

우리도 과감하게 다섯 살짜리 칼리를 파리시에서 주관하는 바캉스 캠프에 처음 보냈다. 일주일간 저녁에 잠깐 아이와 통화할 수 있고, 사이트에 올라온 사진을 통해 아이가 오늘은 무슨 놀이를 하며 하루를 보냈는지 알 수 있었다. 전국에 수천 개의 바캉스 캠프 전용 시설들이 있고 매해 새로운 것들이 만들어진다. 음악 마스터 클래스나 연극 아틀리에가 바캉스 캠프 형식으로 열리기도 한다.

경각심을 불러일으키는 사건이나 사고는 드물다. 칼리는 총 네 번 바캉스 캠프에 갔었다. 그때마다 좋기도 하지만 약간 언짢기도 한 경험을 안고 돌아왔다. 놀이 선생님 중 한 명이 짜증을 내는 스타일이라든가, 같은 방을 쓰는 아이가 밤마다 시끄럽게 했다든가……. 이런 식의 불편함들이 있었는가 하면, 매번 헤어지기 싫을 만큼 꿀맛 같은 우정을 누군가와 쌓고 오기도 했다. 헤어짐을 아쉬워하며 서로 주소를 교환하고, 집에 돌아오자마자 한두 번 연락하지만 금세 새 학기가 시작되면 잊어버리곤 한다.

이 나라 사람들은 여행을 최고의 교육이라 믿는다. 낯선 곳에서 사람들을 만나고, 새로운 문화를 접하며, 접촉과 경험의 폭을 넓히는 것만큼 사람을 풍요롭고 깊게 해주는 것은 없다는 것이다. 저소득층의 경우 가족수당을 지급하는 CAF(Caisse d'allocation familiales)가 부모의 수입별로 바캉스 캠프 비용을 차등 지원하고, 지자체가 직접 운영하는 프로그램에 지원하면 소득 수준별로 7단계로 나뉜 비용을 지불할 수 있어 큰 부담이 없다.

칼리는 긴 여름방학이면 한국에 한 달 남짓 다녀왔지만 2주짜리 단기방학에는 시골집에 절반쯤 머무르고, 나머지 절반쯤은 부모와 함께 프랑스나 주변 나라들을 여행한다. 한 도시에 가서 일주일 정도를 머무는 방식이 우리의 원칙이다. 낯선 곳의 신선함을 느끼며 유명 관광지를 돌고, 뒷골목과 재래시장에서 사람들을 접하고 주변의 자연까지 호흡하며 도시를 제대로 느꼈다고 할 수 있는데 걸리는 최소한의 시간이다. 여행을 가지 않을 땐, 칼리가 좋아하는 도자기 공방에 틈틈이 가기도 하고, 알프스 산이나 브르타뉴 바다로 바캉스 캠프를 다녀오기도 했다. 한 번씩 먼 곳에 혼자 다녀올 때마다 아이는 부쩍 자란다. 그 과정에서 부모 역시 아이와 적당한 거리를 찾아간다. 이 또한 태어날 때부터 이 나라 아이들이 요구받는 '자립'과 성숙한 자아를 찾아가기 위한 훈련의 한 과정인 셈이다.

잔칫상 없는 생일잔치

프랑스에서 치른 칼리의 첫 생일잔치의 황당함을 잊을 수가 없다.

유치원에 다니던 칼리는 반 아이들을 모두 초대했다. 예상과 달리(!) 대부분의 아이들이 초대에 응하면서 우리 집은 교실을 그대로 옮겨놓은 듯했다. 20여 명의 아이들이 온다기에 난 20명이 먹을 만큼 뷔페 음식을 준비했다. 김밥, 초밥, 케이크, 쿠키, 과일, 티라미수, 떡……. 나름 아이들과 함께 즐길 수 있는 놀이와 음악, 소품들도 준비해놓았지만, 가장 중요한 한 가지, 서너 살짜리 애들 20명을 능숙하게 다룰 '숙련된 조교'는 이 집에 없었다.

아이들은 부모도 교사도 없는 이 시간을 마음껏 뛰어다니며 난장판을 벌일 기회로 삼았다. 세 시간이 어찌 흘러갔는지 모를 지경이었다. 한구석에서 토라진 아이, 우는 아이, 지하실에 숨은 아이, 침대에서 뛰는 아이……. 전쟁을 치르듯 생일잔치를 마감한 후 아이들이 떠나간 식탁을 보았다. 대부분의 음식들이 고스란히 남아 있었다. 아이들은 함께 자른 케이크에만 조금 손을 댔을 뿐, 다른 음식은 건드리지도 않았다. 생일날은 배부르게 이것저것 포식하는 날이라고 믿고 있던 나에겐 이해할 수 없는 일이었다.

이후 다른 아이들의 생일잔치에 가보고는 이날의 미스터리에 대한 해답을 찾을 수 있었다.

애들은 생일잔치에 먹으러 오지 않는다. 애들의 목적은 오직 재미있게 노는 것이었다! 부모가 넉넉히 준비해야 할 것은 지루할 틈을 주지 않는 잘 짜인 놀이 프로그램. 가능하다면 여기에 곁들여진 숙련된 조교! 그리고 답례 선물이다. 우리나라에서 결혼식 하객들에게 우산이나 수건 같은 작은 답례품을 전하듯, 아이들이 떠날 때 사소한 선물(팽이나 구슬, 메모지 같은 것들)을 건네는 것이 아이들 생일잔치에 얽힌 이 사회의 풍습이었다. 먹을 것은? 촛불을 꽂고 함께 나눠먹을 메인 생일 케이크 하나에 여력이 있다면 보조 케이크 하나 더. 그리고 약간의 봉봉(캔디 혹은 젤리)과 음료, 이것이 전부였다.

여러 생일잔치에 아이가 초대받으면서 아이들의 생일잔치에 얽힌 이 사회의 코드를 눈동냥할 수 있었다. 보통 아이의 사진이나 아이가 그린 그림 등을 활용해 부모가 직접 생일 초대 카드를 만든다. 아이가 글을 배우기 시작하면 초대 문구를 직접 적는 경우도 많다. 그 집안의 분위기도 느끼고 아이에게도 추억이 되는 일이다. 나도 예술가인 아이 아빠의 손을 빌리지 않고 아이의 그림이나 사진으로 매년 생일 초대 카드를 만들었다. 그리고 한 장씩 아이 앨범에 기념으로 보관해두었다.

소외되는 아이 없이 모두 참여할 수 있는 놀이 프로그램을 짜기 위해 생일 한 달 전부터 머리에 쥐가 난다. 책을 사보고 인터넷도 찾아본다. 생일날이 다가오면 집을 파티장으로 꾸미기 위한 여러 가지 장식을 준비한다. 이런 번잡한 준비 과정을 피하고 싶은 부모 혹은 어린이 행사 진행자의 재능이 없는 부모들은 전문 애니메이터를 부르기도 한다. 아이들을 단번에 사로잡는 비법을 아는 그들은 동화를 들려주거나 마술을 보여준다. 때로는 그룹을 지어 게임을 하게 한다. 아이들의 생일잔치 애니메이터는 연극배우들의 흔한 부업이기도 하다.

어떤 부모는 언제나 영화관이나 스케이트장처럼 새로운 장소에서 생일잔치를 했다. 집 근처에서 영화를 보고 같이 이동해 케이크를 잘라 나눠먹는 식이다. 파티에 주제를 정하기도 한다. 그러면 주제에 맞게 각자 옷을 갖춰입어야 한다. '디스코'를 파티의 주제로 제시한 경우도, 전통 의상을 드레스 코드로 주문하는 경우도 있었다. 그럴 때면 아이들은 인디언 의상에서부터 브르타뉴 지방의 민속 의상, 기모노에 이르기까지 다양한 옷차림으로 등장하곤 한다.

어떤 부모는 뱅센숲이나 근처 공원의 커다란 나무 아래에서 잔치를 준비한다. 자연 속에서 펼쳐지는 생일잔치에는 굳이 정교한 프로그램이 필요 없다는 장점이 있다. 자연 속에서 아이들은 떼를 지어 노는 방법을 얼마든지 스스로 찾아내기 때문이다. 다만 그날 아침까지 하늘을 보며 해님이 함께해주시길 기도해야 하는 번거로움이 있다.

어떤 엄마든 (가끔 아빠도) 생일 케이크를 직접 굽는다. 우리나라 엄마들이 소풍 때 김밥은 직접 말아주는 것과 비슷하다고나 할까. 대개 집집마다 오븐이 있고, 학교를 쉬는 수요일(지금은 오전 수업만 하는)에 아이들과 같이 케이크를 굽는 것이 이 나라 엄마들의 익숙한 즐거움 혹은 귀찮음이기에 다들 케이크를 구워내는 기본 실력은 갖고 있다.

아이들이 들고 오는 생일선물의 3분의 2는 책이다. 생일잔치가 집중되는 토요일 아침, 동네 서점에 뛰어가면 생일선물용 책을 사러 온 다른 부모들과 마주치곤 한다. 책은 가격이 부담스럽지 않고 효용에 대해 문제 제기가 없는 선물인 까닭이다. 거기에 가끔 장난감 혹은 생활 소품 같은 것들이 끼어든다. 칼리는 항상 부모가 고른 생일선물 외에 자신이 그린 그림을 축하 메시지와 함께 건네곤 했다.

토요일에 생일잔치를 하면 일부 친한 아이들은 밤을 같이 보내기도 한다. 친구의 집에서 같이 잠을 자는 일이 생각보다 흔한 일상이라는 사실이 조금 놀라웠다. 서로의 사생활에 대해 지극히 조심스러운 프랑스 사람들에게도 빗장을 해제하게 만드는 장치는 대개 아이들이었다. 같이 밤을 보내며 아이들의 우정을 무르익게 해주는 일에 대해 이들은 한없이 너그럽다.

아이들이 말귀를 알아듣는 나이가 되면, 다시 말해 생일잔치를 벌인 부모를 빨리 통제 불능의 아이들로부터 해방시키는 것이 예의인 시기가 지나가면 아이들을 찾으러 가서 잠시 부모들과 샴페인 한잔을 나눌 수 있는 시기가 온다. 학부모가 되면서 아이 반의 다른 학부모들과 친구가 되었다. 그들과 의견을 교류하면서 우리가 학교나 교사에 대해 가졌던 인상을 수정할 수 있는 정보를 얻기도 한다.

한 동네에 사는 아이들이라도 놀랍게도 생활수준은 천차만별이다. 거부(巨富)도 있고, 간신히 먹고사는 경우도 있다. 이 동네가 비싸지기 전부터 대대로 살아오던 원주민들도 있고 임대주택도 제법 많으니까. 대부분 부모 모두 열심히 일하면서 작은 아파트에 세입자로 살지만 생활비 근심은 없는 사람들이었다. 어떤 경우에도 돈 자랑이라고 느껴지는 일은 보지 못했다. 정성과 사랑이 할 수 있는 사소한 일들을 돈에 맡겨버리지 않는 습관이 이들에게 있기 때문이었다. 주 35시간 노동이 기본이니 시간적 여유가 있다는 점에서도 원인을 찾을 수 있을 것 같다. 생일 카드를 슈퍼에서 사면 단돈 1만 원도 안 들지만 자신의 아이만을 위한 독특한 생일 카드는 그들의 손끝에서만 나오기 때문이었다.

생일날이면 터질 듯한 환희가 얼굴에 피어나는 칼리를 보며, 생일에 무덤덤해진 지 오래인 엄마는 생각해본다. 생일이 아이에게 왜 그토록 기쁜 날인지. 선물을 받고, 친구들을 초대해 노는 직접적인 기쁨 외에도 생명을 얻어 지금의 삶을 누리고 있다는 사실에 대한 스스로의 경배이며 축복이라는 것을 아이를 보며 배운다. 이젠 학교가 달라져서 자주 보지 못하는 친구의 생일까지 꼼꼼히 기억하고 손수 만든 선물을 학교 앞에 가서 전달해주고 오는 칼리의 마음은 네가 세상에 와줘서 정말 기쁘단 의미, 함께 누리는 삶에 대한 찬미인 것이다.

내겐 권리가 있어

마당에서 꼬물꼬물 동네 꼬마들이 놀고 있다. 가장 큰 샤샤가 여덟 살, 루미가 일곱 살, 비르질이 여섯 살, 준이 다섯 살이다. 창문 너머로 가장 자주 들려오는 말은 "내겐 권리가 있어" 혹은 "아니야, 너에겐 그럴 권리가 없어"라는 말이다. 듣다 보면 "나한텐 말할 권리가 있어", "나한텐 말하지 않을 권리가 있어" 등은 물론 "나한텐 삐칠 권리가 있어"도 등장한다. 웃을 권리, 울 권리, 먹을 권리, 잘 권리……. 이 나라 아이들은 말을 배우면서부터 서로에게 무슨 권리가 있는지 없는지를 다투고 따지다가 마침내 자신의 권리를 확인하고 확보한다. 의무를 알기 전에 권리부터 잡아 챙기는 타고난 습관!

인간이 가진 권리에 대한 무지와 망각이 전체 사회의 불행과 소수 권력자들의 부패를 야기한 원인이라 여기고, 인권선언을 통해 인간에게 양도 불가한 천부의 권리가 있다는 사실을 천명한 혁명 세력의 후예들이라 저런 대화를 나누는 것일까? 아이들 입에 집요하게 붙어 있는 저 '권리(droit)'라는 단어. 자신들이 가진 권리를 확인하려는 본능이 용솟음치는 장면을 보고 있으면 자연스럽게 질문이 생긴다. '아이들의 권리 찾기 본능, 어디서 왔을까?' 어디서 왔겠는가. 당연히 어른들에게서 왔다.

군주제의 폐지와 공화정의 탄생은 권력의 주체가 왕에서 시민들로 바뀐 급격한 변화를 의미한다. 공화정의 성공은 자신에게 주어진 권리를 올바르게 행사하는 깨어 있는 시민 양성에 달려 있었다. 자신의 권리를 깨닫고 요구하며 행사할 줄 아는 시민을 지속적으로 양성하지 못한다면 공화정은 상상 속의 유토피아일 뿐. 바로 이 공화정 유지라는 절대적 필요에 의해 깨어 있는 시민 양성의 사명을 가진 근대 학교가 출발했다.

처음 혁명(1789년)을 했다가 엎어지고(1814년 왕정복고) 다시 뒤집어지면서(1830년 7월 혁명, 1848년 2월 혁명) 2세기 남짓한 시간이 지났으나 '깨어 있는 이성을 가진 시민 양성'은 여전히 프랑스 교과목의 하나를 차지한다. 프랑스 교육부는 '시민윤리' 교육의 목표가 '미래의 책임 있는 시민'과 '비판적 이성을 가진 성숙한 시민'이라는 두 가지 목적을 조화시키는 것이라고 밝힌다. 근대 시민사회의 시작은 받아들일 수 없는 것에 대한 저항에서 비롯되었으며, 저항의 출발은 자신을 둘러싼 사회 현상을 비판적으로 바라보는 냉철한 이성임을 그들은 부인하지 않는다.

초등학교 저학년 시민윤리 시간에 중요하게 다루는 개념 중 하나가 '인간의 존엄'이다. 모든 인간에게 날 때부터 가진 천부의 권리가 있다는 사실을 인정하는 것이 바로 존엄이며, 나 자신의 존엄을 먼저 알고 존중할 것, 똑같은 방식으로 타인들을 존중해야 함을 가르친다. 스스로에 대한 존중의 첫 출발점을 제 몸을 소중히 돌보는 것을 꼽고 있다. 균형 있는 식사를 하고, 충분히 잠을 자고, 내 몸을 강제하는 타인의 어떤 강압적 요구도 받아들이지 말 것을 가르친다.

지구상에서 가장 많이 파업하고 시위하는 이 나라에서 '자유 평등 박애'라는 혁명의 이념은 학교들 입구에 박혀 있는 불변의 교훈이다. 비록 저 세 가지 이상이 현실 가까이에 있다고 느껴지진 않지만 적어도 이 가치들이 치명적 타격을 입으면 사람들은 용수철처럼 튀어오르며 반응한다.

이슬람 근본주의자들을 비판하는 만평을 그린 《샤를리 에브도》의 만화가들이 테러로 희생되었을 때, 사람들은 공화국 광장으로 달려나와 광장을 가득 메웠다. 그들은 본능적으로 표현의 자유가 위협당했음을 느꼈던 것이다. 하지만 그들은 자신들을 위

협한 자들을 향해 증오를 표출하지 않는다. 광장에서 사람들이
외친 것은 오로지 '더 많은 자유', '더 확고한 평등', '더 넓은 인류
애'였다.

유치원생들의 폴리아모리

 ─────────────── 유치원에서 보내는 마지막 해였다.

하루는 선생님이 아이들에게 누가 누구를 사랑하는지를 공개적으로 묻는 시간을 가졌단다. 그 발단은 두 아이가 교실에서 벌인 애정 행각(!)이었다. 칼리의 단짝이던 노아와 우리 골목에 사는 요한이 그 주인공이었다. 둘은 서로 끌어안고 뽀뽀를 해서 아이들의 시선을 집중시켰고 선생님은 재미있는 상황을 책상 위의 공론장으로 끌어들여 사랑이란 주제로 이야기를 시작했던 것이다.

아이들은 차례로 자신은 누구를 사랑하는지 말했다고 한다. 그러면서 자신을 사랑하는 아이가 누구인지도 확인할 수 있었다고 했다.

그런데 모든 여자아이들이 사랑한다고 말한 남자아이가 하나 있었다. 캉탱(영어식 발음은 쿠엔틴이다). 금발에 남보다 조금 더 큰

키, 나긋나긋한 성격에 여자아이들과도 부드럽게 잘 노는 스타일이었다. 내가 보기에는 지루한 타입이었지만 벌써 이 나이만 되어도 마초가 아닌 유순한 남자들이 여자아이들로부터 높은 점수를 받았다. 궁금증이 급발동한 칼리 엄마가 칼리에게 물었다.

"너를 사랑하는 애는 누구니?"

"캉탱과 가브리엘."

"그럼 네가 사랑하는 애는?"

"역시 캉탱과 가브리엘."

"너 성공했구나? 네가 좋아하는 아이들이 널 좋아하잖아."

"엄마, 근데 한 명 또 있잖아. 킬리안."

킬리안?(칼리가 세 살 때 처음으로 잠깐 좋아했던 두 살 연상의 소년.)

"킬리안이 아직도 널 좋아해?"

"그때 내가 '이젠 널 좋아하지 않는다'고 말했는데도 킬리안은 '네가 날 안 좋아하더라도 나는 널 항상 좋아할 거야'라고 말했어."

"그래? 와!"(세 살과 다섯 살 사이에 그런 대화가 오갈 수 있다니. 그리고 칼리는 그의 말을 철석같이 믿고 있다. 세상 모든 남자가 자신을 사랑하지 않는다고 해도 킬리안은 언제까지나 자신을 사랑할 거라고 말했으니, 적어도 한 사람은 자신을 사랑한다는 뜻이다.)

"그런데 막상스는 피에르, 밀란, 뤼시앵을 좋아한대. 남자가 남자를 좋아해……."

막상스는 악동으로 소문난 남자아이였다. 여자아이들을 많이 괴롭혔고 남자아이들과는 거칠게 몸으로 놀았다. 반에서 요주의 인물이었던 막상스가 취향의 남다름을 드러냈다. 그가 사랑한다고 밝힌 셋은 모두 남자였다.

아이들 중에는 사랑하는 사람이 있지만 비밀이라고 말하지 않은 아이도 있었고, 단 한 사람을 사랑한다는 아이도 있었다. 그러나 대부분의 아이들은 동시에 여러 사람을 사랑한다고 밝혔다. 칼리 역시 두 명의 남자아이 외에 한 명의 여자아이를 사랑한다고 말했는데, 그 아이는 칼리의 단짝인 노아가 아니라 다른 아이였다. 동성에 대해서도 우정과 사랑의 색깔이 벌써 다르게 느껴지는 것이던가.

다섯 살 아이들의 사랑 리포트에서 드러나는 놀라운 사실은 아이들의 사랑에는 질투의 향기도 일방적인 소유의 욕망도 어른거리지 않았다는 사실이다. 칼리는 자기가 사랑하는 아이가 다른 여자아이들도 사랑한다는 사실에 전혀 개의치 않았다. 자신이 동시에 여러 남자아이들을 사랑한다는 사실에도 심적 갈등을 느끼지 않았다. 그들이 사랑이라고 부르는 것에는 완벽하고 자연스럽게 다자간 사랑인 '폴리아모리(polyamory)'의 룰이 작동하고 있었다.

또한 동성애와 이성애 사이에는 어떤 경계도 없었다. 아이들은 부끄러워할 이유도 감출 이유도 알지 못했다. 이성애를 즐기는 아이가 더 많기는 했지만 양성애적 성향을 가진 아이들도 있었다.

그렇다면 사랑이라는 거대한 인간의 사업에 개입하는 고통의 실마리는 본능적이기보다 문화적이었던 것일까? 밝은 곳에서 사랑이란 감정을 펼쳐보이면서 서로 간에 그어지고 있는 다양한 사랑의 전선을 확인하는 일. 몇몇 아이들에겐 불편한 일이었을지도 모르지만, 사람을 사랑하는 일은 부끄러워하거나 놀릴 일이 아니라는 사실을 선생님은 이 방법을 통해 충분히 설득한 것 같았다. 내 사랑을 세상에 말할 수 있어야 한다. 그래야 건강한 사랑을 계속 나눌 수 있다. 계속 이런 태도를 이어갈 수 있다면 아이들은 파라다이스를 만들 수 있을 것이다.

가브리엘의 고백

유치원에서 칼리의 가슴을 1년간 콩 닥거리게 했던 가브리엘이란 이름의 남자아이가 있다. 1년간 이어지던 칼리의 짝사랑이 2년차로 넘어갈 무렵, 가브리엘도 칼리를 좋아하게 된다. 칼리는 늘 그랬다. 먼저 누굴 좋아하면, 그 상대도 이윽고 칼리를 좋아하게 된다. 마음이 통하는 데 걸리는 시간만 그때그때 다를 뿐. 가브리엘과는 2년간 같은 반이어서 늘 같이 놀곤 했는데, 서로 좋아하게 된 다섯 살 때부턴 서로의 집을 드나들며 놀게 되었다. (참고로 중2인 지금 7년 만에 같은 반에서 재회했건만, 서로 소 닭 보듯……) 이 나라 아이들은 좀 친해지고 나면 잠옷이며 장난감이며 잔뜩 싸 짊어지고 서로의 집에서 자고 오곤 한다. 역시 동침이란 인간관계를 진전시키는 주효한 아이템. 토요일이나 일요일 아침, 아이를 찾으러 가면 눈 비비며 편안한 얼굴로 식탁 주변에 앉아 있는 그 집 부모들을 만난다. 좀 더 놀겠다 조르며 옷장 속으로, 책상 밑으로 숨는 아이들을 잠시 방치하고 부모들 사이에서 이런저런 이야기가 오간다. 서로의 육아 지혜를 건네기도 하고, 엿들은 아이들 사이의 놀라운 대화를 서로에게 스윽 선물처럼 건네기도 한다.

아이 이야기가 부모들 사이에서 단골 주제가 되는 것은 그들의 공통 관심사일 뿐 아니라, 위험하지 않은 주제이기 때문. 정치적 견해에 대한 이야기로 넘어가면 금방 서로 얼굴 보기 싫어질수 있으니, 서로 지극히 조심한다. 부모들 사이에서 아이 이외의이야기로 주제가 넘어가기 시작하면 '너란 인간에 대해서도 관심이 있다, 우리 좀 알고 지낼까?'의 신호가 된다.

가브리엘의 아빠는 전직 기자, 엄마는 전직 뮤지컬 배우다. 그의 아빠는 가택 연금 상태의 김대중을 인터뷰하러 한국에 다녀왔던 용감한 기자 시절의 기억을 자랑스럽게 간직하고 있다. 이스라엘에서 떠나간 애인을 찾아 파리에 왔던 가브리엘 엄마는 파리에서 또 다른 사랑을 만나 가정을 꾸렸다. 학교 축제에서 그녀의노래 솜씨를 들은 바 있다.

한번은 가브리엘 아빠가 이런 이야기를 들려주었다. 가브리엘

여동생이 태어났을 때, 엄마의 임신과 출산, 수유의 과정을 지켜본 가브리엘은 여성이란 존재가 가진 엄청난 권능에 압도되었다고 한다. 어느 날 가브리엘이 "왜 나는 남자로 태어났어? 여자로 태어나는 게 훨씬 더 좋았을 거야"라고 아빠한테 털어놓았다는 것이다. 놀란 아빠가 "왜?" 이유를 물으니 아들은 이렇게 답했단다. "여자는 아이를 낳을 수 있잖아. 남자는 그걸 옆에서 볼 수만 있어!" 이 말을 들은 가브리엘 아빠는 이렇게 답했다. "남자도 구경만 하는 건 아니야. 남자가 결정적으로 도움을 주어야 아이가 엄마 배 속에 만들어질 수 있지. 너도 좀 더 크면 알게 될 거야. 그 역할도 제법 괜찮아." 가브리엘에게 아빠의 답은 전혀 충분하지 않았다.

가브리엘은 여성에 대한 경외를 엄마와 여동생에 대한 몽글몽글한 사랑과 또래의 여자 친구들에 대한 부드러운 호의로 드러냈다. 다섯 살만 되어도 벌써 작은 마초가 되는 일부 사내아이들과는 구별되는 태도였다. 칼리를 매료시켰던 점도 바로 그 점이었을 거라 믿어 의심치 않는다. 내 초등학교 시절의 첫사랑도 반에서 유일하게 여자애들을 괴롭히지 않는 단 한 명의 사내아이였다. 가브리엘의 이러한 태도는 여성의 존재 자체에 대한 솔직한 존중의 마음에서 비롯한 것이었다.

가부장제의 이데올로기에 아직 포섭되지 않은 어린 남성의 순수한 고백은, 내가 저 너머에 있지 않을까 오래 기웃거리며 의심해왔던 동굴의 비밀을 알리는 한줄기 빛 같은 것이었다. 난 남성들이 여성만이 갖는 출산 능력에 콤플렉스를 갖지 않는다는 사실에 대해 의구심을 품어왔다.

아이를 몸 안에서 키워내 출산을 할 뿐 아니라 젖을 먹이고, 몸이 주는 지혜를 풀어내 어린 생명체를 길러내는 여성의 능력을 갖지 못한 남성들은 그들이 능력을 발휘할 수 있는 영역을 개척했다. 예를 들면 사냥 같은 것. 과거엔 들짐승을 사냥했다면 지금은 고객을, 기업을, 돈을 사냥하고, 여성들과 비교해 그 분야에서 발군의 실력을 보인다. 전 세계 노동인구의 3분의 2는 여자지만, 전 세계 부의 100분의 1만이 여성의 소유라는 유엔의 여성 지위에 대한 보고서는 남성들이 여성에 비해 얼마나 뛰어난 사냥 실력을 가졌는지를 입증해준다. 그런데 여기서 그치지 않고, 이들은 자신들이 능력을 발휘하는 그 분야에서 실력을 입증하는 것만이 유용한 존재의 의미를 입증할 수 있는 방법인 것처럼 패러다임을 몰고 가버린 데서 비극은 발생한다.

여성의 관계 중심적인 생활 방식, 생명을 살리는 데서 장점이 발휘되는 능력은 수 세기에 걸친 집요한 파괴공작으로 인해 잘

해봤자 사회적 능력으로는 간주될 수 없는, 아니, 능력의 카테고리 자체에서 삭제되는 참사로 이어졌다. 남녀 간 불평등은 그들의 존재 방식이 대변하는 가치의 불평등이기도 하다. 평화와 상생, 협력과 공존을 수치화하거나 그 능력에 대해 묻지 않고, 개발, 전쟁, 정복, 발전의 가치가 선두에 서서 지구인들을 견인해오는 동안 지구상의 다른 생명체들은 급속도로 멸종하고, 우리 모두의 삶의 터전인 지구의 파괴도 가속화되어 왔다. 이제 우리가 급브레이크를 밟지 않으면 후손들에게 물려줄 하나뿐인 지구의 미래를 예측하기 힘들 만큼 자연은 심각하게 훼손된 상태다.

여성의 몸이 지니고 있는 이 놀라운 지혜와 권능에 대해 나 자신도 아이를 낳고 기르면서 처음으로 울컥 실감했다. 어떻게 우리는 이토록 까맣게 모르거나, 무시하거나, 평가절하하면서 지내왔는지 그동안의 무지를 통감했고, 생명을 품어내고, 키워내도록 설계되어 있던 우리 몸이 지닌 능력에 감탄했다. 어느 날 문득 가브리엘의 말이 떠올라 그의 고백을 곱씹으며 에콜로지와 페미니즘과 반자본주의는 결국 한줄기 생각이 아닐까로 생각을 키워가는데, 칼리가 등장한다. 아이를 무릎 위에 앉히고 가브리엘이 어릴 때 아빠에게 했던 이야기를 들려주었다. 칼리는 듣고 있다가 내가 도달한 이 에피소드의 장중한 결론에 이르기도 전에 바로 내 말을 자르며 이렇게 답한다. "알아. 남자는 자신들의 열등함을 감추려고 우월한 존재인 척 애써 나대며 산다는 거. 그런 애들 다독이며 같이 살아가야지!" 뭐냐. 내가 마흔 넘어 깨달은 걸 넌······.

유치원 시절 배우던 현대무용

(위) 학원 대신 공원에서 노는 프랑스 아이들

(아래) 유치원 학년 말 파티

신들과 왕들의 고통스런 비밀,
그것은 사람들이 자유롭다는 사실이다.

: 장 폴 사르트르(Les Mouches, 1943) :

2장

등수가 사라지면
우정이 피어난다

그들이 하지 않는 질문,
존경하는 인물이 누구?

칼리가 초등학교에 입학하자 내가 그 시절 읽은 책들의 목록이 떠올랐다. 그래서 아이에게 사주거나 빌려다줄 책들을 도서관이나 서점에서 분주히 살폈다. 그러다 한 가지 놀라운 부재(不在)를 발견했다. 당연히 있어야 할 위인전이 눈에 띄지 않았다. 위인전이 있어야 세상의 진보를 이끌어온 사람들이 누군지 파악하고 그들의 위대한 삶을 살피며 나도 어떻게 살지 영감을 얻는 것 아니었어? 아니었나 보다. 적어도 이 동네에서는.

그러고 보니 프랑스에서는 "존경하는 인물이 누구냐?"라는 흔한 질문이 없다. 우리 사회의 경우 선거에 입후보하는 정치인들이나 입사 면접시험에서도 흔히 듣는 질문이다. 그래서 사람들은 검열에 걸려 넘어지지 않을 모범답안을 준비한다. 헬렌 켈러나 슈바이처 혹은 이순신 장군이나 김구……. 존경하는 인물이나 롤모델을 갖지 못하면 마치 목적지 없는 경주에 임하는 사람인 것처럼 세상은 집요하게 존경하는 인물을 가지라고 요구한다.

'리스펙트(respect)'라는 영어 동사와 비슷한 프랑스어 단어 '레스펙테(respecter)'의 의미는 영어의 맥락과는 조금 다르다. 영어의 '리스펙트'가 누군가를 우러러보고 따르는 비스듬한 경사의 상하 개념 속에서 작용하는 존경의 감정이라면, 프랑스어의 '레스펙테'는 수평적인 관계선상에서 누군가를, 그러니까 7의 말과 생각, 의견을 신뢰한다는 의미를 갖고 있다.

미국은 조지 워싱턴, 링컨, 마틴 루터 킹이라는 영웅을 만들었다. 건국은 워싱턴이, 노예 해방은 링컨이, 인종차별 철폐 투쟁은 킹 목사가 한 것처럼 영웅 신화로 역사를 채웠다. 반면 프랑스 대혁명, 파리코뮌, 68혁명 같은 프랑스 역사의 굵직한 사건들에는 그것을 진두지휘한 한두 명의 영웅이 없다. 중요한 역할을 담당한 몇몇 사람들(당통, 로베스피에르 등)이 거론될 뿐, 영웅 서사의 형식으로 채워진 역사를 아이들에게 건네지 않는다. 그렇기 때문에 존경하는 인물의 모범답안이 되는 국가적 영웅의 자리는 없는 것이다.

문학과 인본주의 사상에서 빅토르 위고의 위상은 압도적이지만 초등학생들에게 그의 시를 암송하게 할지언정, 그의 인생사를 신화로 포장하려는 시도는 보이지 않는다. 이 나라의 관문인 국제공항에 이름이 붙어 있을지언정(파리 샤를 드골 공항), 임시정부의 수반으로 레지스탕스를 이끌며 나치 점령하의 프랑스를 구하고 해방 후 프랑스를 이끌어간 드골 또한 그의 일대기가 영웅 서사로 포장되진 않는다. 그는 프랑스판 2차 대전의 영웅이었지만 결국 개인주의의 승리로 귀결된 68혁명 이후에는 낡은 프랑스, 권위적 프랑스를 대표하는 구시대의 인물로 표상되었다.

인류 역사에 프랑스인들이 그은 가장 또렷한 획은 1789년의 프랑스대혁명이다. 이 나라 사람들은 7월 14일 혁명기념일에 불꽃놀이를 하며 그날을 기억한다. 그러나 혁명을 지휘한 영웅을 연호하지 않는다. 그날의 영웅은 없으며, 혁명의 주인공은 바로 이름 없는 시민들 자신이기 때문이다. 인간은 당연하게도 장점과 모순, 빛나는 면모와 허약한 지점을 함께 지닌 존재들이고 세상을 바꾸는 물줄기는 한 사람의 영웅이 만들어내지 않는 법이다. 프랑스의 학교 건물에는 학교에서 공부하다가 나치에 의해 희생된 유대인 아이들을 추모하는 문구가 새겨져 있으며, 매년 그들을 위해 꽃을 바친다. 역사의 진보를 위해 족적을 남긴 이들은 그들이 태어난 곳에 길 이름으로 남아 있다. 레지스탕스, 노동운동가, 작가, 시인, 음악가⋯⋯. 이들은 희생자들과 공로자들을 기억한다. 그러나 추앙하진 않는다.

위인전을 만들어 그것을 필독서로 읽히는 관습 속에는 많은 사람들이 기억해주는 사람이 되는 것을 성공한 인생으로 보는 사회적 압박이 내재되어 있다. 경쟁으로 가는 좁은 길은 바로 그 단계에서부터 치밀하게 밑동을 쌓기 시작한다.

한때 반기문 씨는 우리나라 어린이들이 가장 존경하는 인물이었다. 그러나 《반기문 총장님처럼 되고 싶어요!》가 아이들의 필독서였던 시절은 그가 대선 판을 기웃거리면서 급히 마감되었다. 최악의 유엔 사무총장이란 평뿐만 아니라 '기름장어'라는 치욕스러운 별명으로 불렸으며, 친인척이 연루된 추한 비리들이 끝도 없이 드러났던 그를 왜 아이들이 롤모델로 삼았던 것일까? 그가 악평을 듣지 않고 무난하게 임기를 마무리했다 해도 유엔 사무총장이었던 그 사람을 왜 한때나마 대한민국 아이들이 우러러보았던 것일까? 유엔은 과연 우리의 삶에 유용한 역할을 하는 국제기구이며, 유엔으로 인해 인류는 조금이라도 더 많은 평화와 인류애를 나누고 있을까? 반기문은 유엔 사무총장이 되어 세상에 얼마나 기여했으며, 자신의 삶을 얼마나 충만하게 살아냈을까? 그의 실체가 드러나는 순간 무너져내린 반기문 신화는 우리가 주목했던 것이 삶의 내용이기보다 하나의 상징적 정점이었음을 알려준다.

어느 시기에든 한 명씩은 있는 대통령보다 대표적인 국제기구의 수장이란 자리가 한국인이 상상할 수 있는 출세의 정점이기 때문이다. 언제부터인가 대한민국 사회가 기대하는 바람직한 인간상이 '글로벌 인재'라는 말로 함축되다 보니, 국제기구의 우두머리로 활약하는 그의 위상은 현재의 대한민국이 요구하는 인재상에 최고치로 들어맞았다.

인물의 신격화·영웅화 작업에는 항상 반전이 기다리고 있다. 모든 인물들의 삶에는 공과 과가 나란히 들어 있어서 과를 덮고 공으로 치장하는 동안 인간을 숭배하는 종교가 만들어지기 때문이다.

칼리에게는 딱히 존경하는 인물이 없다. 아니 너무 많다.

이 대목을 쓰면서 혹시나 하고 물어보았다. "존경하는 인물이 있니?" 아이는 이렇게 답했다. "그게 무슨 말이야? 인류를 진보하게 해준 사람들이 많잖아. 뉴턴, 다윈, 아인슈타인, 만델라……. 이런 사람들을 다 존경하지. 누구 한 명을 콕 집어서 존경해야 하는 거야?" 존경하는 사람 한 명을 꼽으란 질문에서 또다시 마음속의 영웅을 한 명 키우라는 주문이 들어 있었음을 발견한다. 아이는 그런 주문을 받으며 살아오지 않았다.

친구를 좋아하고, 선생님이나 가족 혹은 어떤 영화감독이나 작가를 좋아한다. 그러나 누군가를 성인이나 위인의 자리에 올려놓고 우러러보며 숭배하지 않는다. 영웅을 섬기지 않는 사람, 자신의 사고를 지배하는 절대자를 필요로 하지 않는 사람이야말로 진정으로 자유롭고 강인한 사람이다. 영웅은 사회를 쉽게 통합해주지만 다원적 가치를 방해함으로써 결과적으론 건강한 사회를 저해하는 요인이 되기도 하니까.

생메리 여우 학교

칼리가 2학년부터 다녔던 초등학교는 여우가(Rue du Renard)와 생메리가(Rue Saint-Merri)를 끼고 있어서 여우 학교 혹은 생메리 학교라 불린다. 열린 건축물과 함께 열린 교육을 지향하는 학교 설립 이념에 따라 "열린 학교"라는 별칭도 갖고 있다.

이 학교는 교장이 두 명이다. 유치원 3년과 초등학교 1년을 맡는 무슈 보와 초등학교 2학년부터 5학년까지를 맡는 무슈 리샤르가 그들이다. 아침에 학교에 등교하면 꽃무늬 셔츠 차림으로 한쪽 손을 바지 주머니에 넣고 삐딱하게 서 있는 무슈 보와 카우보이 모자를 쓰고 시장판의 바람잡이처럼 언제나 왁자지껄 여러 사람과 인사를 나누는 무슈 리샤르를 만날 수 있다. 둘은 등교하는 아이들과 학부모들에게 하나하나 인사를 해주고 지각하는 아이들에겐 얼른 들어가라며, 주의의 말을 건네기도 한다.

　길 하나를 사이에 두고 퐁피두센터와 마주 보고 있는 이 학교는 68혁명 직후 당시의 개혁적 시대상을 반영하여 설립된 학교다. 50년이란 세월이 지나고 교장과 교사들이 바뀌면서 설립 당시의 공립 대안학교의 색깔은 많이 무뎌졌으나 여전히 벽 없는 교실, 계단 대신 놓인 비탈길, 건물 옥상에 마련된 녹색 도시 텃밭, 탄력적인 수업 운영, 다채로운 체험학습 프로그램은 학교의 색깔을 느끼게 한다. 초등학교지만 교사들이 각자의 장점을 살려서 한 사람이 두 과목 정도씩을 가르쳤다. 그래서 칼리에겐 매년 다섯 명의 교사가 있었다.

　생메리 학교는 학부모들의 참여가 두드러진 것으로도 유명하다. 학부모회와 별도로 학부모들로 구성된 문화위원회가 있어서 이들의 주도로 1년에 두 번 테마 주간이 마련된다. 마레 지구 주민들의 특성일까? 유난히 문화예술계에 종사하는 학부모들이 많아서 문화위원회에는 학부모가 바글거렸다. 테마 주간에는 정규 수업이 없고, 연령을 초월하여 1학년부터 5학년까지 아이들이 한 반으로 구성된다. 아이들은 일주일간 새롭게 구성된 시간표에 따라 학부모와 교사가 함께 구성하는 아틀리에를 찾아다니며 교과 과정 외의 다양한 것들을 배운다. 네다섯 명이 한 팀이 되어 도시를 입체적으로 구성해보고, 기상천외한 악기나 모형 비행기를 만들기도 한다. 가장 큰 아이가 팀장이 되어 한 반을 이끌고 다닌다. 학부모들은 테마 주간이 아수라장이 되지 않도록 두 명씩 각각의 아틀리에에 동원되어 조수 혹은 교사로 활약한다.

나 역시도 이 기간에 조수로 활약한 적이 있다. 그해의 주제는 '빛(lumière)'이었다. 유난히 사진, 영화 등과 관련한 작업들이 많았다. 열댓 명의 아이들이 줄줄이 아틀리에에 도착하여 그룹을 이루고 미션을 차근차근 수행한다. 눈을 반짝이며 집중하는 아이, 시종일관 시큰둥한 아이, 주변 사람들을 정신없게 만드는 아이…… 각각의 아이들이 지닌 인성과 그 아이를 둘러싼 환경까지 한눈에 들어온다. 훤히 파악되는 아이들에 대해 편견을 갖지 않고 끝까지 포기하지 않으며, 타성에 젖지 않고 사랑으로 보듬어간다는 것은 단단한 직업적 소명의식 없이는 불가능한 일이겠다는 생각을 했던 계기였다.

생메리 학교의 심장, 도서관

생메리 초등학교의 중심에는 도서관이 있다. 쉬는 시간에도 점심시간에도 항상 열려 있는 이 넓은 공간은 책을 좋아하는 아이들의 완벽한 안식처다. 처음 생메리 초등학교를 방문했을 때 교장은 도서관이 이 학교의 심장이라고 설명했다.

학교에서는 전교생에게 매주 한 권씩 새로운 책을 읽게 한다. 독서는 전교생이 학년과 반에 관계없이 해야 하는 공통의 숙제인 셈이다. 전체 학급(모두 15개로 한 학년에 세 반씩 모두 다섯 개 학년이 있다)이 일주일에 한 번은 사서 교사와 도서관에서 수업을 한다. 아이들은 사서 교사와 함께 둘러앉아 자신들이 그 주에 새로 읽은 책을 소개한다. 어떤 내용이고 왜 좋은지를 말하는 것이다. 모든 아이들이 책을 소개할 기회를 갖다 보니, 주목받고 싶은 마음에 앞다투어 좋은 책을 읽게 된다. 아이가 책을 소개하고 나면 사서 교사는 아이에게 질문을 하거나 코멘트를 한다. 그리고 아이들이 소개한 책들 중에 도서관에 필요한 책이 있으면 구입 목록에 올린다. 도서관에서 수업하는 날은 아이들과 교사에게 세상의 모든 좋은 책을 발견하고 만나는 시간이다.

아이들의 순서가 끝나면 사서 교사가 이번 주에 새로 구입했거나 아이들에게 권해주고 싶은 책들을 소개한다. 아이들은 그날 소개된 책을 친구나 도서관에서 빌려 읽는다. 아이들이 서로에게 책을 권하고 돌려보는 일이 화제의 중심이 된다. 한 권의 책이 아이들에게 '핫'하게 떠오르면 모두가 그 책을 읽고 싶어 하기도 하고, 생일잔치에서 주요 선물 아이템으로 꼽히기도 한다. 이렇게 도서관은 학교의 심장이 된다.

서점에 가서 칼리와 책을 고를 때가 있다. 가끔 "아, 이건 마들렌이 수업 시간에 소개한 책이네. 재미있을 것 같았는데"라고 말하는 경우, 그 책을 소개한 아이에 대한 신뢰도에 따라 망설임의 시간이 단축된다. 이곳은 텔레비전이 없는 집이 흔하고 많은 학부모가 아이들의 텔레비전 시청에 부정적이다. 그래서 아이들은 TV 프로그램이나 가수 이야기보다 그들이 요즘 읽고 있는 책을 대화의 주제로 삼는 경우가 많다. 아이들의 세계는 책을 만나 무한 증폭된다. 현실이 무료해도 언제든 잠시 떠날 수 있는 책 속의 세상이 그들을 기다린다.

칼리는 책 읽는 속도가 빠른 편이다. 한 권의 책을 후딱 읽고 아빠나 엄마한테도 읽으라고 권한다. 칼리 아빠는 딸이 건네는 책은 무조건 읽는다. 마치 두 사람이 같은 창문으로 같은 풍경을 바라보고 싶은 마음을 나누는 것처럼. 칼리 엄마는 프랑스어 책을 읽는 속도가 느리기 때문에 칼리가 건네는 책을 다 읽지는 못한다. 나는 대신 한국어로 쓰인 책을 칼리에게 프랑스어로 번역해주거나 아이에게 프랑스어 책을 한국어로 번역해보라고 권하면서 함께 책을 읽는다.

말이 익숙하면 글을 읽고 이해하는 것도 쉬워지므로, 종종 한국 드라마를 함께 보기도 한다. 칼리가 〈응답하라 1988〉에서 덕선이가 마시던 '바나나우유'를 자신의 힐링 푸드로 삼은 것도 한국에 대한 진한 노스텔지어와 애정의 표현이 탁월한 드라마에 대한 오마주의 표현이다. 지금껏 칼리가 완주한 대여섯 편의 한국 드라마 중에 〈응답하라 1988〉은 순위를 매길 수 없는 명예의 전당에 모셔져 있다.

나와 칼리가 드라마나 책을 통해 한국 문화를 공동 섭취하는 동안 칼리와 칼리 아빠는 공동의 독서를 통해 탄탄한 지식과 정서의 연대를 만들어간다. 둘의 대화에는 흔히 책에 나온 등장인물이나 상황을 빗댄 얘기가 등장하고 영국식의 서늘한 블랙 유머를 좋아하는 부녀의 취향은 책에서 출발하여 영화, 공연으로까지 확산되어간다.

그 참고서를 불태워버리세요

초등학교 2학년이 되자 학교에서 구구단을 가르치기 시작했다. 프랑스에서도 피할 수 없는 구구단! 이전까지 배웠던 것에 비해 제법 강도 높은 훈련을 요구하는 구구단의 시련을 아이는 제법 즐기며 넘고 있었다. 한국어로는 '2×3=6(이삼육)', 3음절이면 끝나는데, 프랑스어로는 '두 프와 트루아 에갈 시스(Deux fois trois égal six)', 무려 10음절을 읊어야 한다. 효율 최고의 대한민국 출신인 나로선 도저히 용서가 안 되는 비효율의 극치였기에 난 한국식 구구단을 아이에게 가르쳐주기도 했다.

재미있는 것은 1년을 기다려도 5단을 넘어가지 않는다는 사실이었다. 보다 못한 내가 선생님한테 "왜 5단까지만 하나요? 나머진 그냥 집에서 하라는 의미인가요?"라고 물었다. 선생님이 펄

쩍 뛰며 하시는 말씀. "집에서 그걸 왜 하나요? 6단부터 9단까진 3학년에 올라가서 배웁니다. 어떻게 한꺼번에 9단까지 아이들이 외우겠어요!" 하! 그렇지. 여긴 프랑스. 이들의 속도에 대한 감각은 언제나 우리의 상상을 뛰어넘는다.

2학년씩이나 되었는데도 내 눈에는 공부다운 공부가 진행되는 것 같지 않았다. 그래서 내가 그 나이 때 집에서 풀었던 《동아수련장》 같은 문제집이 프랑스에도 있지 않을까 싶어 서점에 갔다. 과연 수학, 프랑스어, 영어 등 과목마다 문제집이 출판사별로 나와 있었다. 아이가 좋아할 만한 컬러풀한 문제집을 한 권 골라 아이에게 이틀에 한 페이지씩 풀자고 제안했다. 저항은 안 했으나 좋아할 리는 없었다. 아이는 문제 하나를 풀면 문제집 귀퉁이에 그림을 그려놓고, 두 개를 풀면 화장실에 다녀왔으며, 세 개를 풀면 목이 마르거나 배가 고팠다.

혹시 내가 문제집을 잘못 선택했나 싶어 교사에게 조언을 구했다. 상냥한 편은 아니지만 늘 담백한 태도로 학부모를 대하던 담임 교사 프랑수아즈는 눈을 크게 뜨고 나를 쳐다보았다. "그 책을 당장 불태워버리세요. 집에서 문제집을 가지고 아이에게 추가적인 학습을 시키거나 선행학습을 시키는 행위야말로, 공부에 대한 아이들의 호기심을 앗아가고 공부를 지겨운 것으로 만드는 최적의 방법"이란다. 학교에서 다른 아이들과 마찬가지로 처음 문제를 접하고 새로운 방식의 해법을 접할 때만 아이는 진정으로 집중해서 수업을 받아들일 수 있다는 것이다. 토를 달 수 없는 완벽한 이론이었다. 엉성해 보이던 이들의 문제집에는 그럴 만한 이유가 있었다. 적어도 초등학생들의 문제집 시장은 호황이 아니었다. 대부분의 엄마들은 나와 같지 않았고 학교 교사들은 더더욱 문제집의 존재 이유를 인정하지 않았다.

프랑수아즈 선생님의 충격적인 조언 이후 내 미릿속에서는 이미 문제집에 대한 미련이 활활 타올라 재가 되고 말았다. 그제야 내가 칼리 나이 때, 엄마가 사다놓은 《동아수련장》을 하나도 풀지 않았던 기억이 떠올랐다. 엄마는 "그러려면 수련장을 찢어버려"라고 하셨고 나는 엄마의 말대로 책을 반쯤 찢다가 더욱 크게 혼났었다. '학교에서 하는 것도 지겨운데 집에서 또 하라고?' 두꺼워서 모두 찢어지지 않고 반만 찢어졌던 《동아수련장》은 그 뒤에도 존재의 이유를 찾을 수 없었다. 단지 어른들의 말이 언제나 진심은 아니며, 간혹 진심으로 오해했다가는 낭패를 본다는 혹독한 교훈만 얻었을 뿐이다. 그 후 나는 학기 초에 담당 과목 교사들이 사야 한다고 말해주는 부교재 이외에는 사지 않게 되었다.

초등학교 교실의 철학 아틀리에

철학을 학과목으로 배우진 않지만, 종
종 초등학교 방과 후 교실에서 철학 아틀리에가 열린다. 알랭 바
디우 같은 철학자를 모셔다가 지방자치단체에서 아이들을 대상
으로 한 철학 세미나를 열기도 한다. 사랑 혹은 행복에 대해 이야
기하는.

칼리는 초등학교 시절, 두 번에 걸쳐 방과 후 교실로 철학 아
틀리에를 선택해 수업을 들었고, 지금도 칼리는 그때의 경험을
즐거운 기억으로 떠올린다. "철학이 그렇게 재미있는 건지 몰랐
어!"라며. 당시 철학 아틀리에 강사는 아이들에게 간식을 가져오
라고 했고, 자신은 늘 음료를 가져왔다. 수업이 아니라 몸을 릴랙
스하며, 생각은 자유롭게 우주를 산책하는 시간이길 바라며, 형
식에서부터 다른 틀을 추구한 것이다. 둥글게 마주 앉은 초등학

교 4~5학년의 아이들은 서로를 아틀리에에 참여하는 멤버들이 지어준 별명으로 불렀다. 칼리와 남자아이 한 명은 늘 책상 밑바닥에 앉아서 아틀리에에 참가했기에 두더지1, 두더지2로 불렸다. 두 아이는 두더지의 포지션에서, 그러나 늘 열띠게 대화에 참여했다. 강사는 두 마리 두더지가 그들의 포지션을 고수하는 것을 기꺼이 허락해주었다.

첫날은 '나는 누구인가?'라는 주제로 이야기를 나눴다. 아이들은 차례로 나는 누구인지, 나를 규정하는 것은 무엇인지, 나는 무엇으로 구성되는지를 이야기했다. 내가 좋아하는 것과 싫어하는 것에 대해서도 이야기를 나누며, 서로의 '나'를 함께 들여다보는 시간을 가졌다고 한다.

그다음 시간의 주제는 '우주'였다. 첫날 '나'를 주제로 생각했다면 다음에는 우주로 시선을 이동시킨 것이다. 나를 둘러싼 바깥 세상, 정반대 방향으로 시선이 향했다. 이후 선생님은 몇 가지 주제를 제시하고, 아이들은 그중 하나를 선택하여 토론을 했다.

시간이 흐르면서 아이들은 스스로 토론의 주제를 제시하기도 했다. 한번은 '슈크루트(식초에 절인 양배추를 소시지와 찐 감자에 곁들여 먹는 알사스 지방의 전통 음식)는 누가 먹나?'가 철학 토론의 주제로 올라오기도 했단다. 그날 수업에 어떤 이야기가 오고 갔는지는 도무지 알 길이 없다. 아이는 그 내용에 관해서 한마디도 전해주지 않았다. 중요한 사실은 아이에게 '철학 아틀리에'는 생각의 놀이터였다는 점이다. 열 살 남짓한 아이들이 생각의 세계를 서로 열어젖혀 핑퐁을 주고받는 것만으로도 시야가 넓어지고 즐겁다는 사실을 경험했다. 칼리는 다음 학기엔 무슨 아틀리에(일종의 방과 후 교실)를 할까 고민하는 친구들에게 '철학 아틀리에'를 적극적으로 권했다.

이들에게 철학교육은 유명한 철학자가 했던 말들을 외우고, 그들의 사고 체계를 이해하는 것이 아니라 나의 시각으로, 혹은 다른 사람들의 시각으로 세상을 들여다보고 서로의 관점의 차이를 확인하면서, 나의 세계를 확장시켜나가는 것이다. 그 생각의 놀이터에서 당연해보이는 이 세상의 논리들을 재배치해보며 그 속을 자유롭게 유영하는 놀이가 바로 철학이었다.

음악 특성반

프랑스에는 무용과 음악 그리고 연극 같은 실기교육을 담당하는 국공립의 콩세르바투아르(Conservatoire)가 곳곳에 있다. 해당 분야의 예술교육이 상당 부분 여기서 이뤄진다. 파리에만도 15개의 시립 콩세르바투아르가 있으며, 전국의 거의 모든 중소도시에 지자체가 운영하는 콩세르바투아르가 있다. 미취학 어린이부터 성인까지, 초보 단계부터 프로 단계까지 전문 음악인들이 체계적으로 가르치기 때문에 이곳에서 이뤄지는 교육의 질과 교수진에 대한 신뢰는 두터운 편이다. 비용은 부모의 수입에 따라 7단계로 나뉘므로 가정 형편이 어렵더라도 큰 부담 없이 배울 수 있다.

일부 공립 초등학교와 중학교는 인근의 콩세르바투아르와 연계하여 무용·음악·연극 특성반을 운영하기도 한다.

칼리가 다니던 학교는 세 개 반 중 한 개 반을 음악 특성반인 샴(Classe CHAM)으로 운영하여 파리 1구에 있는 모차르트 콩세르바투아르와 함께 음악 수업을 진행했다. 다른 반 아이들이 학교에 앉아 음악 이론과 합창을 배울 때 이 음악 특성반 아이들은 도보로 10분 거리에 있는 콩세르바투아르로 이동한다. 거기서 음악 이론을 배우고 각자 선택한 악기에 대한 개인 레슨을 받으며 일주일에 한 번씩 반 아이들로 구성된 오케스트라에서 연주를 한다.

반 아이들 전체가 서로 다른 악기를 연주하는 상태에서 4년간 학급이 그대로 유지되기 때문에 아이들은 자신의 악기 이외에 다른 악기들에 대한 이해도도 높아지게 되며, 음악 특성 교육이 학교교육 프로그램에 포함되어 있어 콩세르바투아르에 대해 비용도 따로 지불하지 않아도 된다. 콩세르바투아르에서 이 프로그램이 진행되는 동안 아이들은 악기도 무상으로 대여받는다. 음악을 더 배우는 대신 수영과 영어 시간이 남들에 비해 줄어드는 것을 감수해야 했지만 말이다.

칼리는 초등학교 1년을 다른 학교에서 다니다가 2학년 때 이 음악 특성반에 가기 위해 생메리 초등학교로 전학 왔다. 인근 학교에 다니는 아이들이 이 반에 지원할 수 있었다. 일종의 서류 심사가 있다. 이미 악기를 배우고 있는 아이는 심사 대상에서 제외된다. 대신 전 학교의 음악 교사가 써준 추천서가 필요하다. 그 추천서가 음악에 대한 아이의 열정을 입증해주는 것이 유일한 조건이었다. 칼리는 사실 음악에 대한 감각이 돋보이지는 않았지만 열심히 노래를 불렀던 점을 음악 교사가 어여삐 여겨 좋은 추천서를 써주었다. 덕분에 바람대로 학교를 옮길 수 있었다. 교장은 음악 특성반의 원칙을 설명하면서 엘리트 교육은 우리의 관심사가 아니라는 사실을 힘주어 말했다. 음악을 통해 학교에 대한 흥미를 더욱 높이는 것이 음악 특성반의 목표에 더 가깝다고 한다.

칼리와 다른 한 명의 아이가 클라리넷을 같이 배웠다. 칼리의 클라리넷 선생님 마티유는 갓 태어난 아이를 둔 젊은 아빠였다. 뛰어난 실력에 엄격하면서도 너그럽고 열정적인 선생님이어서 단박에 아이들의 마음을 얻었다. 젊은 음악가답게 그는 고전적인 연주 기법만 가르치지 않고 파도 소리나 바람 소리를 연주를 통해 아이들에게 들려주곤 했다. 클라리넷이 가진 악기의 정형성을 무한대로 벗어나 실험하는 음악인이었다. 자신이 속한 어쿠스틱 현대음악 그룹을 제자들과 함께 엮어 현대음악 콘서트를 열기도 했다. 마치 백남준과 존 케이지가 벌이는 21세기판 콘서트처럼 육성과 물체와 악기가 만난 소리의 퍼포먼스였다. 내가 한국에 다녀오면서 선물로 사다준 가야금과 거문고 연주를 들으며 그 현대성에 감탄하기도 했던 그는 가야금 음반을 틀어놓고 거기에 맞춘 즉흥 연주를 학생들에게 수업 주제로 제시하기도 했다.

칼리는 아빠의 간절한 주문에 따라 항상 집에서 연습을 마칠 때면 한 곡씩 즉흥 연주를 한다. 때론 그것을 녹음했다가 엄마의 도움으로 악보화하기도 한다. 칼리는 모차르트와 베토벤뿐 아니라 니나 시몬의 재즈, 아르헨티나의 탱고음악, 일본 작곡가의 21세기 음악들을 마티유와 함께 배운다. 그 모든 것은 칼리가 가진 두 개의 문화 사이로 슬픔과 연민, 기쁨의 선율이 되어 시처럼 흘러나온다. 칼리 아빠와 엄마가 가장 행복해 하는 순간은 바로 칼리가 클라리넷으로 자신의 즉흥곡을 들려줄 때다. 그 속에는 항상 우리가 함께 살아온 시간에 대한 메타포가 들어 있기 때문이다. 아이는 즉흥곡 연주를 마친 후 자신이 무엇을 표현했는지 때로 설명해주기도 한다.

발칙한 생메리 아이들

초등학교 1학년 때, 생메리 학교로 전학을 준비하면서 인터넷에서 처음 발견한 사진은 학교 교장과 아이들이 퐁피두센터와 학교 사이에 놓인 큰 도로에 책걸상으로 바리케이드를 치고, 도로를 점거한 모습이었다.

교원 수를 대폭 줄이려는 사르코지 정부의 결정에 항의하기 위해 이들은 과감히 대로에서 교원과 학생들이 함께 시위를 벌였던 것이다. 사진 한 장만 봐도 범상치 않은 학교라는 인상을 받을 수 있었고, 그 인상은 매년 크고 작은 사건들로 입증되었다.

한번은 교장이 각 학년에 있는 음악 특성반을 한 층에 모아놓겠다는 결정을 발표한 적이 있다. 효율적인 학사 운영을 위해서 이같이 결정했다는 교장의 이야기는 교사들과의 협의를 거친 것이기도 했다. 그러나 교장의 발표는 즉각적으로 학부모들의 강한 반대에 부딪혔다. 학부모들은 교장의 결정이 "엘리티즘(élitism) 을 만들어낼 수 있는 위험한 결정"이라며 반박했다. 다양성과 혼합성이 생메리의 정신의 근간인데, 교장이 정한 공간 배치가 음악 특성반에 특별한 의미를 부여할 수 있고, 음악이 하나의 가능한 선택이 아닌 특권처럼 보일 수 있다는 주장이었다. 교장은 하루 만에 그 결정을 철회했다. 효율성이라는 논리는 혼합성이 부여할 수 있는 건강성, 반(反)엘리트주의에 턱도 없이 부족했기 때문이다.

아이들도 만만치 않다. 칼리가 초등학교 4학년 때였다. 칼리 반 아이들은 그들이 사랑하는 교사의 다음 해 전출이 예정되자 전출을 철회해달라고 서명 운동을 진행했고, 마침내 그들의 뜻을 관철시켜 교사가 다음 해에도 남을 수 있게 되었다. 만우절에 "내일부터 교육부의 훈령에 따라 모든 여학생들은 청색 치마에 흰색 셔츠를, 남학생들 역시 청색 바지에 흰색 셔츠를 입고 와야 함"이라고 적힌 가짜 가정통신문을 교사들이 나누어준 적이 있다. 그때도 학생들은 열렬히 저항했다. 학교 벽에 '교복 반대'라고 쓰는 것부터 시작해 '교복 반대' 구호를 만들고 외쳤다. 즉석에서 반대 성명을 쓰고 학교 교정에 뿌리면서 아이들은 자유를 억압하는 정부 결정에 즉각 항의했다. 다음 날 깜빡 속아 넘어간 걸 알고, 몹시들 허탈해 했지만……. 학교의 엄숙주의를 타파하고 아이들의 저항심 훈련에 일조하는 교사들의 장난기도 생메리 학교의 생기와 활력을 부추기는 한 요소인 셈이다.

학부모들의 행동력을 가장 높이 샀던 사건은 정년퇴임하는 수위 아저씨를 위해, 그가 평생 살아오던 마레 지구의 아파트에서 쫓겨나지 않게 해달라고 구청장에게 단숨에 수십 통의 청원서를 보내고 학부모들이 빠짐없이 서명 운동에 동참했던 일이다.

마레 지구의 오랜 세입자였던 수위 아저씨 토마의 집주인이 바뀌면서, 그는 새 주인이 요구하는 두 배쯤 높은 임대료를 내야만 했다. 하지만 그는 두 배로 인상된 집세를 낼 수 없었다. 이 사실을 알게 된 학부모들은 구청장에게 평생 이 학교 아이들을 위해 헌신한 그가 임대주택을 얻을 수 있게 해달라고 청했던 것이다.

칼리가 중학생이던 어느 날, 자전거를 타고 지나가는 토마 아저씨를 동네에서 다시 만날 수 있었다. 그는 요즘 피아노를 열심히 치고 있다며 자신의 두툼한 손을 보여주었고, 학부모들의 열렬한 지지와 성원에 힘입어, 자신의 희망대로 마레 지구에서 계속 살고 있다고 근황을 전해주었다.

생메리의 아이들은 교장과 교사, 학부모들로부터 강자에게 힘없이 복종하지 않고 연대를 통한 해법을 찾아내는 법을 배운다. 어른들의 말과 교과서가 아니라 그들의 살아 있는 행동을 통해서.

(위) 초등학교 시절의 칼리, 학기 말 합창 발표를 마친 후 친구들과 기념 촬영

(아래) 프랑스 학교마다 붙어 있는 프랑스혁명의 이념, '자유 평등 박애(Liberté Égalité Fraternité)'

초등학교의 빨강, 노랑, 초록 성적표

초등학교 2학년 1학기가 지나고 크리스마스 방학이 시작되기 전에 아이가 성적표를 가져왔다. (프랑스 학년은 9월에 시작되어 6월에 마치며, 한 학년은 3학기로 구성된다.) 성적표라고 말하지만 점수도 등수도 없다. 지난해 다른 학교에서처럼 학습 목표를 습득했는지(초록), 습득해가는 과정인지(노랑), 아니면 전혀 이르지 못했는지(빨강)만 색깔로 표시한다.

첫 번째 평가 항목은 교과목이 아니라 수업을 듣는 태도다.

1. 학교에 늦지 않게 온다.
2. 학교에 오면 바로 책상에 앉아 수업에 참여할 준비를 한다.
3. 모르는 것이 있으면 도움을 청한다.
4. 학교에서 전하는 내용을 부모님께 꼭 얘기한다.

등등.

　일곱 살짜리 아이들에게는 지식의 습득보다 학습 태도를 비롯한, 생활 태도의 기본 틀을 잡아주는 것이 더 중요하다는 의미가 담긴 것 같다.

　프랑스에서는 서너 살 때부터 생활 태도에 대해 집중적으로 교육시킨다. "안녕하세요", "고맙습니다", "부탁합니다" 등의 기본적인 언어 습관은 물론, 식탁에서는 전식과 본식, 후식 사이의 엄격한 순서를 지키게 한다. 뿐만 아니라 간식은 하루에 한 번, 늘 정해진 시간(4시에서 4시 반경)에 엄마가 골라준 건강한 간식들을 먹는다. 하루 종일 군것질을 입에 달고 사는 일은 결코 허락될 수 없으며, 아이들이 용돈을 들고 마트에 가서 제가 먹고 싶은 과자를 마음대로 사먹는 일도 가능하지 않다. 놀이를 마치면 장난감을 정리하고, 자기 전에는 부모의 얼굴에 뽀뽀를 하며 잘 자라고 인사하며, 그리고 제시간에 잠자리에 드는 것까지 생활의 리듬이 완전히 습관으로 정착될 때까지 반복적으로 훈련된다. 얼핏 보면 프랑스는 자유가 넘실대는 사회처럼 보인다. 그러나 이들의 자유는 가정, 탁아소, 학교, 이웃, 친척들이 모두 한목소리로 아이들에게 이처럼 단단한 틀을 만들어주고 나서야 그 틀을 준수하는 선에서만 허락된다.

생활 태도는 엄격하게 가르치지만 학습에 있어서는 매우 느슨하다. 특히 선행학습은 원칙적으로 금물이다. 여기에도 한 반에 한두 명 정도는 유난스러운 부모들이 있어서 미리 알파벳을 가르치지만 좋은 소리를 듣지 못한다. 교사들은 한 아이가 다른 아이보다 유난히 앞서가면 그 아이가 혼자 대답하거나 지루해 하지 않도록 월반을 권유한다. 월반이 당사자를 위해서나 나머지 아이들을 위해서나 바람직하다고 판단하기 때문이다.

"어머니, 댁의 따님은 천재입니다. 영재교육이 필요해 보입니다. 일단은 월반이라도 시키셔야 합니다"라는 말은 오가지 않는다. "이 아이는 앞으로 배울 것을 이미 모두 알고 있어서 다른 애들을 방해할 거예요. 본인도 수업이 지겨울 테고요. 절대 여기 둘 수 없습니다." 오히려 이런 말들이 오간다.

누군가 월반을 한다는 것은 어떤 의미인가? 일단 다른 아이들의 입장에선 별일이 아니다. 미래에 대단한 인물로 성장할 싹을 지녔다고 해석되지도 않는다. 이들에게 월반은 남들보다 발이 크거나 키가 빨리 자란 것처럼 배우는 속도가 달라 다른 애들을 방해하지 않기 위해 반을 수직적으로 바꾸는 일일 뿐이다.

초등학교 3학년 때, 칼리는 두 번 정도 학교에 늦은 적이 있다. 그래서 칼리는 학교에 늦지 않는다는 항목에 노란색을 칠했지만 선생님은 초록색을 주셨다. 두 번밖에 지각하지 않았다면 대개는 늦지 않게 왔다는 뜻으로 해석된다. 프랑스어, 수학, 미술, 체육 등의 교과목에서 선생님은 모두 초록색을 칠해주셨지만 칼리는 자신에게 노란색을 몇 개 주었다. (과목별로 색깔을 칠하는 것이 아니라, 각 과목당 10여 가지 학습 목표마다 색깔을 칠하게 되어 있다. 가령 구구단을 5단까지 욀 줄 안다, 두 자릿수 덧셈을 할 수 있다, 등.) 칼리는 자신에게 엄격했고 학교는 언제나 아이들에게 관대했다.

완벽은 필요 없다. 천천히 알아가고, 점점 더 잘 이해하는 과정에 있다는 사실이 중요하다는 메시지를 이 일관된 관대함은 담고 있다. 100미터 달리기를 몇 초에 돌파하는지보다 달리는 방법을 아이들이 제대로 익혔는지를 반복적으로 확인하는 것이다. 결과는 각자의 몫일 뿐이다.

마지막 전체 평가도 점수가 아니라 두 줄의 문장이다. "열심히 노력했고 결과도 매우 만족스럽다. 이젠 좀 더 빠른 시간 안에 모든 것을 마치는 노력을 해볼까?"

아이를 기분 좋게 해주면서 약간의 채찍을 던지는 문구였다. 넘치지도 모자라지도 않는 평가였다. 그리고 오늘의 내가 미래의 나와 견주어 어떤 점에서 나아져야 하는지를 제시해준다. 경쟁의 대상이 옆 사람이 아니고 오늘의 나와 내일의 나라는 사실. 너무 다행스럽다.

등수가 없는 자리를 채우는 것

 프랑스 학교에는 없는 것이 참 많다.

먼저 입학식과 졸업식이 없다. 대학교만이 아니라 초등학교, 중학교, 고등학교도 마찬가지다. 각자에게 부여되는 번호도 없다. 교사가 이름 대신 번호로 아이들을 부르는 일은 프랑스에서는 볼 수 없는 풍경이다. 우등상, 효행상, 개근상을 주며 누군가의 빼어남이나 성실함을 고취시키고 만방에 알리는 조회 시간도 없다. 사생대회와 백일장처럼 그림과 글짓기에서 자웅을 가리는 일도 없으며, 교내 합창대회를 열어 반끼리 치열한 승부를 가르는 일도 없다. 엄숙한 교가도 없다. 이 나라 모든 공립학교의 교훈은 '자유 평등 박애'다. 1789년 프랑스혁명의 슬로건과 같다. 혁명의 슬로건은 학교뿐만 아니라 프랑스의 모든 공공건물 입구에 박혀 있다. 마치 혁명으로 다시 태어난 나라인 것처럼.

교복이 없고 (일부 사립학교에 있다고 하는데 본 적은 없다) 내가 알기론 촌지의 관습도 없다. 다만 학년이 끝날 때 교사에게 선물을 건네는 것이 관습적으로 허용된다. 이때도 초콜릿이나 차 같은 비싸지 않은 선물만이 오간다. 딱 한 번, 한 학부모가 중심이 되어 큰 봉투에 돈을 모은 적이 있다. 모든 학부모가 각자 원하는 만큼 돈을 내서 교사에게 문화상품권과 공연장 1년 회원권을 연말 학교 파티 시간에 선물해드린 것이 내가 기억하는 최대의 선물이었다. 우리가 그때 봉투에 넣은 돈은 20유로.

그리고 아이들의 행복과 불행을 좌우할 결정적인 단어, '전교권'이 없다. 등수가 없다. 그러니 "칼리야, 가브리엘은 공부 잘하니?"라고 물으면 칼리의 답은 "몰라"가 되는 것이다.

초등학교뿐 아니라 엄격하기로 소문난 4구의 샤를마뉴 중학교에 갔는데도 역시 등수는 없었다. 고등학교에 가도 마찬가지다. 중학교에서부터 학업에 대한 평가가 "축하합니다", "잘했습니다", "열심히 하세요" 등의 등급으로 매겨지는데, 흥미로운 사실은 아이들이 얻은 점수대로만 주는 것이 아니라, 점수는 좋았으나 학습 태도가 바람직하지 않은 경우는 점수가 좋아도 "축하합니다"를 받을 수 없다는 점이다. 그리고 이러한 판단은 학기 말마다 열리는 총회(교직원, 학부모 대표, 학생 대표들이 참석)에서 회의를 통해 공식 결정한다. 칼리는 중학교에 올라와서 매번 "축하합니다"를 받았는데, 30명의 학생 중에 이걸 받은 아이가 13명이었다. 그러니 내 아이도 잘하는 편이라고 짐작만 할 뿐이다. 성적을 서열화하지 않아도 반에서 누가 공부를 가장 잘하는지 알 수 있다. 수업에 가장 열정적으로 참여하고 숙제도 잘 해오며 질문에 대답도 잘하는 아이. 그래서 교사들의 신뢰를 한 몸에 받는 아이의 존재를 모를 순 없다.

그러나 묵묵히 최선을 다하는데도 성적은 어째 좀 안 나오는 애들도 있는 법. 숫자로 선명하게 서열을 드러내주는 등수가 없기 때문에 숫자 대신 아이들은 각자 자신의 인성과 스타일로 인식된다. 등수의 잔인함을 피해간 아이들은 무엇을 누릴 수 있을까?

등수의 부재가 베푸는 미덕은 무한하다. 먼저 아이들이 쉽게 '우정'을 지킬 수 있다. 한 반의 3분의 1한테 "너희들 참 잘했다"라고 알려주면 그 아이들은 그저 흐뭇할 뿐이다. 또 다른 3분의 1한테 "너희들도 잘했지만 다음에는 더 잘해주면 좋겠구나"라고 하면 그 아이들도 잘했다는데, 기분이 나쁠 이유가 없다. 잘하는 아이들만 특별 대우를 받는 일은 없으니 미워할 필요가 없다. "열심히 하세요"라고 평가받은 아이들은 스스로가 성실하게 학업에 임하지 않았다는 사실을 잘 알고 있다. 누군가 모욕을 주는 것도 아니다. 이번에는 못했지만 마음만 먹으면 열심히 할 거라고 대수롭지 않게 여긴다.

성적이 좋다는 이유로 특별한 대우를 받지 않는다면, 공부를 잘하는 것은 한 아이가 갖는 특징 중 하나가 될 뿐이다. 또한 '차이를 차별로 만들지 말라'는 만고의 진리를 학교에서부터 배울 수 있게 된다. 시험 때문에 덜 긴장하고 학교생활 자체를 덜 고통스럽게 느끼게 된다.

인간에게 가장 큰 기쁨의 원천은 사랑하는 사람들과 나누는 추억이다. 칼리가 자라는 모습을 보며 아이들에게는 친구들과 쌓는 우정이 가장 소중하다는 사실을 알게 됐다. 학년이 올라갈수록 아이가 친구들에게 부여하는 의미는 점점 커져갔고, 그들과 나누는 우정의 농도도 짙어졌다. 부모를 넘어 친구들을 통해 아이는 세상을 바라보는 창을 넓히고 자신의 세계를 확장시켜나갔다. 곤경에 처한 친구의 곁을 지키면서 고민을 들어주거나 기쁨을 나눴다. 희열로 시작되어 바들거리는 아픔으로 끝나는 친구들의 러브스토리를 등 토닥이며 들어주기도 했다.

여름방학 동안 칼리가 나를 따라 한국에 왔다가 또래 친구를 사귄 적이 있다. 칼리와 놀던 친구가 자신의 엄마에게 스트레스 없이 칼리를 사귈 수 있어서 행복했다고 토로한 이야기를 들었다. 그 친구는 같은 반 아이들과 놀면서 왕따를 당하지 않기 위해,

혹시라도 꼬투리 잡혀서 나쁜 소문이 돌지 않게 하려고 조심해야
했다. 이른바 우등생으로 선생님의 칭찬과 신뢰를 독차지했기에
이 아이에게 질투를 투사하는 아이들이 많았던 것이다.

하지만 완전히 다른 카테고리에 속한 칼리한테는 상대의 장점
과 약점을 살피고 비교하는 시선 자체가 없었던 것이다. 그래서
그 아이는 평화를 느끼며 칼리를 사귈 수 있었던 것. 두 아이는 쉽
게 친해졌고 매일 보지 못하면 그리워했다. 포근한 우정의 위로를
아이는 처음 맛보았던 것이다.

등수가 없는 세계에선, 내가 점수로 판단되지 않으므로 남에
게도 점수를 매기지 않는다. 그리하여 점수 너머에 있던 더 많은
각자의 특징을 보게 된다. 점수로 인간을 평가하는 획일적인 기
준이 사라지면 인간의 삶을 구성하는 다양한 주제들이 아이들의
삶 속에 들어가 펼쳐진다.

우정은 저마다의 다양한 관심사를 친구를 통해 만나게 해주
는 중요한 통로가 된다. 그래서 아이들은 친구의 관심사를 따라
어려운 상황에 처한 사람들을 돕고, 환경을 생각하며 채식주의를
실천하거나 전파하고, 아이들끼리 전시회를 보러 가고, 좋아하는
작가의 사인을 받기 위해 서점을 찾아간다. 혹은 자신들이 배우
는 악기의 마스터 클래스를 찾아 실력을 향상시키기도 하고, 함

께 글도 쓰고 그림도 그리면서 책을 만들어보기도 한다.

시간이 상대적으로 많고 시험과 등수의 압박에서 자유로우니, 그 속에서 자연스럽게 여러 가지가 꽃을 피우고 열매를 맺는 것이다. 박애까지는 몰라도 자유와 평등이라는 가치를 실천하기 위한 발판은 이렇게 마련되는 것이다. 등수와 경쟁이 사라진 그 자리는 넓고도 깊은 우정의 샘, 차고도 넘치는 예술 프로젝트, 상생과 연대의 지혜가 채워갔다.

왜 살아야 해?

 아침 7시 반. 아이를 깨웠다.

아직 어둑어둑한 시간. 아이는 꿈나라에서 빠져나오길 힘들어 한다. 눈을 감은 채 몸을 일으키며, 비몽사몽간에 내 품에 파고들며 묻는다.

칼리: 엄마, 부모는 왜 있는 거야?

　나: 부모는 아이한테 사랑을 주라고 있지. 안아주고, 뽀뽀하고, 옷도 입히고, 밥도 먹이고, 학교에도 데려다주지.

칼리: 사랑은 왜 필요한 거야?

　나: 사람은 사랑을 받아야 숨을 쉴 수 있어. 사랑을 받아야 자신을 드러내고 표현하면서 세상을 향해 자신 있게 발을 내딛을 수 있지.

칼리: 왜 숨을 쉬어야 해?

　나: 숨을 쉬지 않으면, 죽을 테니까.

칼리: 왜 살아야 해?

　나: 바로 그게 문제야. 왜 살아야 할까? 어떤 사람들은 왜 사는
　　지 알기 위해 평생을 보내기도 해.

그런 질문을 하지 않고, 그냥 사는 사람도 있지. 태어났으니까, 일단 살아보는 거지. 사람들이 매 순간 자기 스스로 행동을 결정하는 것 같지만, 사실은 내가 결정하기 전에 세상이 결정해놓은 게 많거든. 그걸 그냥 따라가면서 살 수도 있는 거지. 대부분의 사람들이 '나는 학교를 꼭 가야겠다. 학교는 꼭 나한테 필요해' 이렇게 생각해서라기보다는 가도록 정해놨기 때문에 다니는 것처럼. 그러나 세상이 정해놓은 의무의 시간들을 벗어나면, 스스로 왜 사는지 이유를 찾아야 하는데, 어떤 사람들은 계속 의무를 기다려. 누군가 방향을 제시해주길.

왜 살까? 대체. 매일 치카 하고, 하루 세 번 밥을 먹고, 아침 일찍 일어나서 학교에 가고, ……. 이거 힘든데, 왜 살까? 특히 거리에서 사는 사람들은 사는 게 얼마나 힘들겠어. 추워도, 더워도, 비가 와도 거리에 있어야 하잖아. 그렇게 해서라도 꼭 살아야 하는

이유는 뭘까? 삶은 왜 그렇게 중요한 걸까? 왜 사는지 알려면, 좀 더 살아봐야 해.

사람들한텐 저마다 다른 삶의 이유가 있거든. 사는 건 그 해답을 찾는 길을 가는 거야.

칼리: 엄마가 지금 지은 그 시 멋지다.

나: 시인들은 시를 써서 우리가 왜 사는지에 대해 영감을 주기도 하지.

카페에 앉아 녹였다,
3년 묵은 응어리를

엄마와 칼리가 함께해온 날들에 항상 '맑음'만 있었던 것은 아니다. 돌이켜보면 제법 심각한 갈등의 시간도 있었다. 유치원에 다니던 대여섯 살 무렵부터 아이는 종종 엄마에게 발작하듯 심통을 부리곤 했다. 엄마를 미워하는 바이러스가 아이 몸에 침투한 것처럼 원망하고 거부하는 냉랭한 태도로 이따금 한나절을 보내곤 했다. 그러다 바이러스가 증발한 것처럼 친절한 칼리로 돌아오곤 했다.

'미운 일곱 살 증상인가?' 생각했지만 아빠한테는 전혀 그렇게 행동하지 않았다. 프로이트의 이론대로 아빠가 좋아하는 엄마를 질투하고 견제하기 위한 심통도 아니었다. 칼리 아빠와 나 모두에게 아이의 증상이 또렷이 눈에 들어왔다. 희완이 칼리에게 왜 종종 엄마에게 심통을 부리는지 물으면 아이는 "엄마가 뽀뽀를 많이 안 해줘서"라고 답했다. 사실과 다른 이야기였지만 암시적인 답일 수도 있다고 느꼈다. '애정 결핍'. 늘 애정을 주고받지만 때로는 장애가 발생하여 그 통로가 차단된다는 의미로 이해했다. 그 장애가 무엇인지 알아내야 했다.

어느 날 아이를 붙들고 물었다. "왜 그러니?" 아이가 답했다. "미안해. 정말 미안해. 그런데 나도 모르겠어. 왜 가끔 이렇게 엄마한테 짜증을 내게 되는지 나도 몰라." 아이는 눈물로 범벅된 얼굴을 일그러뜨리며 자신의 공정하지 못한 트집과 짜증을 인정했으나, 그 감정이 어디서 기인하는지 알지 못했다. 아이도 내면 어딘가에 고인 미움의 웅덩이가 언제 시작되었는지, 어떻게 해결되어야 하는지 알 수 없어 진심으로 괴로워했다. 웅덩이가 흔들리면서 미움들이 수면으로 튕겨져 나오면 걷잡을 수 없는 짜증을 퍼붓는 일이 2~3년간 지속되었다. 결국 아이의 마음에 균열이 생기기 시작한 그 시점을 찾아내야 한다는 결론에 이르렀다.

초등학교 2학년 무렵, 학교에서 아이와 함께 돌아오던 길이었다. 아이를 처음 보는 근사한 카페에 데려가 서로 마주 앉았다. "우리 앞으로 한 달에 한 번씩 따로 둘이 만나서 대화를 나누자. 엄마한테 마음속에 있는 이야기를 다 해보는 거야." 칼리는 뜨거운 코코아를, 나는 카페라테를 시켰다. 아이는 엄마와 둘이 마주 앉아 서로의 마음을 터놓는 심리 테라피를 시작한다는 사실에 흥분한 듯했다. 한 모금씩 따끈한 음료를 마신 후, 나는 이렇게 물었다. "언제부터 엄마한테 화나기 시작했어?"

첫 질문에 "몇 년 전, 한 레스토랑에서"라고 아이는 선선히 답했다. "우리는 한국 언니들과 같이 앉아 있었어. 엄마가 언니들과 말하는 동안 나는 종이 식탁보에 그림을 그렸어. 서빙하던 곱슬머리 오빠를 정말 멋지게 그려서 엄마에게 정말 자랑스럽게 보여줬지. 그런데 엄마는 건성으로 '그래, 잘했어'라고 답한 뒤에 다시 언니들과의 대화에 열중했어. 마음이 너무 아팠어. 그런데 누군가 물컵을 건드려서 그림 위로 물이 쏟아졌어. 내 그림은 엉망이 됐고 옷도 젖었어. 그림이 망쳐져서 마음이 너무 아팠지. 하지만 엄마는 내 마음이 어떤지 모르면서 물이 엎질러진 것만 문제인 듯이 '괜찮아, 칼리야'라고 했어. 엄마는 내 그림이 어떻게 됐는지 아무 관심도 없었던 거야."

그날을 기억한다. 2008년 첫 책이 나오고 2년쯤 뒤에 파리의 한 한인마트에서 독자임을 밝히며 떨리는 눈빛으로 나를 바라보던 한 여학생을 만났다. 그 여학생은 파리에 여행 온 자신의 친구와 유학 중인 또 다른 친구와 함께 나를 만나기를 청했다. 우리는 좋은 와인으로 유명한 오페라 지구의 한 레스토랑에서 만났다.

다섯 살이었던 칼리가 엄마를 혼자 보내지 못하고 따라왔다. 그날 칼리는 낯선 언니들 앞에서 유난히 수줍어하며 고개를 숙이고 그림 그리는 데만 열중했다. 누군가의 실수로 물이 엎질러지자 칼리가 서럽게 울었다. 그러나 그날 아이가 그렸다던 '불후의 명작'에 대해서는 도무지 생각나지 않았다. 그날 내게는 아이의 그림보다는 내 책을 읽고 일생의 용기를 모아 파리로 날아온 젊은 그녀들과의 대화가 훨씬 더 중요했다.

그런데 우리의 수다가 무르익어가는 동안, 칼리에게는 지우기 힘든 트라우마가 새겨지고 있었다. 아이의 마음은 망가진 그림처럼 허물어져 내렸다. 하지만 아이의 아픈 마음을 감싸줘야 할 엄마는 깨끗이 치운답시고 무자비하게 그림을 구겨서 쓰레기통에 넣어버렸다. 아이의 시선으로 당시의 장면을 되짚어보니 이중 삼중으로 상처받은 그 마음이 고스란히 전해졌다.

칼리는 엉킨 마음의 고리를 스르르 당기듯 어렵지 않게 최초의 지점에 도달했고, 술술 실타래를 풀어냈다. 나의 몰이해와 무지를 자책하며 칼리에게 용서를 구했다. 타인을, 특히나 자신의 딸을 건성으로 대하는 법이 없는 칼리 아빠는 내가 저지른 중범죄(!)를 범한 적이 없기에 아이의 트라우마는 오직 나를 향해서만 정확히 작동했던 것이다.

최초의 응어리는 시작된 지점에 도달하자마자 쉽게 녹아내렸

다. 그리고 엄마와 딸의 관계는 맑아졌다. '딸과 달달하게 지내기'
는 풀기 어려운 방정식이 아니었다. 아이는 어떻게 마음이 얼어
붙었던 시발점에 그토록 빠르게 도달할 수 있었을까? 스스로 그
병에서 벗어나기를 바랐던 아이에게 청진기를 들이대자마자 병
이 녹아내린 것이다. 오직 칼리와 마음속 깊은 이야기를 나누기
위해 마련된 특별한 장소도 효과를 발휘한 것 같다. 칼리와 나는
함께 눈물을 쏟아내고는 가벼워진 맘으로 카페를 나섰다. 약속대
로 한 달에 한 번씩 서로 진솔한 대화를 나누기 위해 카페에 갔어
야 했지만 그러지 않았다. 이후에는 그렇게 해야 할 이유를 느끼
지 못했기 때문이다.

이제 아이는 만 12세에서 13세로 넘어가고 있다. 가슴이 부풀
어 오르기 시작했고 초경이 곧 시작될 것임을 알리는 징후를 겪
고 있다. "너 사춘기라고 엄마한테 삐딱하게 굴면 엄마는 서러워
서 어쩌냐?" 엄마의 넋두리에 아이는 이렇게 답했다. "엄마, 사춘
기가 된다고 다 엄마랑 사이가 나빠지는 건 아니야. 내가 전에 엄
마한테 짜증을 부렸던 건 어린 시절의 트라우마 때문이고 이제
그건 없어졌으니까 걱정하지 마." 수년이 지난 뒤였지만 아이는
당시의 짜증이 '트라우마'에 의한 것이었고 이제는 치유되었음을
확인해주었다.

칼리는 이제 프랑스의 중2(한국으로 치면 중1)다. 칼리의 말대로 모든 아이들이 중2병을 앓는 것은 아닌 듯하다. 내가 어렸을 때도 부모를 향해 으르렁거리는 중2가 아니었고, 당시 내 주변 아이들도 별난 중2들이 아니었다. 지금의 한국 아이들이 중2를 전후로 부모와 학교를 향해 뿔 달린 도깨비들이 되어버리는 것은 칼리가 무심했던 나 때문에 겪었던 것과 같은 마음의 상처를 환경적·사회적 이유로 자주 경험했기 때문은 아닐까? 점점 심화되어가는 경쟁 사회, 친구들과 우정조차 허심탄회하게 나눌 수 없는 환경에서 살아남기 위해 괴물이 되어간 아이들을 오로지 '그런 나이'에 이르렀기 때문이라 치부하는 건 아닐까 하는 생각이 든다.

트라우마는 개인적인 경험으로만 만들어지지 않는다. 전쟁 세대는 전쟁의 공포가 주는 트라우마에서 평생 벗어나지 못하고, IMF 외환위기 사태를 10대 시절에 겪은 세대는 자본의 힘에 대한 자발적 복종을 내면화한다. 그리고 세월호 참사. 세월호와 함께 수장되던 청소년들을 지켜본 집단적 충격과 이후 전개된 세월호 유족들에 대한 패륜의 현장들을 우린 앞으로 어떻게 감당할지 모르겠다.

사랑이란 것은 한쪽이 넉넉히 주어도 때로는 예기치 않은 전달 사고가 일어나 받는 상대는 외로움에 시달릴 수도 있다. 부모의 사랑을 절반의 식량으로 취하며 자라는 아이들의 경우, 부모의 상상을 초월하는 곳에서 상처를 받고는 치유받지 못한 채 마음의 병을 안고 살아갈 수도 있다. 이제 아이가 나를 위로할 때가 더 잦을 만큼 아이는 커버렸다. 아이의 마음을 헤아리겠다는 결심을 하고 자리를 펼치자 아이는 금세 내 품으로 달려왔다. 중2병은 모두가 치르는 홍역은 아니며, 잘 예방하면 가볍게 치르고 지나가거나, 피할 수 있는 병이다. 현역 중2의 말이니 믿어봐도 좋을 것 같다.

사람의 몸은 자유로운가?

 욕조에 들어가 한가로이 몸을 담그고 있던 칼리, 엄마를 물끄러미 보면서 묻는다.

칼리: 엄마 사람의 몸은 자유로워, 자유롭지 않아?

엄마: 몸이 자유로운 건 뭐고, 안 자유로운 건 뭐니.

칼리: 자유로운 건 내 몸이 하고 싶은 대로 하는 것, 내가 그리고 싶은 것을 그리는 것. 안 자유로운 건 선생님이 집을 그려라 해서 집만 그려야 하는 것.

엄마: 넌 네 몸이 자유로운 게 좋으니, 안 자유로운 게 좋으니?

칼리: 자유로운 것. 안 자유로운 것.

엄마: 둘 다? 자유로운 게 더 좋지 않니?

칼리: 뭘 그려야 할지 모를 땐, 선생님이 이걸 그려라 하고 알려주

면 좋기도 하거든. 선생님이 사람을 그리라고 하면, 사람을 그리면서도 내가 원하는 걸 얼마든지 그릴 수가 있어. 하지만 이렇게 그려라 저렇게 그려라 하면 그건 싫어.

엄마: 넌 완전히 자유로운 것도, 완전히 통제당하는 것도 싫은 거구나.

칼리: 그리고 엄마가 나한테 '이제 자라', '저녁 때는 친구랑 놀 수 없다', '한글 읽어야 된다', '치카 해라', 이러는 것도 싫어.

엄마: 그래? 그럼 안 그럴게. 너 혼자서 알아서 해, 이제부턴. 알았지? (휙 일어서려고 하니)

칼리: 싫어. (젖은 손으로 엄마 치맛자락을 붙잡으며) 엄마가 날 돌봐주는 게 좋아.

엄마: 칼리야. 그거 알아? 완전히 자유로우려면 정말 강해지고, 똑똑해지고, 힘이 있어야 해. 그래야 자신의 자유를 누릴 수 있어.

칼리: 자유로운 데도 힘이 필요해?

엄마: 그럼. 필요하지. 그것도 아주 많이. 너 지금 엄마가 마음대로 하라고 하니까 덜컥 겁이 났지? 그건 너 스스로 자유를 누릴 만큼 아직 크지도, 힘이 있지도 않다는 걸 알기 때문이야. 너 빅토르 위고 알지?

칼리: 알아. 유치원 바로 옆에 빅토르 위고가 살던 집이 있어.

엄마: 그래. 빅토르 위고가 이런 말했어. "무지(無知)가 사라질 때, 비로소 자유가 시작된다."

칼리: 무슨 말이야.

엄마: 네가 모르던 것들을 알게 되고 세상에 눈을 뜨게 되면서 비로소 너는 자유를 얻게 된다는 뜻이야. 아무것도 모르는 상태에서는 자유를 가질 수도 누릴 수도 없는 거야. 아무것도 모르는 사람은 남들이 시키는 대로만 하겠지. 그리고 남들이 그 사람 머릿속에 집어넣은 생각을 자기 생각인 줄 알고 행동하는 거야. 혹은 자유를 줘도 거부하기도 하지. 자유를 누리는 건 힘들고 고단하기도 하거든. 자유는 무조건 하고 싶은 대로 하는 건 아니야. 누가 너의 행동과 생각, 말하는 것, 그리는 것을 막을 때, 그걸 거부하고 너의 의지대로 하는 거지.

(슬그머니 대화에 끼어든 아빠)

아빠: 과거에는 종교가 가장 많이 사람을 억압하는 역할을 했고, 지금은 정치권력을 가진 사람들, 그리고 자본주의도 그런 역할을 하지.

칼리: 어떻게?

아빠: 과거 프랑스에서는 가톨릭 교회가 큰 힘을 가지고 있었거

든. 그래서 신부들이 '저 여자는 마녀다' 그러면 그 여자를 불에 태우기도 하고. '천국에 가고 싶으면 우리한테서 티켓을 사라' 하면서 면죄부를 팔기도 하고. 사람들 옷차림, 사람들이 사랑을 나누는 방식까지 하나하나 다 참견하면서 사람들을 꼼짝 못하게 했어. 몸은 물론이고 머릿속까지.

칼리: 지금은 안 그러지? 지금은 여자를 불태워 죽이지 않잖아.

아빠: 이젠 못 그러지. 세력이 많이 약해졌으니까. 현대의 절대권력은 자본가들이야. 자본주의가 사람들을 점점 바보로 만들어. 노예로 만들기도 하고.

칼리: 어떻게?

아빠: 칼리야. 너희 반에 큰 상표가 써 있는 옷을 입고 다니는 아이들 있지? 19세기에는 그런 직업이 있었단다. 사람 몸에 앞뒤로 광고 포스터 같은 걸 붙여놓고, 이런저런 걸 선전하는 거지. 그런데 요즘 사람들은 돈을 안 줘도 자청해서 기업 선전을 해주면서 다니잖아. 스스로 그들의 광고판이 되길 자청하는 거지.

칼리: 왜 그러는 거야?

아빠: 상표는 사람들에게 자기가 사회에서 자리 잡고 있는 위치를 표시하는 하나의 근거가 되거든. 사람들은 비싼 상표가 크게 보이게 옷을 입고 가방을 들고 다니면서, 자기가 실제

로는 갖고 있지 않은 무언가를 이 상표들이 대신 채워주길 기대하는 마음이 있는 거야. 왜 방리유(파리 외곽 도시들) 오빠들 보면 죄다 트레이닝복에 나이키 신발 신고 있잖아. 그게 그 아이들한테는 생명처럼 중요한 거지. 왜냐하면 이 아이들은 늘 상대적 박탈감에 시달리니까.

칼리: 난 인간 광고판이 되진 않을 거야.

아빠: 그런데 칼리야. 너 엄마한테 '눈의 여왕' 인형 사달라고 겨울 내내 졸랐잖아.

칼리: 왜냐하면 '눈의 여왕'이 너무 예쁘잖아. 나 정말 사랑해. '눈의 여왕'.

엄마: 그런데 칼리야. 아이들이 다 그러니까, 그 인형이 얼마나 비싼 줄 알아? 아이들이 엄마들을 조르면 조를수록, 인형을 만든 사람은 그걸 비싸게 팔아. 너는 그 영화를 보고 그 인형의 포로가 된 거지. 그리고 그 사람들의 상술에 넘어간 거고. 엄마를 졸라서 엄마 지갑을 열게 했지만, 결국은 그 지갑을 열어서 돈을 가져간 사람들은 장사꾼들인 거야. 자발적으로 지갑을 열지만 그렇게 하지 않고는 못 배기게 사람을 들들 볶는 거지. 광고판, 여기저기 똑같은 노래, 포스터, 계속해서 "사! 사! 사!" 이렇게 말하는 거야. 거기에 저항하려면 정말 힘이 세야겠지?

유행을 따르는 건,
남들과 같아지는 것

칼리가 다니던 마레 지구의 초등학교 근처엔 유난히 옷가게가 많았다. 어느 날 집에 돌아온 칼리는 이렇게 말했다.

"엄마, 우리 학교 옆에 있는 옷가게에 얼마 전부터 포스터가 붙어 있었거든. 거기에 이렇게 써 있었어. 'La mode est l'art d'être unique(패션 혹은 유행은 유일한 존재가 되는 기술).'

그런데 오늘 누가 'unique(유일한)'이란 말을 지우고, 그 자리에 'comme les autres(다른 사람과 똑같아지는)'라고 썼어. 그 사람 누군지 몰라도 정말 멋지지! 유행이 유일한 존재가 되는 기술이라니 말도 안 돼! 유행을 따라한다는 건 다른 사람과 똑같아지는 거잖아."

저항하기 힘든 매력을 뿜어내는 부티크들이 오밀조밀 모여 있는 파리 마레 지구를 거닐다 보면 팔뚝에 쇼핑백을 주렁주렁 걸고 그 거리를 거니는 관광객들, 혹은 이 나라 여자들을 흔히 마주친다. '사는 사람들 있어서 다행이네. 나 같은 사람만 있었으면 저 옷가게들 굶어 죽었겠지……' 하는 생각을 종종 한다. 나 역시 때때로 넋을 빼앗기고 쇼윈도 옷들을 들여다볼 때가 있지만 옆에 나란히 놓여 있는 가격표를 보면, 더 이상 그 옷들이 아름다워 보이지 않기에 금방 평정을 되찾는다.

마레 지구 한가운데 있는 학교를 다니는 아이가 패션의 유혹에 저항할 수 있을까 궁금하기도 하고 한편으론 염려스럽기도 했다. 사춘기 들어서면서 수백 유로 하는 옷들을 아이가 사달라고 하면 현실적으로 그에 응할 수 있는 경제력도, 그런 요구에 응할 생각도 없기에 아이와 전쟁을 벌여야 할 판이었다. 다행히도 아이는 소비주의의 선동에 전혀 미혹되지 않았다. 오히려 아이에게 새 옷을 사주려고 하면 아이는 "옷 많은데 또 사?" 하고 귀찮아하는 수준. 메이커를 입는다는 건 남과 같아지려 애쓰는 거란 의식이 아이에게 있었다. 반의 다른 아이들도, 패션에 집착하며 분위기를 흐려놓는 아이는 보지 못했다. 물론 모든 프랑스 아이들이 이렇지 않을 것이다. 칼리는 항상 공립학교에 다녔지만 사립학교에선 사뭇 다른 분위기가 있다고 들었다. 아이들이 명품 신발이

나 옷, 가방을 착용하기도 하고, 그래서 학교에서 상표가 겉으로 드러나는 물건을 걸치는 걸 금지하는 경우도 있다고 들었다. 사립은 공립과 달리 무상교육이 아니며 급식비도 수입별 차등지급이 아니다. 등록금도 천차만별이다. 당연히 여유 있는 집안의 자녀들이 다닐 확률이 높다. 공립에도 잘사는 아이들이 없지 않다. 그러나 똑같이 여유 있는 집안의 아이들일지라도, 사립을 선택하는 부모와 공립을 선택하는 부모 사이엔 가치관의 차이가 분명히 있고, 아이들의 태도에서 보여지는 이 차이점은 분명 거기서 기인할 확률이 높다.

한번은 버스를 타고 가는데, 아이가 이런 말을 했다.

"엄마, 왜 이렇게 세상에 옷가게가 많은 거야? 음식도 아니고 옷이? 음식은 매일 새로운 걸 먹어야 하지만, 옷은 한번 사면 몇 년 동안 입잖아. 그런데 왜 이렇게 한 집 건너 하나씩 옷가게 있는 거지? 옷가게는 한 마을에 큰 거 하나만 있으면 되는 거 아닐까?"

(응? 소비에트 혁명 직후에나 돌았을 법한 얘기를?) "옷은 꼭 실용적 의미만 있는 게 아니거든. 사람들은 자신의 미적 만족을 위해, 신분 표시를 위해서도 옷을 입어. 사람은 자기 취향을 드러내고 싶은 욕구가 있는데, 옷이 그걸 많이 충족시켜 주거든." 대충 이렇

게 대답은 했는데, 아이의 생각이 내내 머릿속에 맴돌았다. '그러게 말야. 옷가게가 너무 많기는 해.' 난 주로 동네 벼룩시장에서 옷을 산다. 봄에 한 번, 가을에 한 번. 하루가 다르게 커가는 아이의 옷은 종종 오가다가 수퍼마켓에서 사기도 하지만 어른들 옷은 우리 집 소비품목 가운데 최하위를 차지하는 항목이다. 소비를 하기보단 최대한 재활용하길 원하고 작아서 못 입는 옷들은 벼룩시장에 내다 팔거나, 도시 곳곳에 계시는 거리의 난민들에게 드린다. 칼리는 난민들에게 제 옷이나 신발을 전해주는 일에 기쁘게 동참한다.

———

(위) 아틀리에 수업. 음악과 미술뿐만 아니라 요리 수업도 진행한다.

(아래) 음악 특성반에서 진행하는 악기 배우기

(왼쪽) 햇불을 든 바스티유의 천사

(오른쪽) 2008년 세 살 반이 되어 파리에 온 칼리는 파리에 오기 전,
광화문에서 열린 광우병 쇠고기 반대 촛불집회에 엄마 아빠와 여러 번 참석했다.
파리에 와서 바스티유 광장 한가운데 있는 혁명의 상징, '바스티유의 천사'를 보자마자
아이는 외마디 소리를 질렀다. "촛불 소녀!" 촛불 소녀와 한군데도 닮은 구석이 없는
황금빛 천사 동상에서 아이는 촛불 소녀와 같은 상징을 금세 보았던 것.
이후 2016~2017년 박근혜 탄핵 촛불집회가 파리에서 열릴 때,
칼리는 촛불을 참석한 사람들에게 나눠주는 촛불 소녀가 되어 대활약한다.

오른쪽 사진 ⓒ황채영

'자유 평등 박애'가 실현되는 학교를 찾았어요

이지도르 페리공-에르망즈(Isidore Perigon-Hermange)
파리 민주주의 학교, 초등학교 3학년

지금 어떤 학교에 다니니?

유치원 3년, 초등학교 1년 반을 공립학교에서 다니다가 2학년 중간
(2017년 2월)에 지금 학교로 옮겼어요. (학교 이름은) 파리 민주주의 학
교예요.

어떤 이유로 학교를 옮기게 되었지?

2학년 때였어요. 담임 선생님이 너무 엄격해서 걸핏하면 아이들에게
벌을 줬어요. 그런데 그 벌이 필요하다거나 정당하다는 느낌은 한번
도 들지 않았어요. 예를 들면 같은 반에 '앙즈'란 애가 있었어요. 그 친

구는 체격이 남보다 훨씬 컸죠. 언뜻 봐도 힘이 세 보였어요. 그런데 그 친구는 전혀 나쁜 애가 아니었어요. 반에 개구쟁이들이 앙즈를 놀리고 장난을 걸어요. 그럼 참다못한 앙즈가 아이들에게 그만하라고 화를 내거나 밀치기도 했죠. 그러면 개구쟁이들이 선생님한테 이르는 거예요. 선생님은 잘 알아보지도 않고 앙즈만 혼냈어요.

또 선생님은 수업 시간에 누군가 떠들거나 소지품을 바닥에 떨어뜨리면 이름 옆에 줄을 하나 그어요. 줄이 하나면 5분 동안 벽 옆에 가서 서 있어야 해요. 줄이 두 개면 벽 옆에 20분간 서 있어야 하고, 세 개면 복도로 나가 10분간 서 있어야 하고, 네 개면 수업을 아예 들을 수가 없어요. 매사에 그런 식이었어요. 누가 말을 걸어서 짧게 대답을 해도 벌을 받았어요. 교실에 있는 동안 마치 감옥에서 벌을 받는 기분이었어요.

저만이 아니라 반 아이들 중 4분의 3은 그 선생님을 싫어했어요. 그래서 학부모들이 문제를 제기했고 학교에서 회의가 열렸어요. 학부모, 교장, 그 선생님 그리고 교육청 사람이 모였어요. 그 선생님의 잘못이 입증되면 학교에서 쫓겨날 수도 있었을 거예요. 그런데 아무 잘못이 없다는 결론이 내려졌고 선생님은 전혀 태도를 바꾸지 않았어요.

처음 학교에 들어갔을 때, 교문에 "자유 평등 박애"라고 쓰여 있는 걸 보고 '정말 멋지다'고 생각했어요. 하지만 그런 일을 겪고 나서는 그 말이 내가 지켜본 모든 거짓말 중에 가장 끔찍한 거짓말이라고 생각하게 됐어요. 그 학교에는 자유도 평등도 없었어요. 그래서 전 학교를 옮기고 싶다고 부모님한테 말했고 부모님도 저랑 생각이 같았어요. 그래서 학교를 옮기게 되었죠.

새 학교에선 '자유 평등 박애'를 찾았어?

네. 새 학교에는 그게 있어요.

그전에는 학교를 다니긴 했어도 좋다는 생각을 한 적은 없었어요. 특히 2학년 때 선생님은 참을 수가 없었죠. 하지만 새 학교는 정말 맘에 들어요.

자유와 평등이 나란히 실현되는 게 쉬운 일은 아닌데.

맞아요. 얼마 전에 새로 전학 온 애가 있었어요. 그 아이는 민주주의가 자기 마음대로 행동하는 거라고 생각하더라고요. 누구와도 소통하지 않고 모두를 괴롭히고 때리고 물건을 훔치고……. 다른 사람을 존중할 줄 몰라요.

그런 일이 있을 때는 어떻게 하니? 선생님들이 그 아이한테 벌을 주니?

여긴 선생님이 없어요. 어떤 어른도 아이한테 직접 벌을 주거나 명령을 내릴 수 없죠. 선생님 대신 길잡이(Encadrant)들이 있죠.

모두가 함께 정한 학교 규칙들이 있는데, 그걸 (어른이든 아이든)

누군가 어기면 양식을 가져다 날짜, 시간, 장소, 내용 등을 적어서 고발장을 접수해요. 그럼 그다음 날 회의를 하죠. 정의 회의(Conseil de Justice)라고 불러요. 모두가 참가하죠. 세 명이 심판이 되어 진행해요. 먼저 사실을 명확히 하죠. 고발한 사람이 이야기하고, 고발당한 사람도 이야기하고, 증인을 세우기도 해요.

누가 심판이 되는 거니?

돌아가면서요. 길잡이와 아이들이 같이하기도 하고요. 여섯 살이 넘으면 글을 읽지 못해도 심판관이 될 수 있어요.

전체 학생 수랑 어른들 수는 어떻게 되니?

학생 수는 46명, 어른들은 일곱 명이에요.

재판 결과는 어떻게 되었어?

모든 사람들이 만장일치로 '나임'(새로 온 전학생)이 다른 사람들을 전혀 존중하지 않았고 학생의 고발이 정당하다고 판단했어요. 그래서 5일간 자기를 고발한 아이들 옆에 다가갈 권리를 박탈당했어요.

나임은 어떻게 반응했어?

재판 중에도 나임은 자기가 말할 순서가 아닌데도 끼어들고 잘못을 하나도 인정하지 않았어요. 하지만 판결이 나오자 접근 금지 명령은 지켰어요. 그러나 태도가 크게 달라지진 않았어요.

5일간 접근을 금지하는 벌로 충분한 것 같아?

그 정도 벌이면 괜찮다고 봐요. 그런데 나임은 아마 이것으로 고쳐지진 않을 거예요. 또 이런 일이 있으면 어떤 벌이 효과적일까 고민 중이에요.

만약 5일이 지나고 나서 또 같은 일을 반복하면?

그럼 또 재판이 열리겠죠. 계속 고발되는데도 전혀 개선이 없는 경우 추방이라는 결정이 내려지기도 해요. 이미 그런 결정이 내려진 적이 있어요.

어른들이 고발되기도 하니?

그럼요. 아이들이 어른을 고발할 수도 있죠. 어른들이 아이들을 고발할 수도 있고요. 어른들이 학교 규칙을 지키지 않은 경우에 고발하는 거예요. 그러면 어른들은 대개 자신들의 잘못을 금방 인정하더라고요. 예외 없이.

너도 고발된 적이 있니?

있어요. 누굴 괴롭혀서가 아니라 내가 맡은 청소를 안 해서요. '조용한 방'이라는 곳이 있는데, 거기의 먼지를 닦고 이불들을 정리하는 게 당시 제가 맡은 임무였어요. 그런데 깜빡 잊고 안 했죠. 전 금방 잘못을 인정했어요. 그게 모두를 불편하게 한다는 사실을 알게 되었죠. 좋은 경험이었다고 생각해요. 지금은 제가 맡은 임무는 잊지 않아요.

청소를 아이들이 직접 하는구나?

네. 아이와 어른, 모두가 같이해요. 돌아가면서 임무가 바뀌죠. 청소뿐만 아니라 자기가 먹은 식기도 설거지해요. 학교를 같이 운영하면서 학생이든 어른이든 모두가 같은 책임을 져요. 같은 발언권, 같은 권리를 갖고요.

이 학교에서 가장 좋은 게 뭐니?

시험이 없는 거요. 누구나 배우고 싶은 것을 배워요. 그걸 시험으로 평가받지는 않죠. 이 학교에서는 누구든 다른 사람보다 더 많은 권리를 갖고 있지 않다는 것. 어린아이든, 청소년이든, 어른이든 모두 똑같은 권리를 가졌다는 것.

수업은 따로 진행되지 않아?

네. 여기는 학년도, 반도 없어요. 각자 자기가 하고 싶은 일을 하고 어른들은 아이들이 원할 때, 도움을 주죠.

수학 공부를 하고 싶었던 적은 있니?

아뇨. 아직 없어요. 하지만 복잡한 수학 계산이 필요하다면 그때 배우겠죠. 용돈을 모아 뭔가를 사고 싶은데, 얼마나 모아야 하는지……. 이런 것을 고민할 때, 수학을 사용하긴 해요. 지금은 내가 아는 것만으로도 해결할 수가 있으니까 수학을 더 배우지는 않아요. 하지만 필요하다는 생각이 들면 배울 거예요. 내가 필요로 하고 원할 때 배운다는 것이 아주 중요해요.

프랑스어는 어떻게 배워? 문법이니 철자니 이런 거.

문법이나 철자를 따로 배우진 않아요. 대신 학교에서 이야기를 써요. 그리고 내가 제대로 썼는지 학교의 어른들에게 보여주죠. 그럼 그들이 틀린 부분을 고쳐주고 어떤 문법이 적용되는지 가르쳐주죠. 그러면서 글을 배워요.

커서 어떤 일을 하고 싶니?

사진에 흥미가 많아서 사진작가나 사진기자가 되고 싶어요. 그리고 어릴 때부터 자동차를 좋아해서 거의 모든 자동차 회사의 차량 모델을 다 알아요. 그래서 자동차와 관련된 일을 해보고 싶어요. 하지만 자동차 수리공이 되고 싶진 않아요. 새로운 자동차를 만드는 일이면 좋겠어요.

어떤 종류의 차를 만들고 싶은데?

전 작은 차를 좋아하거든요. 버튼 하나로 아주 얇게 축소되는 자동차. 가벼운 자동차. 무공해 자동차. 이런 걸 계속 고민하고 있어요.

넌 피아노를 잘 치잖아. 작곡도 하고, 음악 쪽으로 직업을 갖고 싶지는 않아?

피아노를 좋아해서 매일 치지만 그걸 직업으로 갖고 싶은 마음은 없어요. 어른이 되어서도 지금처럼 피아노를 계속 칠 거예요. 즐거우니까.

피아노 선생님하곤 잘 맞니?

네. 수요일 오전에 선생님이 오세요. 수요일에는 학교에 안 가거든요. 피아노 선생님은 칠레 사람이에요. 피아노 선생님에 대해서는 완전히 신뢰해요. 우린 친구 같죠. 한 달에 한 번은 즉흥곡 연주를 위한 레슨을 받아요. 계속 작곡을 하는데 선생님의 도움을 받고 있죠.

아침에 학교에 가면 뭘 하니?

학교에 가면 신발을 벗고, 사물함에 가방을 넣고, 요즘은 친구들과 레고를 해요. 레고 조립이 제 즐거움이에요. 이야기를 쓰기도 하고요.

네가 생각하는 최고의 가치는 뭐야?

자유, 정의, 평등. 아주 중요해요.

이전 학교도, 지금 학교도 같은 가치를 말하지만 이전 학교에서 말하는 것은 거짓이었어요.

주변 친구들한테 새 학교로 오라고 추천하고 싶니?

네. 추천하고 싶어요.

너를 따라 학교를 옮긴 아이가 있어?

없어요.

왜?

민주주의 학교에선 아무것도 안 가르쳐준다고 생각하나 봐요.

넌 민주주의 학교에서 더 많은 걸 배웠니?

네. 많은 것을 배웠어요. 이전에는 제가 궁금해 하고 공부하고 싶은 것 대신 선생님이 가르치는 것을 배웠어요. 싫은데도 배워야 하니까 공부가 지겨워졌죠. 억지로 하면 별로 배울 수도 없어요. 그런데 여기서는 내가 알고 싶은 것을 공부할 수 있도록 어른들이 도와줘요. 그래서 공부가 하나도 지겹지 않아요. 내가 필요로 하는 지식을 습득하는 게 진짜 공부예요.

학교에서 급식도 하니?

아뇨. 각자 집에서 준비해온 도시락을 먹어요. 먹고 나선 같이 설거지도 하고요.

네가 세상에서 가장 좋아하는 것을 몇 가지 말해줄래?

첫째, 레고.

둘째, 엄마, 아빠.

셋째, 정의, 자유.

널 슬프게 하는 건 뭐니?

불공평하고 불공정한 거요. 불공평하고 불공정한 일을 볼 때 슬퍼요. 선생님이 불공정하게 아이들을 혼내는데, 그 선생님을 혼내줄 사람은 아무도 없는 것. 정말 참을 수 없어요.

네가 좋아하는 학교지만, 그래도 이 학교에서 바꾸고 싶은 점이 있니?

네. 있어요. 설립자를 바꾸고 싶어요. 설립자가 자기 마음대로 규칙을 바꾸곤 해요. 예를 들면 전에는 여덟 살부터는 설립자의 방문을 열 수 있었어요. 그런데 어느 날, 열 살부터 열 수 있다고 규칙을 바꿨어요. 저는 아홉 살이니까 열 수가 없잖아요. '왜 혼자 마음대로 규칙을 바꿨지?'라는 생각이 들었어요. 그리고 설립자 딸이 우리 학교에 다니는데, 그 애에게만 너무 관대해요. 그 아이는 자기의 모든 요구를 들어주는 아빠 때문에 망쳐지고 있어요. 난 부모가 내가 원하는 모든 것을 사주는 분들이길 원하지 않아요. 그럼 아이들이 망가져요. 그가 태도를 바꿨으면 좋겠어요.

꿈이 있어? 실현되기 힘들더라도 이루어지길 바라는 것.

첫 번째 꿈은 레고로 지은 도시를 건설하는 것이에요. 두 번째는 그림을 그리는 뛰어난 재능을 갖고 싶어요. 자동차 디자이너들은 자동차를 잘 그려야 하거든요. 저도 그림을 못 그리진 않아요. 하지만 내가 상상한 자동차를 그대로 표현하기가 힘들어요. 그리고 나면 생각과 다른 경우가 많아요. 내 상상을 그대로 그림으로 옮겨내는 재능이 있었으면 좋겠어요.

──── 레고와 자동차를 좋아하고 어린 나이에 이미 작곡을 자유롭게 하는 평범하면서도 비범한 아홉 살 소년 이지도르. 어느 날 학교에서 벌어지는 일들을 보면서 학교라는 사회가 '자유 평등 박애'라는 교문에 새겨진 이상을 실천하지 않는 거짓된 장소라는

195

사실에 분노했다.

부모가 자신의 배반당한 믿음에 공감해주고 '자유 평등 박애'가 진정으로 지켜지는 곳을 찾아나서 준 것에 고마움을 느끼고 있다. 좋아하는 것을 묻자 두 번째로 부모, 세 번째로 자유, 정의를 꼽았다(첫 번째는 레고다). 하지만 새 학교 역시 유토피아가 아니라 수많은 모순이 소용돌이치고 개성들이 부딪히는 작은 사회다.

그러나 거기서는 문제를 해결해나갈 도구가 아이들에게도 공평하게 주어진다. 인내심을 가지고 함께 문제를 지적하고 해결하는 과정에서 아이는 한 사회가 어떤 방식으로 자유와 평등, 박애라는 가치를 지켜나가는지 배우고 있다.

6월, 이지도르가 염려하던 대로 나임은 학교에서 추방되었다. 이 일은 이지도르에게 약간의 상처와 적지 않은 고민을 남겼다. 이런 방법밖에 없었을까. 어려움을 함께 극복해가는 방법은 없을가에 대해 이지도르와 나머지 아이들은 고민하기 시작했다. 그리고 또 한 가지 변화가 있다. 이 학교의 문제점으로 지적했던 설립자이자 교장이 학교를 떠나게 되었고, 새로운 교장이 오게 되었다. 이지도르는 이 학교를 계속 다니며, 새 교장과 함께 이뤄갈 변화에 대한 기대로 부풀어 있다.

배우고 싶은 것을 나만의 속도로 배워요

비르질 프랑수아(Virgile François)
존재–지식 학교, 초등학교 4학년

학교를 좋아하니?

좋아하기도 하고 안 좋아하기도 해요.

자유롭게 배우고 싶은 것을 배운다는 면에선 좋아요. 타인을 존중하

지 않고 시끄럽게 구는 아이들이 있어요. 그런데 학교가 그 친구들을

적절하게 다룰 방법을 찾지 못하고 있다는 면에서는 실망스러워요.

학교에서 자유롭게 배우고 싶은 것을 배우니?

네. 우리 학교는 아무것도 강요하지 않거든요. 제가 배우고 싶은 것을

가르쳐주고, 저한테 뭔가를 하자고 제안해요. 하지만 제가 하기 싫으

면 안 해도 되는 자유가 있어요.

**학교가 타인을 존중하지 않는 아이들을 적절하게 다루지 못한다? 어떤
의미니?**

몇몇 아이들이 늘 학교를 소란스럽게 만들고 다른 아이들의 공부를
방해해요. 그래서 여러 아이가 문제 제기를 했어요. 학부모들도요. 갈
등이 생기고 논의가 진행되는 도중에 문제를 일으킨 아이들이 모두
떠났어요.

　떠나는 것으로 문제가 해결되는 방식이 맘에 들지 않았어요. 그 아
이들이 잘못을 깨닫고 태도를 바꿔나가는 모습을 보고 싶었어요. 떠
난 아이들 중에는 정말 좋은 친구들도 있었거든요.

오늘은 학교에서 뭘 했니?

한 선생님이 나누기를 하자고 제안했어요. 저도 하고 싶은 맘이 생겨
서 같이했어요. 재미있고 유익했어요. 그리고 찰흙으로 이것저것 만들
기도 했고요. 선생님과 여러 가지 주제를 가지고 토론도 했어요. 산책
도 했고요.

나누기는 선생님과 일대일로 했니?

네. 둘이서 했어요. 나누기는 일대일로 하는 경우가 많아요. 무언가를

만드는 것. 예를 들어 요리를 하는 경우 서너 명이 같이하기도 해요.
하고 싶은 아이들과 선생님이 함께요.

언제부터 그 학교에 다닌 거야?

2017년 9월부터요.

**얼마 안 됐구나? 그럼 전에 다니던 학교에서 어떤 계기로 옮기게 된 거
니?**

동네 공립학교를 다녔어요. 2학년 때까지는 최고의 선생님을 만나 완
벽한 시간을 보냈어요. 많은 것을 배웠고 늘 즐거웠어요. 그런데 3학
년 때 만난 선생님의 수업 방식은 너무 지겨웠어요. 수업 중에 기다리
는 시간이 너무 많았어요. 저는 이미 개념을 이해했고 문제를 모두 풀
었는데도 나머지 아이들이 모두 이해할 때까지 기다리는 일이 반복됐
어요. 저만 그렇게 느낀 것이 아니라 다른 친구들도 2학년 때보다 배
우는 것이 없다고 불평했어요.

**그렇다면 배우는 속도가 문제였을까? 그럴 때는 보통 월반을 생각하지
않니?**

속도뿐만 아니라 방식도 문제였어요. 재미를 느낄 수 없는 지루한 수
업…… 월반을 생각할 수도 있었지만 전 월반을 원하지 않았어요. 나

보다 큰 애들 사이에서 같이 공부한다니 상상만 해도 싫고 좀 무서웠어요. 마치 친구들을 버리고 다른 세계로 가는 느낌이었어요. 차라리 학교를 옮기는 것이 덜 무서웠어요. 그래서 새로운 학교를 찾은 거죠.

그럼 네가 다니던 예전 학교에 문제가 있다고 보진 않는구나?

네. 이전 학교에 문제가 있다고 생각하지 않아요. 그 선생님의 스타일이 저랑 맞지 않았던 거죠. 그래서 이번 기회에 다른 틀을 찾아보자 싶었어요.

학교를 네 손으로 바꿔볼 수 있다면, 어떻게 바꾸고 싶어?

이 학교는 몬테소리 교육을 표방하고 있어요. 그런데 실제로 몬테소리식 교육법을 배운 교사도 없고 제대로 적용하지도 않죠. 아쉬워요. 전 제대로 몬테소리 교육법을 실천해보고 싶어요.

먼저 몬테소리 교육을 이수한 교사들이 배치되어야겠죠. 그리고 타인의 자유를 침해하는 아이들이 타인의 자유를 침해해서는 안 된다는 원칙을 깨닫도록 학교가 더욱 엄격하게 개입하게 하겠어요. 그 아이들에게도 필요해요.

네가 가장 중요하게 생각하는 가치는 뭐니?

자유요.

자유를 억압당한 적이 있어?

딱히 그렇지는 않아요. 그런데 자유를 억압당하는 친구들을 본 적은 있어요. 별일도 아닌데 부모님이 엉뚱한 편견이나 아집으로 반대하는 바람에 친구들이 정말 원하는 것을 못 하는 경우를 봐요. 그 친구가 얼마나 힘들까, 얼마나 속상할까 생각하죠. 전 자유를 억압당해본 경험이 없으니까 정말 다행이라고 생각해요. 자유가 없으면 사람은 기쁘게 존재하기 힘들어요.

네 부모님은 네가 하고 싶어 하는 모든 것을 허락하시니?

그렇지는 않아요. 부모님 생각에 '이건 실현될 가능성이 없다' 싶으시면 저를 설득하세요. 설명해주시고요. 그러면 제가 대체로 설득에 동의하게 되는 거죠. 원하는 것을 무조건 들어주는 부모도 좋은 부모는 아닐 거예요.

네가 좋아하는 것들을 몇 가지 말해줄래?

운동요. 실내암벽등반, 스케이트보드, 윈드서핑, 춤, 유도, 합기도…….
거의 모든 스포츠를 좋아해요.

엄마 아빠를 좋아해요. 우리 엄마 아빠는 정말 멋진 사람들이에요. 합리적인 분들이라서 어떤 상황이든 당황하지 않고 침착하게 해결 방법을 찾아주세요. 내 부모로서도 좋지만 인간적으로 훌륭해요.

그리고 친구들, 여행, 배우기를 좋아해요. 새로운 것을 배우는 것을 좋아하죠. 최대한 많은 것들을 배우고 싶어요.

네 부모는 너한테 좋은 모델이겠구나?

그럼요. 아빠처럼 온화한 사람이 되고 싶어요. 일을 많이 하지만 모두 잘 해내세요. '아빠 동료들은 아빠랑 같이 일해서 행복하겠다'는 생각을 해요.

널 슬프게 하는 것은 무엇이니?

다른 사람들을 존중할 줄 모르는 사람들을 보면 아주 힘들어요. 그리고 부당함. 불의. 예를 들면 단체로 벌을 받는 거요.

예전 학교에서 이런 일이 있었어요. 체육 시간이라서 아이들이 밖으로 나가려고 복도에서 와글와글거렸어요. 그중 두 아이가 언성을 조금 높였죠. 별일 아니었어요. 흔히 아이들이 그러듯이 말이에요.

그런데 선생님이 갑자기 짜증을 내면서 체육 수업을 취소했어요. "모두들 교실로 들어가!"라고 했죠. 그때 화가 났어요. 아무 기준도 없이 잘못하지 않은 아이들에게서 체육 수업을 뺏어가다니, 참기 힘들었어요. 그런데 저항할 방법이 없어서 더 힘들었죠.

살면서 네가 구체적으로 실현하고 싶은 일은 무엇이지?

인간으로부터 동물을 보호하고 싶어요. 예를 들면 지구의 오염이 완전히 제거될 때까지 동물들을 따로 냉동 보존한 후에 지구가 안전해지면 그들을 다시 풀어놓고 싶어요. 그 외에도 여러 가지 방법이 있겠죠. 계속 고민 중이에요.

동물을 보호하고 싶다는 생각을 구체적인 직업과 연결시켜서 생각해본 적이 있니?

네. 이를테면 다친 동물들을 구조해서 치료하는 동물보호센터를 만든다든가요.

그럼 수의사가 될 생각이야?

아니요. 수의사가 되기보다는 동물보호단체를 만들어서 멤버로 일하고 싶어요. 다친 동물들을 치료하기보다는 찾으러 다니는 거죠. 이를테면 다친 상어들이 치료받을 수 있게 구조하는 거예요. 전 특히 바다에 사는 동물들에 관심이 많아요.

너의 꿈은?

이건 진짜 큰 꿈인데……. 세상 사람들 모두에게 지혜를 주는 현인이 되고 싶어요. 배우고 익히고 깨달아서 전 세계에서 고민하는 사람들이 찾아오면 적절한 해답을 주는 거예요.

예수나 석가모니처럼?

네.

─── 프랑스 공교육의 문제점은 공교육 시스템을 벗어난 두 아이의 증언을 통해 가늠해볼 수 있을 듯하다. 이지도르는 학교가 불공정하게 작동하자 그에 반기를 들고 다른 길을 찾았다. 비르질은 자신의 특성을 수용해주지 못하고 대부분의 시간을 따분하게 보내야 하는 수업을 견디지 못해 공립학교를 떠났다. 최근 들어 부쩍 대안학교들이 생겨나고 있는 현상도 프랑스의 공교육이 정체 상태에 봉착했음을 말해주고 있다.

다른 직업들에 비해 상대적으로 적고 인상폭도 낮은 교원들의 급여가 일단 그들의 사기를 한껏 위축시킨다. 10년째 정부는 긴축 재정의 방법을 찾고 있으며, 첫 번째 타깃은 가장 비대한 정부 재정을 차지하고 있는 교육부다. 학급을 줄이고 학교를 폐쇄하며 낙후 지역에 대한 추가 재정을 삭감한다.

비르질의 1, 2학년 때 교사는 그가 다른 아이들보다 빨리 문제를 풀면 또 다른 응용 문제들을 내주었다. 그래서 비르질은 지루하지 않게 수업을 따라가며 흥미롭게 학교생활을 했다. 에너지가 넘치는 교사들만이 수준 차이가 현격한 아이들의 특성을 고려하여 능동적으로 수업을 진행할 수 있다. 최소한의 의무만 수행하려는 교사에게는 기대할 수 없는 일이다. 점점 더 많은 교사들이 결근하고 지각하는 현상이 목격된다. 몸도 아프지만 때로는 마음이 아픈 경우도 있다. 두 가지는 동전의 양면처럼 함께 가는 현상이다.

프랑스에서는 어느 학교나 똑같은 지향점을 가진다는 사실이 그나마 다행이다. 혁명 세력이 세운 공화국의 지향점이 바로 학교의 지향점이다. 공화국은 시민이 주인 된 사회이며, 그들이 주인이 되기 위해서는 교육을 받고 비판적 사고를 하는 성숙한 시민들이 필요하다. 근대적 의미의 학교는 혁명과 함께 시민 양성의 사명을 가지고 태어났고 이 사명은 21세기에도 유효하다.

문제는 권위적 체계가 저항을 모르고 잠시만 지속되어도 이 근본적인 가치는 바로 배반당한다는 점이다. 권력은 저항 없이는 자제되는 법이 없기 때문이다. 교장의 권력을 교사들과 나누고 교사의 권력을 학생들과 나누려는 끊임없는 자의적 노력이 없다면 학교는 순식간에 감옥과 비슷한 곳이 된다. 아주 어린아이도 학교가 제대로 가고 있는지 아닌지를 금방 판단할 수 있다.

비르질은 1년간의 '존재-지식 학교'에서의 경험 후, 2018년 9월부턴 전에 다니던 공립 초등학교로 복귀하기로 결정했다. '존재-지식 학교'는 좋은 점도 많았지만, 아이들 각자의 자유와 서로의 영역에 대한 존중이라는 문제 사이에서 적절한 균형점을 찾아내지 못하는 것으로 비르질에게 비쳤다. 이번엔 좋은 선생님을 만날 수 있길 바라며, 비르질은 옛 친구들을 되찾을 수 있는 새 학년을 기다린다.

아이에게 줄 수 있는 최고의 선물은 시간과 사랑

테레즈 마그낭(Thérèse Magnan)
경력 30년의 초등학교 교사

교사 생활을 하신 지는 얼마나 되었나?

30년이 조금 넘었다. 처음에는 고등학교 스페인어 교사였다. 고등학교 교사는 2년 만에 그만두고 초등학교 교사가 되었다.

일반적으로 초등학교 교사보다 고등학교 교사를 선호할 것 같은데, 고등학교를 떠나서 초등학교 교사가 되신 이유는?

스페인어 교사를 하는 동안 채워지지 않는 욕구가 있었다. 한 반에 30명이니 일주일에 두 번, 50분 동안 모두가 스페인어를 한 번씩 말하는 것조차 불가능했다. 늘 전하고 싶은 것을 다 전하지 못한다는 아쉬움이 남았다.

그렇게 2년을 가르치고 나니, 내가 만족하지 못하는데 평생 교사 생활을 할 수 있을까 싶었다. 그래서 초등학교 교사가 되기로 마음먹었다. 초등학교 교사가 되면 1년 동안 한 학급을 맡아서 나의 교육철학대로 이끌 수 있을 것이란 생각이 들었기 때문이다.

다시 시험을 준비했다. 그런데 초등학교 교사가 나한테는 더욱 잘 맞는 선택이었다. 이후 30년 동안 초등학교 교사로 일했다. 2년 전부터는 유치원에서 교사로 일하고 있다. (3세부터 3년 과정으로 구성되는 유치원은 교육부 산하의 공식 교육과정으로서 여기서부터 프랑스의 공교육이 시작된다. 유치원 교사 양성 과정은 초등학교 교사 양성 과정과 같다.)

은퇴를 앞두고 아직 경험해보지 못한, 가장 어린 학생들을 맡아보고 싶은 마음에 유치원에서 교사로 일하고 있다.

교사로서 당신의 교육목표는 무엇인가?

어떤 아이도 길가에 버려지지 않게 하는 것이다. 한 사람의 낙오자 없이 모든 아이가 학교교육을 통해서 자신의 길을 찾고 그 길을 계속 가도록 도와주고 싶다.

다시 말하면 가정환경이 어떻든 아이가 인생에서 절망하지 않고 자기 길을 찾도록 교사가 도울 수 있다고 믿는 것인가?

아이 주변의 어떤 어른이든 아이를 도울 수 있다. 단 한 사람이라도 아이가 신뢰하고 의지할 수 있는 어른이 아이 주변에 있다면 아이는 인생의 낙오자가 되지 않을 것이다. 학교는 그러한 가능성 중 하나로 아이에게 주어진다.

지금 말씀하신 내용은 당신만의 교육목표인가 아니면 교육부의 목표이기도 한가?

나의 신념이고 목표인 동시에 교육부가 교사들에게 요구하는 것이기도 하다. 교육부가 그런 요구를 하고는 있지만 진행할 만한 환경은 갖춰주지 않는 게 문제다.

점점 학급당 학생 수가 늘어나는 것을 말하는가?

그렇다. 교육부의 이상은 우리 교사들과 다르지 않으나, 예산은 점점 줄어든다. 한 반에 30명일 때와 15명일 때 교사가 아이들에게 쏟을 수 있는 관심의 정도는 질적으로 달라질 수밖에 없다.

당신의 신념은 다른 동료 교사들의 신념이기도 한가? 다른 교사들도 학교가 절망에 빠져 있는 아이들이 자신의 길을 찾고 그 길을 계속 가도록 도와줄 수 있다고 믿는가?

우리가 항상 거기에 이르진 못하더라도 그럴 수 있다고 믿지 않는다면 교사라는 직업에서 어떤 의미를 찾겠는가. 대부분의 동료 교사들도 아이들을 돕기 위해 애쓰고 있다고 본다. 여전히 교사와 아이들의 관계는 신뢰에 기반을 두고 있고, 우리의 임무는 아이들 하나하나가 품고 있는 불씨가 꺼지지 않도록 잘 지켜보고 이끌어주는 것이다.

지금 나는 프랑스에서 세 번째로 소득이 높은 도시에서 교사를 하고 있다. 그런데 소득이 높은 부모들 역시 자신의 역할을 제대로 하지 못하는 경우가 많다. 대부분의 아이들은 보모와 함께 학교에 오고 집에 간다. 보모들은 아이들을 텔레비전 앞에 방치하는 경우가 많다. 부모와 아이가 접촉하고 대화할 시간이 하루에 1~2시간도 안 되는 경우가 대부분이다. 부모들은 더 많은 돈을 벌고 더 많은 사회적 관계를 유지하기 위해 집에 늦게 들어온다. 그들의 스케줄은 잦은 해외 출장, 사업적 만남들로 채워져 있다.

선생님이 말씀하신 부모들은 자신들이 아이들을 돌보지 않는 대신 외부의 인력을 집 안에 들이나?

그렇다. 보모가 아침저녁으로 아이를 돌보고 네이티브 스피커 가정교사가 영어를 따로 가르친다. 부자들의 자녀들이 오히려 일반 가정의 자녀들에 비해 형편없는 조건에서 자라고 있다는 것을 이번에 실감했다. 아이들이 부모를 접할 기회가 너무 적다.

수월성 교육에 대한 관심은 어떠한가? 한국은 영재교육에 대한 학부모의 관심이 높은 편이다.

프랑스에도 수월성 교육에 대한 관심이 없진 않다. 요즘 내가 교사로 일하는 학교는 최상류층들이 사는 동네에 있다 보니, 전에는 보지 못했던 특이한 일을 경험하게 된다. 이 동네의 상류층 부모들에게는 유행이 있다. 의사에게 아이를 데려가서 아이큐 테스트를 받게 하고는 이를 근거로 우리 아이가 탁월한 지적 능력이 있으니 월반을 해야 한다고 교사에게 주장하는 것이다. 물론 일반적이지 않지만 부유층 사이에서는 종종 있는 일이다.

아이큐 테스트를 근거로 월반을 요청하는 경우에는 어떻게 하나?

아이큐 테스트 결과를 보여주며 월반을 시켜달라는 요청을 한 번도 받아들인 적이 없다. 월반은 아이로부터 어린 시절을 1년 빼앗아가는 일이기 때문이다. 잃어버린 1년간의 어린 시절은 무엇으로도 채울 수가 없다. 아이의 지적 성장이 다른 아이보다 빠를 수는 있다. 하지만 그건 어느 반에나 있는 자연스러운 현상이다.

　언제나 뛰어난 아이, 평범한 아이, 좀 느린 아이가 있다. 그 나이에는 또래 아이들과 함께 나눠야 하는 경험들이 있다. 작은 아이가 큰 아이들 틈에서 생활하면 대개 정서적으로 힘들어한다. 아이가 다른 아이들과 지식을 습득하는 속도가 달라서 수업을 무료해 하고 괴로워하는 경우라면 월반이 유익하다. 아주 드물기는 하지만 그런 정도가 되면 교사의 눈에 띄지 않을 수가 없다. 그렇게 되면 학부모를 설득해서 월반을 제안한다. 그 아이와 학급의 나머지 아이들을 위한 선택이다.

그러나 최근 만난 학부모들의 경우에는 아이들이 전혀 요구하지 않고 현재 상황에 충분히 만족함에도 자기 자식의 수월성을 입증받고 싶다는 조급함에 월반을 요구하는 것이 대부분이다. 아무런 불편도 느끼지 않는 아이를 큰 아이들 사이에 끼워 넣으면 100퍼센트 불행해진다.

내 둘째 아이의 경우 (그녀는 세 아이의 엄마이기도 하다) 학교에서 2년 연속으로 월반을 제안했다. 그러나 나도 아이도 원하지 않았다. 아이가 다른 아이들보다 훨씬 빠르게 습득해서 아이에게 확장시킬 지적 영역이 필요하다면 새로운 것을 배우게 하자고 생각했다. 그래서 월반 대신 피아노를 배우게 했다.

나의 학생들도 마찬가지다. 특별히 총명한 아이가 있고 다양한 영역에서 그 총명함을 발휘할 수 있다면 아이에게 또 다른 활동 영역을 제안해주라고 학부모에게 말한다. 아이의 행복이 무엇보다 우선이다. 어떤 선택도 아이의 행복을 넘어서는 안 된다. 교사로서, 학부모로서 나와 나의 동료 교사들은 거의 같은 고민들을 가지고 있다. 하지만 결국은 모두가 이렇게 말한다. "그 아이가 행복하다면." 결국 행복이 모든 선택의 기준이다.

아이큐에 대해서 어떤 의견을 갖고 있나?

의사들이 테스트하는 것을 보면 분명 뭔가 특정한 지적 능력을 측정하는 것 같기는 하다. 그러나 사람의 능력에는 여러 가지 형태가 있고 지적 능력에도 다양한 카테고리가 있다. 아이큐는 그중 한 가지일 것이다. 그뿐이다. 그것이 아이의 생체 리듬을 깨버리고 속도를 단축하는 월반의 근거가 될 수는 없다고 본다.

초등학교 교육의 중점은 어디에 있는가?

프랑스어, 수학, 영어 순으로 중점을 둔다. 교육부는 학교 안에서 아이들이 가급적 모든 공부를 마치게 하라고 요구한다. 집에서 복습할 수는 있지만 시간이 걸리는 숙제는 금물이다. 특히 부모가 도와주어야 하는 어려운 과제, 이를테면 뭔가에 대해 조사하여 발표를 하는 숙제는 내주지 못하게 한다. 부모의 능력이 아이의 학습 능력과 성취를 좌우하는 일을 방지하기 위해서다.

아이들의 학업에 대해서도 수치화된 평가를 내릴 수 없다. 다만 한 명 한 명이 학교 수업을 잘 따라가는지, 어떤 부분에 흥미를 느끼고 어떤 부분이 미흡한지를 파악하여 그 점을 기록하고 학부모에게 전한다. 그런데 학부모들은 종종 자신의 아이가 전체 아이들 중에 어느 정도 수준인지를 알고 싶어 한다. 학교는 아이를 타인과의 경쟁 심리 속에 몰아넣을 수 있는 아이들 간의 서열화를 거부한다.

프랑스 학교에서 교장의 위치는 어떤 것인가?

초등학교에서 교장은 다른 교사들과 상하 관계가 아니다. 같은 동료 교사이기 때문에 교장이 교사들을 평가하지도 않는다. 다만 학교 전체에서 일어나는 일에 대한 최종 책임을 진다. 그리고 교사들, 시청의 교육 담당 공무원, 학부모 대표 등이 참석한 회의를 주재하고 교육청, 교사, 학부모, 학생의 관계를 조율하는 행정적 역할을 수행하기 때문에 약간의 수당을 더 받을 뿐이다.

교장 역할을 하면서 일부 수업을 맡는 경우도 종종 있다. 대부분의 교사가 교장을 맡지 않으려고 한다. 혜택보다는 책임이 크기 때문이다. 그리고 학교에서 진행하는 모든 프로그램이나 문제들에 대한 판단은 교장이 독단적으로 내리지 않는다. 교사들이 중심인 전체 운영 회의에서 논의하고 함께 결정한다.

그러나 중학교와 고등학교에서 교장과 교사의 관계에는 계급이 있다. 중학교와 고등학교 교장은 교사들의 수업을 평가하기 때문에 교사들에게 영향력을 행사할 수도 있다. 스페인에 사는 가족들 가운데 (그녀는 열한 살에 부모와 함께 프랑스로 이주한 스페인계 프랑스인이다) 에도 교사가 많은데, 거기는 또 다르다. 스페인에서는 교사들이 투표로 교사들 중에서 교장을 선임한다. 이 시스템은 교장이 교사들을 인격적으로 대하고 교사들의 의견을 경청하도록 돕는다.

30년 넘게 교사 생활을 하시면서 왕따를 종종 보셨는가?

물론이다. 언제나 리더 역할을 하는 애들이 있고 이를 따라가는 아이들이 있다. 그리고 소외된 아이들이 있다. 그중에는 놀림의 대상이 되는 아이들도 있다.

초등학생의 경우 신체적 특징이나 두드러지는 옷차림이 (놀림을 받는) 주된 요인이 된다. 한 아이가 그로 인해 힘들어하고 학교생활을 더 이상 즐거워하지 못한다면 나는 피해자 아이나 가해자 아이들을 지목하는 대신 우화나 동화를 들려준다. 비슷한 상황이 우리 교실에서도 진행되고 있음을 아이들이 깨닫게 한다. 그러면 누군가가 "마치 ○○가 ○○에게 하는 것처럼요" 하고 현실과 동화를 연결 짓는다. 거기서부터 토론이 이어지고 아이들은 그런 행동이 반복되어선 안 된다는 것을 깨닫는다. 이렇게 전체적으로 문제가 환기되면 당분간은 괴롭힘이 사그라진다.

그러나 언제든 왕따는 다시 시작될 수 있기에 문제가 불거지면 교사는 안테나를 켜고 유심히 아이들의 움직임을 살펴야 한다. 반에 따돌림이 있고 그로 인해 지속적으로 고통받는 아이가 있는데도 담임 교사가 그걸 보지 못한다고 말하는 것은 거짓말이다. 그들은 문제를 보고서도 해결할 에너지나 의지가 부족하여 별일 아니라고 눈을 감는 것뿐이다.

예를 들어 한 아이가 장난감, 구슬, 사탕 등을 친구들에게 나눠주며,

친구를 '사려고' 한다면 그 아이는 이미 심각한 희생자의 상태에 이른 것이다. 즉시 어른들이 개입하여 상태가 진전되지 않도록 해야 한다. 그 아이는 자기가 소중히 여기는 물건을 주고서라도 다른 아이들 틈에 끼고 싶은 것이다.

이럴 때, 학교 소속의 심리학자는 어떤 역할을 하나?

한 명의 심리학자가 두세 학교를 담당하기 때문에 그들이 문제를 발견할 수는 없다. 다만 문제가 커져서 학교와 학부모가 함께 머리를 맞대고 문제를 해결해야 할 때, 학부모나 학교가 자신들의 입장만 고수할 수가 있다. 이때 두 당사자로부터 한 걸음 떨어져 있는 제3의 전문가가 문제를 진단하고 해법을 제시하면 문제가 쉽게 풀릴 수 있다.

학교 소속 심리학자에게 아이를 상담하고 치료할 권한은 없다. 다만 아이가 심리적으로 어떤 상태인지를 진단하고 학교나 학부모에게 해법을 제시하거나 전문의와의 상담을 권할 수는 있다.

프랑스의 공교육은 문화적인 야외 수업을 자주 하는 것으로 유명하다. 야외 수업에서 어떤 의미를 찾으시나?

1년에 네다섯 번 정도 외부 수업을 한다. 고성에 가고 전시회나 공연을 보러 가기도 한다. 농장이나 미술 아틀리에는 물론이고 스페인, 영국 등 외국으로 나가기도 한다.

전시회에 아이들을 데려갈 때는 가급적 생존하는 작가의 전시를 보여주려고 하며, 그 작가와 아이들이 만날 수 있게 한다. 벽에 걸려 있는 저 작품은 누군가가 자신의 몸으로 직접 만들어낸 것임을 아이들에게 알려준다. 아이들은 작가의 존재에 탄성을 지르고, 작가 역시 아이들과의 만남에서 존재를 확인받는다. 서로에게 도움이 되는 만남이다.

이후 아이들과 작가가 아틀리에를 통해 함께 작업한다. 그 과정에서 아이들은 예술이라는 행위와 예술가라는 직업을 구체적으로 이해한다. 아이들은 세상의 모든 사물들, 책에서 보던 모든 사건들이 현실에서 어떤 식으로 구현되는지를 보고 그것이 어떤 사람들에겐 직업이 되기도 한다는 것을 배운다. 삶의 구체성을 체험하는 것이다.

농장에 가면 밀이 어떻게 자라는지, 어떻게 빵이 되는지를 본다. 우리 식탁에 오르는 우유가 소에게서 나온 젖이라는 사실을 눈으로 확인하고 소가 무엇을 먹는지도 본다. 교실 밖에서 수업을 하면 교실 안에서 책으로 접하는 지식과는 확연히 다른 가르침을 얻는다.

야외 수업에는 늘 위험이 따른다. 이동 과정에서 사고가 생겨도, 아이가 중간에 사라져도 전적으로 교사의 책임이다. 그래서 항상 몇 명의 학부모가 함께 아이들을 돌보며 이동한다. 야외 수업을 한번 진행하려면 여러 가지 번거로움이 따르지만 결코 포기할 수는 없다. 세상에 대한 아이들의 인식이 구체성과 깊이를 더해가는 모습을 눈으로 확인할 수 있기 때문이다.

초등학교에서 델레게(délégué, 학급 대표)의 역할은 무엇인가?

델레게의 주된 임무는 학생들의 요구를 수렴하여 학교나 교사에게 전달하는 것이다. 예를 들면 아이들의 화장실에 거울이 없었다. 거울을 설치해달라는 아이들의 요구가 수렴되었고 델레게들이 학교 측에 이 요구를 전달하여 거울이 설치되었다.

또 한번은 학교 화장실에 뜨거운 물이 나오지 않아 겨울에는 손을 씻기 힘들다는 불평이 나왔다. 이 또한 학교 운영회의에 전달되어 화장실에 뜨거운 물이 나오게 되었다.

교사들이 미처 생각하지 못한 불편함이나 학생들 사이의 갈등 혹은 교사들에 대한 불만 등을 학생들이 개별적으로 전하는 것이 아니라 학급 대표를 통해 전함으로써 학교가 그것을 수용하는 사례를 종종 보았다. 물론 그들의 역할이 무용지물이 되지 않게 하려면 학교가 아이들의 목소리에 귀 기울이고 약속은 반드시 지키려는 노력이 필요하다.

딸아이가 초등학교에 다닐 때였다. 쉬는 시간마다 남학생들이 학교 마당에서 축구를 하는 바람에 여학생들이 공간을 활용하기 힘들었다. 결국 학년 전체 회의를 통해 남학생들이 축구를 하는 날을 따로 정했다. 그러나 남학생들은 일주일도 지나지 않아 그 결정을 지키지 않았다. 하지만 어른들은 어떤 제재도 가하지 않아 아이가 크게 낙심했었다.

바로 그런 케이스다. 한번 회의에서 결정된 사항이라면 모든 사람이 그것을 지키기 위해 철저한 노력을 기울여야 한다. 그러지 않고 '자율적인' 혹은 '자유로운' 룰에 맡기자는 목소리가 힘을 얻기 시작하면 결국 힘센 자들이 모든 것을 차지하게 된다. 고학년 남학생들이 육체적으로 가장 위협적이기 때문에 그들이 원하는 대로 이뤄지게 된다. 바로 그럴 때 민주주의가 작동하게 하려면 경각심을 가진 교사나 학급 대표들이 나서서 문제를 초기에 바로잡아야 한다. 이 모든 것이 결국은 민주주의를 작동시키는 훈련이다. 결코 물러서선 안 된다.

30년간의 초등학교 교사 생활 끝에 지금 유치원 교사를 하고 계시다.

그렇다. 유치원 교사를 한 지 2년째다. 초등학교 교사와 유치원 교사는 같은 교육을 받고 똑같이 교육부 소속의 공무원이다. 초등학교의 모든 학년을 맡아보았고, 곧 정년을 앞두었기 때문에 유치원 교사도 경험해보고 싶어 자원했다.

유치원에서 주로 이뤄지는 교육은 무엇인가?

유치원에서는 언어교육을 포함한 자신의 생각과 느낌을 표현하는 교육이 주로 이뤄진다. 그리고 손 근육을 발달시키기 위한 공작 교실, 몸의 움직임을 발달시키기 위한 신체교육 등이 있다.

정확한 어휘로 표현하고 상황을 설명하도록 가르치는 일이 언어교육이다. 글을 쓰는 능력을 갖기 전에 먼저 자신의 생각을 정확한 언어로 표현하도록 아이들은 반복해서 배우며 점점 어휘를 늘려간다. 교사들은 사물뿐만 아니라 감정과 상황도 정확히 묘사할 수 있도록 돕는다. 예를 들어 아이가 "다리(pont)를 건너갔다"라고 말한다면 다리라는 단어를 배우고, 사진이나 그림을 통해 여러 형태의 다리를 살펴보며, 직접 그것을 그려본다.

고무찰흙을 이용해서 아이들이 습득한 어휘들을 직접 만들어보는 작업도 자주 한다. 동물들에 대해서 배우고 그 동물들이 어떻게 이동하는지를 직접 몸으로 표현해본다. 예를 들어 캥거루, 뱀, 토끼가 어떻게 이동하는지를 흉내 내면서 다양한 표현 방식도 익히고 신체를 다양하게 쓰는 훈련을 한다.

오랜 경력의 교사로서 학부모들에게 해주고 싶은 말이 있다면? 부모들이 아이들에게 해줄 수 있는 최고의 선물은 무엇인가?

시간과 사랑, 이 두 가지다.

부모들은 교육이 돈을 바탕으로 이뤄져서는 안 된다는 사실을 잊지 말아야 한다. 시간과 사랑은 결코 돈으로 대치되지 않는다. 아이들이 자신의 소명을 발견하고 인생에서 행복해지는 길을 찾도록 부모가 내어줄 수 있는 것은 오직 시간과 사랑뿐이다. 예를 들어 아이에게 재미있는 놀이 도구를 사주기만 하고 함께 놀아주지 않는다면 아무런 의미가 없다.

주중에 시간이 없다면 주말에라도 온 마음을 기울여 함께 아이와 소통하길 바란다. 아이와 운동을 하거나 실내에서 게임을 하는 것은 매우 유익한 방법이다. 그 과정에서 많은 대화를 나눌 수 있고 서로 소통의 방식을 이어갈 수 있다. 아침과 저녁에 함께 밥을 먹고 연극이나 영화 또는 전시를 보러 가라. 경험을 공유하고 의견을 나누는 일을 다른 사람이 대신하게 하거나 돈으로 해결하지 마라. 아이가 만개하기 위해서는 무엇보다 부모의 사랑이 필요하고 그 사랑은 질적으로 풍부한 시간을 보내는 것으로 표현된다.

흔히 질풍노도의 시기라 일컫는 사춘기에 이르러도 아이에 대한 부모의 태도는 일관되어야 한다고 보는가? 이때쯤 되면 아이와 조금 거리를 두어도 괜찮지 않은가?

난 고등학교와 초등학교 교사이기도 했지만 세 아이의 엄마이기도 하다. 늘 아이들의 말을 들으려고 했다. 아이들이 부모에게 보내는 모든 신호를 파악하며, 아이들이 기다리는 답을 주려고 애썼다. 서로에게 끊임없이 애정을 전하고 말과 제스처로 따뜻함을 표하며 아이의 고민을 들어주고 의견을 제시하는 일은 나이가 들어도 계속 필요하다.

어린 시절 아이는 부모를 영웅으로 생각한다. 내 부모는 뭐든 모르는 것이 없고 나의 모든 꿈을 실현해준다고 믿는다. 하지만 아이가 커가면서 부모에 대한 시선은 달라진다. 부모가 허점투성이의 평범한 어른일 뿐이라는 사실을 깨닫고 실망도 한다. 그러나 신뢰와 사랑으로 구축된 부모와 자식 사이라면 아이들이 청소년기에 이르러도 막말을 한다거나 부모를 무시하는 행동을 하지 않는다.

과도하게 사춘기를 앓는 아이는 부모의 부족했던 애정에 대해 신호를 보내는 것일 가능성이 높다. 그 모든 신호를 유심히 관찰하고 반응해야 한다.

행복한 인간으로 성장하기 위해서는 계속 행복을 유지하는 훈련이 필요하다. 선생으로서, 엄마로서 나의 결론은 언제나 한 가지다. 이 아이가 지금 행복한가. 이 아이가 계속 행복할 수 있도록 내가 무엇을 도와야 할까? 행복해지기 위해서는 평소에 늘 행복에 초점을 맞추며 살아야 한다. 부모와 교사는 그것을 도와주는 사람이다.

늑대가 개에게 말했다.
"넌, 그럼 네가 가고 싶은 곳으로
마음껏 달려갈 수가 없단 말이야?"
: 라퐁텐 :

3장

아이들을 움직이는 것은
바람이 아니라 햇볕

우월감이 사라진 자리에 들어차는 것

자잘한 꽃들이 만발한 붉은 전기밥솥 상자에 우리 집 삼남매의 상장이 담겨 있었다. 월말고사·중간고사·기말고사에서 받은 성적 우수상, 각종 임명장과 모범상, 백일장이나 사생대회 등에서 받은 상장들이 해마다 수북이 그 속에 쌓였다. 상장의 절반은 언니의 것이고 나머지 절반은 나의 것이었다. 언니는 동네에서 알아주는 수재였다. 난 언니만큼은 아니었지만 이런저런 재주로 상장을 받아오곤 했다.

남동생은 누나들과 달랐다. 왼손잡이였던 동생은 기계를 좋아하고 잘 만져서 아홉 살 무렵부터 온 동네의 고장 난 가전제품을 고쳤다. 초등학교 1학년 때 동생의 담임 선생님이 그의 남다름을 작정하고 고쳐놓으려 했다. 학교에서 왼손 사용이 금지되자 동생은 말을 더듬기 시작했다. 그런 말더듬은 5~6년 동안 지속되었다. 공포스러운 훈육의 시간 끝에 오른손으로 글을 쓰기에 이르렀지만 그 글씨는 아름답지도, 힘차지도 않았다. 타고난 기질을 부정당한 끝에 기어나오는 신음 소리처럼 동생의 글씨체는 가늘게 떨리고 있었다.

동생의 말더듬이 계속되었지만 누구도 오른손 글쓰기를 멈추게 할 생각은 하지 못했다. 이 두 가지 사실, 즉 오른손으로 글을 쓰는 고통스러운 훈련과 동생의 말더듬을 연결 지어 생각하게 된 것은 나 역시 어른이 되고 나서였다. 그 시절 우리는 기관이나 학교의 명령에 저항할 줄을 몰랐다.

초등학교부터 중고등학교까지 12년간, 매주 월요일 애국조회 시간이면 누군가 높은 단상에 올라가 상을 타고 나머지 아이들은 박수를 쳤다. 상을 받은 아이는 교장 선생님과 같은 높이에 서서 모든 아이들을 내려다보았다. 상의 의미는 정확히 다음과 같다. '넌 남들보다 높은 곳에 있다. 저 평범한 아이들을 굽어보거라.' 뛰어난 아이를 칭찬하고 높은 곳에 오르게 하여 아래에 있는 다른 아이들을 바라보게 하는 것은 앎에 대한 성취를 우월감으로 환치하는 순간이다. 바로 그 순간, 나머지 아이들은 열등감과 박탈감을 느낄 수 있다는 사실은 고려되지 않는다. 아니, 어쩌면 그것을 노리는 건지도 모른다.

칼리는 유치원과 초등학교를 졸업하고 2년째 중학교에 다니는 동안 단 한 번도 상장을 받아온 적이 없었다. 그 사실에 생각이 미치자 수북이 상자를 채웠던 그 상장들의 의미에 대해, 남들이 상장으로 상자를 채우는 동안 하나의 상장도 받지 못한 우리 집의 한 아이에 대해 생각하게 되었다.

10년 동안 칼리가 상장을 하나도 받지 않은 이유는 학교에서 전혀 상장을 주지 않기 때문. 누가 무엇을 가장 잘하는지를 끊임없이 테스트하여 그들의 다양한 능력을 서열화하지 않는다. 반별로 합창 연습을 해서 마지막에 발표를 할 뿐, 합창 대회를 하지 않고 무용 연습을, 판화 작업을 해서 발표하고 전시할 뿐, 경연을 하지 않는다. 학기 말에 누가 전교 일등을 할지 등에 아무도 관심이 없다. 등수를 매기지 않으니 알 수도 없는 노릇이다. 어떤 주제로 축제를 할지, 축제 때는 어떤 변장을 할지로 술렁일 뿐이다.

중학교에 와서도 등수가 없는 것은 마찬가지였다. 단, 좋은 성적을 거두면 성적표에 "축하합니다"라는 말이 붙었다. 중학교에 올라간 지 얼마 지나지 않아 아이는 이것이 자신의 노력이 이룬 하나의 '성취'를 의미한다는 사실을 알게 되었다.

이후 친구들끼리 "너도 '축하합니다' 받았니?"라고 물으며 가까운 친구의 성취를 알고, 은밀히 서로 축하하는 모습을 볼 수 있었다. 어느 순간 자신이 얻은 이 성취를 지속적으로 유지하려는 태도도 볼 수 있었다.

하지만 반의 우등생과 열등생을 공식화하는 과정은 없다. 성적은 철저히 개인적인 일로 간주된다. 최우수 성적이어서 박수를 받거나, 못한다고 벌을 받지 않는다. 어떤 성적을 받든 자신이 지난 학기 동안 노력한 결과일 뿐이다. 중학 시절부터 대학교까지 모든 평가는 절대평가로 이루어진다. 이 사실은 성적을 개인적인 일로 만들어버리는 중요한 메커니즘이다. 그것은 학업이 나 자신의 일이며, 자신의 선택이란 사실을 명료하게 인지시킨다.

유치원에서 중학교에 이르기까지 10년에 걸친 칼리의 학창 시절을 생각해본다. 수월성이 결정짓는 서열 속에서 우월감, 조바심, 질투, 경쟁, 더 높이 오르고자 하는 노력 혹은 오르지 못한 자괴감으로 아이도 나도 신경을 곤두세운 적이 없다.

그러나 내 학창 시절은 칼리와 달랐다. 초등학교 6학년부터 나는 시험 때만 되면 배가 아팠고 항문이 의자에 닿으면 자지러질 듯해서 필통을 깔고 앉아야 했다. 병원에 갈 필요는 없었다. 시험 스트레스 때문에 고통스럽다는 것을 나도 잘 알고 있었다. 시험이 끝나면 순식간에 사라지는 그 병은 시험에 초월한 자세를 획득하거나 이 모든 과정들로부터 떠나지 않는 한, 벗어날 수 없었다.

한 학년의 학생수가 1400명이나 되던 여중에 입학하고 나서는 현기증 나는 서열의 세계를 경험했다. 한 학년에 반이 20개, 한 반에 학생이 70명씩 있던 그 학교에서 시험을 볼 때마다 반 석차, 학년 석차뿐 아니라 반끼리의 석차까지 숫자로 받아들여야 했다. 1학년 12반 시절 우린 늘 꼴찌 반이었다. 그래서 "너희들 때문에 고개를 들 수 없다"는 담임 선생님의 모욕과 저주를 늘상 들어야 했다. 해를 거듭할수록 그 현기증을 더욱더 강도 높게 만들어 아이들을 옭아매는 방향으로 한국의 교육이 진화해오는 동안 프랑스 교육은 다른 길을 모색했다. 자율과 자유 그리고 타인이 아닌 자신과의 경쟁.

프랑스의 초·중·고교에는 아이들의 신체에 관한 어떤 규율도 없다. 교복도 없고, 금지하는 복장도 없다. 두발 자유에 대해서도 무한히 열려 있다. 흡연은 금지되지만 그것은 학생에게 적용되는 규정이 아니라 모든 실내 건물에 동일하게 적용되는 사항이다. 담배를 피우는지 알아내기 위해 소지품 검사를 하는 일은 없다. 학교 밖에서 피우는 것에 대해선 길 가다 교사가 마주친다 해도 간여하지 않는다. 중학교 고학년이 되면 아이들은 자유롭게 연애를 시작한다. 학교 근처에서 서로 자연스럽게 애정 표현을 하는 아이들을 쉽게 만날 수 있다. 미성년자들이 필요로 하는 경우 약국에서는 언제나 무상으로 사후피임약을 제공해야 한다.

이들은 아이들에게 자유를 허락하는 대신 자율을 요구한다. 너의 인생은 다른 누구의 것도 아닌 너의 것이다. 그러니 스스로 선택하되, 그 선택에 책임을 져라. 프랑스 아이들이 고교 시절부터 집회에 나서고 시시때때로 전국 단위의 파업을 조직하며, 주저 없이 사회적 투쟁의 최전선에 나서는 이유가 바로 거기 있다.

아이를 위해 머리를 맞댄 교사와 학부모

5년간의 초등학교 생활을 마치고 아이는 샤를마뉴 중학교에 입학했다. 9월 초에 시작된 학기가 4개월쯤 지난, 1월 초경에 학교는 교사와 학부모가 아이들의 학교생활에 대해 상의할 수 있는 자리를 마련해주었다.

오후 5시부터 학교를 찾은 두 반의 학부모들은 각 과목 교사들의 교실을 돌아다니며 개별 상담을 진행한다(각 학년에는 네 반이 있고, 두 반씩 쪼개어 상담이 진행된다). 물론 각자 상담을 원하는 교사들에 한하여 진행된다. 학교를 찾은 학부모는 엄마와 아빠가 절반씩이다. 아이가 유치원 시절부터 중학교에 이르기까지 학교에 보내는 동안, 매번 볼 때마다 가슴에 반응을 가져오는 장면, 바로 절반에 이르는 아빠들의 참여다. 5시에 시작하는 학부모 회의에 참석하려면 시간을 자유롭게 사용할 수 있는 직업이거나 직장에서 조퇴를 해야 한다. 즉 엄마든 아빠든 학부모 회의에 참가하기 위해 어렵지 않게 조퇴를 할 수 있으며, 아빠들이 아내에게 일방적으로 희생을 강요하지는 않는다는 사실을 확인할 수 있다.

프랑스 학교들은 규모가 작다. 칼리가 다니는 중학교가 여태껏 다니던 학교 중에 가장 규모가 큰 편에 속한다. 초등학교 1학년 때 다니던 학교는 학년에 반이 하나씩이었다. 2학년 때부터 다닌 생메리 초등학교는 학년당 세 반이 있었고 지금 다니는 중학교는 학년당 반이 네 개다.

시골 벽지도 아닌, 파리 한복판의 학교가 이토록 규모가 작은 이유는 수세기 전에 지은 건물들을 지금도 그대로 사용하면서 학교의 규모를 늘리지 않은 탓이다. 우리처럼 학교에 커다란 운동장이 있는 대신, 학교 건물 안쪽에 마당과 체육관이 있는 아담한 사이즈다. 겉에서 보면 특별히 이 건물이 학교인지 아닌지 잘 구분되지 않는 경우가 많다.

10여 명의 교사들을 만나기 위해 각각의 교실 앞에 줄지어 기다리다가 10~15분 정도씩 상담을 하고 나온다. 가장 많은 학부모들이 만남을 청하는 이는 프랑스어 교사이고, 그다음이 수학교사다. 이 나라 교육이 각 과목에 부여하는 중요도의 순서 그대로다. 프랑스어 교사는 교실 앞에 종이를 붙여서 대기자 명단을 작성하게 했다. 부모들이 순서대로 대기자 명단에 자신들의 이름을 기입한다. 35번까지 있었다. 칼리 아빠와 나는 14번, 2시간이나 기다린 후에야 그를 만날 수 있었다.

프랑스어 교사를 만나기 위해 기다리는 동안 영어, 수학, 물리/화학(물리와 화학은 지리/역사와 마찬가지로 한 선생님이 가르치는 하나의 과목이다) 교사를 먼저 만나 상담했다. 아이가 가져오는 성적표 혹은 각각의 수업에 대한 아이의 품평을 통해 수업에서 무엇을 가르치려는지, 교사들이 어떤 태도를 갖는지를 대략 파악하고 있었다. 이 상담 시간은 교사들이 파악하는 아이들의 장단점과 집에서 뒷받침해주기를 바라는 부분들을 부모에게 전달하고, 부모도 교사에게 하고 싶은 이야기들을 전하기 위한 것이다.

칼리에 대해 교사들은 엇비슷한 평가를 했다. 진지하게 수업에 임하고 과제를 할 때면 완벽주의자의 태도가 보인다. 그러다 보니 간혹 과제를 마치기까지 시간이 오래 걸리는 부작용이 있다. 사고방식이 창의적이고 따스한 인간미가 있다. 누군가 부당한 대우를 받으면 앞장서서 대변하고자 하는 태도가 종종 엿보인다. 수업 시간에 적극적으로 발표하고 질문하기보다 조용하게 몰두하는 타입. 과제에 관련 삽화를 함께 곁들이는 칼리의 방식이 교사들에게 글보다 더 많은 말을 건넨다. 칼리의 과제를 채점할 때면 아이의 마음을 더 자세히 들여다보게 되고, 동료 교사들에게 보여주기도 하면서 함께 웃음 짓곤 한다.

아이의 학습 태도나 학업 성취도에 대한 이해를 넘어서 아이의 성품이나 고유한 특징에 대해서까지 각 과목 교사들이 파악하고 있다는 것이 재미있었다. 교사들에게 아이들은 직업적인 가르침의 대상일 뿐 아니라 한 사람 한 사람 마음을 건네는 소중한 인격체임을 확인한다. 배움과 가르침은 서로의 인격을 존중하는 관계에서만 이뤄질 수 있는 것. 내 마음 한 조각 건네지 않으면 상대방의 마음도 들여다볼 수 없으니까.

선생님 네 분을 만나 10분씩 이야기를 나눴을 뿐인데 면담을 마치고 나니 교사들과 함께 촘촘한 그물이라도 짠 기분이었다. 교사와 학부모 사이에 아이에 대한 이해의 폭이 한 뼘 더 촘촘해지면서 신뢰도 그만큼 두터워진다. 선생님과 학부모가 마주하고 공유한 아이에 대한 이해의 폭 덕분에 아이들은 한결 편해질 것이다. 문제가 생긴 이후에 선생님을 찾아가 상담을 청하기보다 모든 학부모가 함께 학교에 초대되어 각자 만나고 싶었던 선생님과 이야기를 나누면 단체로 정기 건강검진을 받는 것과 비슷한 효과도 생기리라 본다.

학교나 교사들 입장에서 보면 상당히 번거로운 일이 분명하다. 그래도 매년 교사와 학부모 상담을 실천하는 모습을 보며 프랑스 학교가 자신들의 행정 편의보다 아이들의 이해를 중심에 둔다는 원칙을 지키고 있음을 확인할 수 있다. 만남은 이해를 낳고 이해는 신뢰를 가져오며 신뢰는 아이들이 씽씽 달릴 수 있는 평화로운 벌판을 선사한다.

우리 반에 왕따가 있었어

칼리가 중학교 2학년 1학기를 마칠 무렵이었다. 어느 날 칼리는 초주검이 되어서 집에 돌아왔다. 좀처럼 볼 수 없는 절망의 낯빛이다.

"왜 그래 칼리야?"

"엄마, 우리 반에 왕따가 있었대. 그런데 난 그것 전혀 알지 못했어."

"그런데 그걸 어떻게 알게 되었어?"

"아침에 교장 선생님이 우리 반에 들어오셨어. 어제 규율위원회가 열렸고, 네 명의 아이들이 한 아이를 괴롭힌 게 밝혀졌나 봐. 교장 선생님도 자기가 어렸을 때, 친구들로부터 왕따를 당한 일이 있었대. 40년 전이지만 그 상처가 아직까지도 깊게 남아 있다고 하셨어. 왕따는 심각한 범죄라고 말했어."

　나 역시 놀란 건 마찬가지였다. 불과 2주 전에 칼리네 반에선 인근 경찰서의 여자 경찰이 시민윤리 시간에 초빙되어 학교 인근에서 발생하는 여러 가지 종류의 범죄(소매치기, 성추행 등)에 대해 이야기해주고, 학교 내에서 발생할 수 있는 폭력이나 왕따에 대해서도 자세히 이야기를 했다는 것이다. 그것이 잘못하면 학생들의 자살로도 이어질 수 있으니 반 아이들이 서로 어떤 아이가 남몰래 고통을 받고 있지 않은지 잘 살피면, 최악의 사태가 발생하는 걸 막을 수 있다며 상세히 충고했다고 한다. 만일 유사한 사태가 발생하면 어디로 신고를 해야 하며 그 결과는 어떻게 될 거라는 것까지……. 그러나 칼리 말에 따르면 바로 그 교육이 이뤄지고 있던 순간에도 왕따가 진행 중이었고, 가해자들은 가책을 느끼지 않고 가해를 지속하고 있었던 것. 어쩌면 이 사건이 학교 규율위에 회부된 것은 피해자 아이가 수업을 듣고, 내가 바로 저러한 사례라는 걸 인지하고 용기를 내어서 진행된 일일 수도 있다. 그러나 거기까진 자세히 알려지지 않았다.

　프랑스도 3~4년 전부터 각 교육청 내에 일주일 내내 신고 및 상담이 가능한 직통 전화를 설치하고 학교 왕따 퇴치에 나선 터라, 적지 않은 사례들이 발생한다는 것을 알고 있었다. 그러나 중학교에 온 이후로 한 번도 일어나지 않았던 일이었다.

칼리가 특히나 절망했던 대목은 급우 중 하나가 그토록 고통을 당하고 있던 사실을 자신은 까맣게 몰랐다는 것. 네 명의 가해자와 한 명의 피해자는 겉으로 보기엔 늘 어울려 노는 친한 친구들 같았다는 것이다. 네 명의 가해자 중에 주동자가 한 명 있었고 세 명은 가담자였던 모양인데, 그 아이들은 사실 평소에 지극히 평범한 아이들이었다고 한다. 악의 평범성에 칼리는 몸을 떨었다. 평소 친하게 지내던 이 아이들은 어느 날 한 아이를 따돌리기 시작했고 그 한 명의 아이를 향해 사이버상에서 험담을 하는 등, 공격을 가했다고 한다. 최근 몇 주 동안 일어난 일이었다. 키도 크고 금발인데다가 얼굴도 예쁜 편인 아이가 피해자였고, 작고 왜소한 몸에 불안한 눈빛을 가진 소녀가 주동자였다. 교장 선생님이 이 사건에 대해 아이들 앞에서 말하는 동안 호명된 네 명의 아이 중 한 명만 무너져내리며 훌쩍거렸고, 나머지 세 명은 멀쩡한 자세로 듣고만 있었다고……

네 아이는 사흘간 정학을 받았다. 두 번에 걸쳐서 같은 혐의로 학교 규율위원회에 회부되어 왕따 혐의가 인정되면 자동 퇴학이다. 교장은 이 원칙에 어떤 관용도 없을 것임을 다시 한 번 아이들에게 강조했다.

　　교실 내 왕따 사건이라는 충격 바로 뒤엔 2주간의 방학이 있었고, 개학 후 다시 맞이한 시민윤리 시간에 아이들은 왕따에 대한 역할극을 하게 되었다. 교사는 왕따가 발생하는 사례들을 몇 가지 들려주고, 세 아이씩 짝을 지어 앉아 왕따 사건에 대한 시나리오를 쓴다. 그리고 다음 시간에 각 조별로 그들이 쓴 시나리오대로 급우들 앞에서 연기를 펼쳐보이는 것이다. 세 명의 아이는 각각 가해자, 피해자, 중재자의 역할을 맡았다. 하필이면 왕따 주동자가 칼리와 한 조가 되었고, 그 아이에게는 피해자의 역할이 맡겨졌다. 작고 혼혈아여서 피부색이 까무잡잡한 그 아이의 신체적 특징을 들어 가해자 역할을 하는 아이가 그 아이를 괴롭히는 시나리오를 세 명의 아이들은 머리를 맞대고 썼다. 칼리가 맡은 역은 중재자 역할이었다. 가해자로 정학을 받았던 아이는 피해자 연기를 하며 자신의 괴로움을 칼리에게 호소했고, 칼리는 두 아이를 대질하여 가해자의 잘못을 확인하고, 피해자에 대한 사과를 받아냈다. 칼리의 말에 따르면 피해자 연기를 했던, 불과 몇 주 전 실제 가해자였던 아이는 매우 실감나게 피해자로서 겪는 고통을 호소했다고 한다. 눈물까지 흘리며.

그 아이를 학교에 갔다가 우연히 보았을 때, 아이의 얼굴에 드리워진 싸늘한 그늘을 보았다. 그 아이가 가해자가 되었던 것은 어쩌면 자신이 과거에 피해자였기 때문이 아닐까라는 생각이 문득 스쳤다. 다행히도 곪아터지기 전에 빨리 발견되었고, 아이는 고통을 주는 일을 멈출 수 있었다.

칼리가 초등학교 때에도 주변에 학교 왕따 사건이 있는 걸 보았다. 왕따를 당했던 아이가 자신과 비슷한 프로필을 가진 새로운 피해자를 찾아내어 받은 대로 똑같이 그 아이에게 행하는 경우였다. 가해자 아이가 계속 돌을 던지는 걸 막을 수 있었던 사람은 피해자의 엄마였다. 그 엄마는 가해자 아이에게 조용히 다가가 자신의 아들이 매일 밤마다 집에서 울며 하는 이야기를 들려주었다. 가해자 아이는 그 이야기를 조용히 듣고 있다가 그것은 바로 1년 전 자신의 모습임을 알았다. 자기도 모르게 스스로가 증오했던 악마의 모습을 반복하고 있다는 것을 그 순간 깨달았던 것이다. 아이는 그날로 괴롭힘을 멈췄다. 왕따 사건이 생겨나는 것. 그것을 멈추지 못하는 것, 그로 인해 치명적 사건이 발생하는 것은 결국 모두 어른들의 잘못이다.

학교 왕따 사건이 일어나면 피해를 입는 것은 직접적 피해자와 방관자, 가해자 즉 아이들 전체다. 다행히도 그 역할극이 효과가 있었는지 아이들 사이의 서먹함은 아물었고, 아이들은 다시 서로 편해졌다. 만화영화 〈키리쿠, 키리쿠〉에서 마녀 카라바가 마을 사람들을 괴롭혔던 것은 등 뒤에 가시가 박혀 있기 때문이었고, 카라바의 등에 박혀 있던 가시가 빠지자 그녀는 아름답고 선한 본래의 모습을 되찾았다. 왕따 사건과 비슷한 일을 목격할 때마다 칼리와 칼리 부모는 만화영화 〈키리쿠, 키리쿠〉의 교훈을 함께 떠올린다. 결국 가장 완전한 해법은 마녀 카라바를 무찌르고 벌하는 것이 아니라 그의 등에 꽂힌 가시를 빼주는 것이라는 사실. 교사와 급우들이 함께 그 누군가 등에 꽂힌 가시 때문에 괴로워하고 있지는 않은지 함께 따뜻한 시선으로 서로를 보듬는 태도가 가장 중요하다는 것을.

교과목의 크로스오버

어느 날 칼리가 방에서 괴상한 소리를 질러댔다. 원시의 인간들이 제의를 지내며 혼령을 부르는 소리 같기도 하고, 동물과 소통하기 위해 내는 신호음 같기도 했다. 오선지에 그려질 수 있는 문명의 음악이 아닌, 낯선 원시의 소리였다. 아이는 열 가지 정도의 소리를 이어서 냈다. 무슨 소리냐고 물었더니 음악 시간에 배운 소리란다. 다음 날 이 소리를 내는 시험을 본단다. 단순히 목청으로만 내는 소리가 아니었다. 평상시와 다른 크기와 모양으로 입을 벌리고, 마치 하나의 악기처럼 몸을 울려 소리를 몸 밖으로 내보내야 했다.

어떤 과정으로 배웠는지 물었다. 음악 교사가 소리를 먼저 들려주고, 아이들에게 그림으로 형상화하게 했단다. 오선지에 그릴 수 없는 소리들을 각자의 인상대로 그리게 함으로써 각자가 생각하는 이미지를 통해 소리를 연상하게 하려는 의도다. 각각의 소리에서 받은 인상은 그림을 통해 더욱 풍성하고 선명해진다. 다음 단계에서 아이들이 형상화한 소리를 내도록 훈련시켰다. 이 수업은 인류학적인 소리의 체험인가? 아니면 전위적인 현대음악에 대한 중학생 방식의 도전인가?

칼리는 음악 수업을 통해 우리에게 익숙한 화음만이 '음악'이 아니라는 것을 배운다. 정형화된 악기만 음악을 만드는 것이 아니다. 곱고 매끄러운 소리 바깥의 음악을 배우면서 아이들은 자신들의 세계를 확장시킨다.

낯선 소리를 통해 음악의 세계를 넓혀가는 법을 배우는가 하면 프랑스에서 한 시대를 풍미한 대중 가수들(조니 알리데, 프랑스 갈)의 음악을 배울 때도 있다. 유명한 대중 가수들이 연이어 사망하자 음악 수업에서 그들의 음악적 성향과 프랑스 대중음악사에 미친 영향에 대해 이야기해준다. 또한 그들의 대표작을 함께 듣고 따라 불러보는 시간을 갖기도 했다. 아카데믹한 음악과 일상의 음악 사이의 경계는 이렇게 전방위로 허물어지며, 수업은 교과서 안에서만 이뤄지지 않는다.

물리 교사는 스티븐 호킹 박사가 죽었을 때 수업을 호킹 박사에 대한 시간으로 보냈다. 물리 교사는 호킹 박사의 루게릭병과

과학사적 업적을 설명하고 그가 뉴턴, 다윈과 함께 웨스트민스터 사원에 잠들 거라는 이야기를 해주었다. 또한 그에 관한 비디오도 잠시 보여주었다고 한다.

호킹 박사는 20대 이후 루게릭병이 발병하면서 의사에게서 5년밖에 살지 못한다는 말을 들었다. 가혹한 병을 겪으면서도 호킹의 뇌만은 멀쩡하게 돌아갔고 덕분에 그는 50년 넘게 연구를 지속하다가 세상을 떠났다는 이야기. 그가 안면 근육을 움직여서 의사소통을 했다는 이야기가 아이에게 깊은 인상을 남겼다.

과학의 이기(利器)들을 통해 장애를 극복한 과학자의 인생과 업적을 들려주는 동안 휴먼 스토리와 과학이 만나고, 기술과 역사가 만난다. 아이는 그날 집에 돌아와 호킹 박사의 생을 담은 영상 자료들을 샅샅이 찾아보다가 인류의 삶을 변화시킨 위대한 과학자와 발명가들의 삶과 업적을 보여주는 시리즈를 유튜브에서 발견했다. 그러고는 몇 주 동안 과학자 삼매경에 빠졌다.

미술 교사는 아이들을 두 명씩 짝짓고 짧은 추리소설을 쓰게 했다. 그리고 그 소설을 바탕으로 16컷의 만화를 그리는 과제를 내주었다. 소설 쓰기도, 만화 그리기도 모두 공동 작업이다. 칼리는 친구 '잔'과 한 팀이 되어 스토리를 짜고 2주 동안 함께 만화를 그렸다.

때로는 폭넓게 해석 가능한 추상적인 주제를 던져주고 그림 도구를 특정하여 그림을 완성하게 한다. 이를테면 '어둠 속의 움직임'이란 주제를 주고 A4 종이에 연필로만 그림을 그리게 한다. 그림이 완성되면 어떤 상황인지 설명을 하게 한다.

미술교육은 그림을 그리는 테크닉에서 그치지 않고, 주어진 화두로 일정한 서사를 만들고 시각적으로 표현하는 과정으로까지 미술교육의 영역이 확장된다.

영어 선생님은 종종 시사적인 내용의 동영상을 보여준다. 이를테면 로힝야족이 모여 사는 난민 캠프에서 인도주의 활동을 하는 청년들의 유튜브 채널을 찾아보게 한다. 그리고 그 내용을 요약하는 것이 숙제가 된다. 영국 지폐에 등장하는 인물들을 찾아보고 그들의 업적을 알아보기도 한다.

영어는 입시에서 중요한 과목이기 때문이 아니라 세상을 폭넓게 이해하기 위한 유용한 도구로서 다뤄진다. 영어를 같은 유럽권의 중요한 문화적 자산으로 배우고 익히는 것이다.

지구촌의 사건들, 역사적 인물들, 영어권 국가들의 도시 탐구가 영어 공부에 폭넓게 이용된다. 각자 미국 대통령 한 명을 정하고 그의 입장이 되어 백악관의 하루를 적어보고 그것을 암기하여 대통령처럼 말하는 과제도 있었다. 케네디, 오바마, 루스벨트 등이 등장했고, 현 대통령 트럼프의 입장에서 하루를 기술한 아이도 있었다. 자신이 선택한 대통령의 업적들을 살펴보면서 그 의미를 공부하고 잠시나마 대통령의 입장에 서볼 수 있게 하는 것이다.

〈아서왕 이야기〉 같은 켈트족의 전설이나, 셰익스피어의 희곡도 아이들이 접하는 영어 텍스트들이다. 중학생 과정에 맞춘 〈한여름 밤의 꿈〉을 함께 읽고, 한 단락씩 외워 연극을 해보기도 한다. 앵글로색슨족의 문명과 문학의 뿌리를 더듬어가는 것도 영어 과목이 다루는 중요한 영역이다.

칼리의 영어 교사는 젊은 일본인 여성이지만 10대 시절 영어권에서 살았다. 현재는 아르메니아인 남편과 함께 파리에 살며 영어를 가르친다. 동서양의 다양한 언어를 구사하는 그녀에게 영어 수업은 전방위의 다양한 매체와 방식이 총동원되는 전위적인 학습의 장이다. 그녀는 때로 영어로 이야기를 들려주고 네 컷짜리 만화로 표현하게 하는 문제를 시험에 출제하기도 하고, 미래에 등장할 상상 속의 기계를 영어로 길게 설명하고, 그 지문에 등장한 기계를 그림으로 표현하도록 시키기도 한다. 당최 영어 시간인지 미술 시간인지! 하루 종일 공책 모퉁이에 그림을 그리는 칼리 같은 아이에게는 식은 죽 먹기지만 모든 아이들에게 그런 것은 아니다. 그렇다고 문제를 제기하는 아이는 없다. 이들에게 크로스오버는 일상이므로.

이름으로 보아 아랍계지만 여기저기 두루 걸쳐 사는 자유인인 듯한 인상의 남자 교사가 이끄는 지리/역사 시간도 남다르다. 한 번은 가상의 마다가스카르 여행을 숙제로 내준 적이 있다. 네 명씩 조를 짜서 정해진 예산으로 일주일간의 여행 계획을 세운다. 나날의 일정을 사진과 글로 설명하는 것이 아이들에게 주어진 과제다. 어떻게 이동할지, 어떻게 숙박비를 아낄지, 각 지역에 어떤 볼거리가 있는지, 어떻게 동선을 짜야 여행을 최대한 즐길 수 있는지, 아이들 스스로 고민하게 한다.

한번도 세계사의 중심이었던 적이 없는 아프리카의 섬나라 마다가스카르에 대해 집중적으로 탐구하면서 그 나라의 구석구석에 남겨진 역사 유적을 찾는다. 그리고 마다가스카르에서는 어떤 만남을 통해 풍성한 경험을 가질 수 있을지 아이들이 함께 고민하게 한다. 지리 수업인 동시에 여행에 대한 수업이고, 인류학적 관점에서 세상을 거꾸로 바라보게 하는 수업이다.

사람들이 버리는 일회용 비닐봉지로 지구가 오염된 상황을 상세히 알려주고는 세계 여러 나라들이 어떤 방식으로 이 문제를 해결하는지 영상으로 보여준다. 그다음 조를 짜서 오염을 해결하는 가장 효과적이고 '기발한' 방법을 서로 논의하여 결과를 발표하게 한다. 아이들은 각 조가 제시한 방법이 어떤 장점과 한계를 갖는지를 찾아낸 다음 칭찬도 하고 반박도 한다. 칼리는 바다에 너무 많은 비닐봉지들이 떠다녀서 이를 모두 모으면 오스트레일리아만큼 커다란 섬이 만들어질 거라고 우리에게 늘 이야기한다.

프랑스어 시간에는 연극과 오페라, 소설과 희곡들이 만난다. 공연장에서 공연을 관람하면서 수업 시간에 읽은 희곡이나 소설이 연출가에 의해 어떤 방식으로 재해석되고 변형되었는지, 공연에서 어떤 느낌을 받았는지를 서로 토론한다. 희곡의 일부분을 연기로 재현해보는 수업도 이루어진다. 이때 아이들은 대사를 외워야 할 뿐만 아니라 제대로 된 발성과 호흡, 그리고 제스처를 보여줘야 한다. 칼리는 아빠로부터 연기와 발성 코치를 받아가며 〈시라노〉의 한 대목을 사흘 밤낮 연습한 후에 연기를 했다. 문학과 연극이 밀착된 관계 속에서 프랑스어 수업이 진행된다.

그리고 두 달에 한 번씩 열리는 '문학 카페!' 문학에 대한 사랑을 아이들에게 전하는 것을 사명으로 정한 프랑스어 교사가 만든 매력적인 프로젝트다. 방학 전 마지막 금요일 수업이 있는 아침이면 아이는 나에게 마들렌 30개를 구워달라고 한다.

'문학 카페'에서는 매번 예닐곱 명 정도가 친구들에게 꼭 권하고 싶은 책을 발표한다. 최대한 다른 아이들이 읽고 싶어 할 만한 책을 소개해야 한다. 그 시간이 '문학 카페'인 이유는 아이들이 소개하는 책과 그들이 나눌 책에 대한 사랑뿐만이 아니라 따끈한 코코아와 마들렌이 함께하기 때문이다.

마르셀 프루스트의 《잃어버린 시간을 찾아서》에 마들렌을 통해 어린 시절에 대한 회상으로 달콤하게 미끄러져 들어가는 장면이 등장한 이후, 마들렌은 프랑스에서 가장 문학적인 케이크라는 영광스러운 자리를 획득했다. 칼리의 프랑스어 선생님은 분명 이 시간을 통해 코코아 향기와 문학에 대한 애정, 갓 구워낸 마들렌의 달콤함을 아이들 가슴에 전하고자 했을 것이다.

한국에서 나고 자란 엄마가 보기에 가장 놀라운 과목은 시민윤리다. 시민윤리는 격주로 1시간씩 진행된다. 프랑스의 시민윤리는 국민윤리와 철학을 더해 저명한 철학자들의 사상을 습득하는 한국식의 국민윤리와는 매우 다르다. 일단 이 수업은 시험을 보지 않는다. 아무것도 암기하지 않아도 되고 숙제도 없다. 다만 아이들은 더불어 살아가기 위한 덕목들을 '몸소' 익힌다.

상황극이나 토론, 혹은 외부 강사 등이 초청되어 수업이 이뤄진다. 예를 들면 앞서 말했던 학교 왕따라든가, 인종 차별, 성평등, 동성애 등에 관한 문제들을 다양하게 상황극으로 간접 체험하게 한다. 먼저 관련된 자료들을 영상으로 보여주거나 선생님이 이야기를 통해 어떤 사례들이 있는지 소개해주고, 아이들로 하여금 소개해준 자료들로부터 영감을 받아 각 그룹에서 함께 시나리오를 써보게 한 후, 다음번 시간엔 그것을 직접 배우처럼 연기해 보는 방식이다. 때론 논리 훈련이 이뤄지기도 한다. 찬반의 논란이 있는 주제를 가지고 찬성 그룹과 반대 그룹으로 나뉘어 아이들은 논리 대결을 펼친다.

흡연 찬성자와 반대자로 그룹을 만들고 각자 흡연의 이유와 금연의 이유를 가지고 논쟁을 벌인다. "한 번뿐인 인생이잖아. 뭐든 한번은 해보고 죽어야지?"라고 흡연 찬성자가 주장한다. 그러면 "그래 맞아. 한 번뿐인 소중한 내 인생이야. 귀한 인생을 몸에 안 좋은 일들을 하면서 망치고 싶지 않아"라고 흡연 반대자가 맞받아친다. 거기서 계속 받아치지 못하면 게임은 끝난다.

교사는 다양한 사안들에 대해 아이들이 어떤 대답을 해야 하는지 알려주지 않는다. 단지 현재의 상황을 묘사한 후 아이들 스스로 역할극이나 토론을 통해 논리를 구성하며 답을 찾도록 돕는다. 그러다 보면 항상 그럴듯한 답이 찾아질 뿐 아니라 한동안 그 주제가 머리를 맴돌며 계속 질문을 하게 한다.

담배를 둘러싼 논쟁이 펼쳐지던 날이었다. 한 아이가 다른 아이를 논리로 이기기 위해 인종차별적인 발언을 했다고 한다. 인종차별적인 발언을 꺼낸 라파엘은 베트남 출신의 아이였다. 그 말을 들은 리자는 아프리카계가 섞인 혼혈 아이였다. 라파엘은 친구(리자)의 피부색과 담배를 연결 지어 모욕적인 발언을 했던 것이다.

순간 반 공기가 얼어붙었다. 수업이 끝나자 여러 아이들이 라파엘에게 "너 아까 했던 말이 무슨 의미인 줄은 알아?"라고 물었다. 말수가 적고 쉬는 시간에도 있는 듯 없는 듯했던 라파엘이 인종차별적인 발언을 했기 때문에 아이들은 진의를 알고 싶어 했다. 결국 아이들은 라파엘이 어른들이 쓰는 말을 주워듣고 명확하지 않게 사용했다는 결론을 얻었다. 라파엘은 "널 비하할 생각은 없었어. 미안해"라고 사과했고 리자는 라파엘을 미워하지 않을 수 있었다. 아이들은 라파엘의 발언을 문제 삼지 않고 남의 일로 여기며 그냥 넘어갈 수도 있었다. 아니면 라파엘에게 다짜고짜 면박을 줄 수도 있었다. 시민윤리 시간에 발생한 작은 갈등은 잘 훈련된 성숙한 시민윤리 의식을 통해 놀랍도록 현명한 해결책에 도달한 셈이었다.

칼리는 시민윤리 시간을 좋아한다. 일상과 가장 밀접한 과목인데다 아이들이 서로의 생각을 가장 많이 이야기하고 듣는 시간이기 때문이다. 아이들은 배워야 한다는 당위에서 벗어나 활발하게 의견을 말하는 주체가 된다. 문제와 답들이 공중에서 서로 부딪히면서 단단한 논리로 빚어지는 과정을 경험한다. 이른바 피가되고 살이 되는 자신의 생각을 구축하는 시간인 것이다.

남녀가 함께 배우는 테크놀로지

프랑스 학교에 가정 과목은 없는 대신, 남녀 모두 기술(Technology) 과목을 배운다. 기술 수업 첫 시간에 칼리가 인류 최초의 자전거의 작동원리를 배운 것을 듣고 매우 신선하게 느껴졌다. 여학생들도 이런 기초적인 기계의 원리들을 어릴 때부터 배우면, 삶의 반경이 훨씬 넓어졌을 것 같다는 생각!

그런가 하면 수소로만 100퍼센트 움직이는 최첨단 친환경 배에 대해서 배우기도 한다. 기술적인 부분뿐 아니라 어떤 사회적·정치적 맥락에서 이러한 시도가 이뤄지고 있는지에 대해서도 이해하게 해준다. 컴퓨터의 다양한 사용법, 워드나 파워포인트 사용 등 지극히 실용적인 교육에도 상당한 시간을 할애한다.

요즘 아이가 열성을 다해 몰두하고 있는 기술 수업의 프로젝트는 나무 위에 짓는 오두막집이다. 먼저 여러 가지 유형의 오두막집들에 대해 조사하고, 교사는 오두막집이 갖추어야 할 최소 조건을 제시한다. 아이들은 조건을 충족시키는 저마다의 나무 오두막을 스케치하고, 이어서 평면도를 정밀하게 그린 후, 모형을 100분의 1로 만들어내는 것까지가 최종 미션이다.

이 나라 사람들은 저마다 로빈슨 크루소가 되는 것이 꿈이기라도 한 듯, 숲 비슷한 곳에 가기만 하면 아이들이고 어른이고 나무를 모아 오두막집을 지으려고 달려든다.

프랑스 방방곡곡에는 이러한 전 국민적 로망을 실현한, 나무 위 오두막집들이 다양한 옵션을 가진 휴가철 주거지로 임대되기도 한다. 우리나라 산속에서 흙집 펜션을 볼 수 있는 것과 비슷하달까. 나무 위 오두막집은 줄사다리를 타고 올라가고, 아침마다 바구니에 바게트, 크루아상 등을 밑에서 공수받아 식사를 해야 하는 등 상당한 불편함을 감수해야 할 듯한 주거지지만 예약을 할라치면 서너 달치가 밀려 있을 만큼 인기가 좋다.

칼리는 초등학교 4~5학년 때 이미 파리시에서 하는 건축 아틀리에에 다니면서 비슷한 작업을 여러 차례 해보았기에 금방 콘셉트를 잡고 쓱쓱 집을 스케치하여 책상 위에 붙여놓았고, 틈나는 대로 내부설계도를 이리저리 바꿔가며 그리고 있다. 작은 미래의 건축가들은 이런 식으로 키워지는구나. 그래서 그렇게 많은 여성 엔지니어, 건축가들이 이 나라에 있는 거구나 싶다.

프랑스의 공교육 속에서는 크로스오버가 일상적으로 이뤄진다. 아카데믹한 틀 안에서의 교육 내용과 현실이라는 시공간 속에서 우리가 배워야 할 것들 사이의 경계가 또렷하지 않다. 이른바 '진도'를 나가는 와중에도 우리가 현실에서 중요하게 포착하고 이해해야 할 것이 있다면 서슴지 않고 문을 열어 거기에 다가선다.

교과과정 안에 갇히지 않고, 입시에서 좋은 성과를 내야 한다는 강박이 없기 때문에 허용되는 일상적 일탈이다. 세상과 쉽게 통하는 가르침이기에 학교는 아이들에게 '유용한 곳'이라는 신뢰를 얻게 된다. 학원이 끼어들 틈이 없다. 교사가 교과서대로만 진도를 맞추는 대신 현실의 흐름에 따라 경계를 넘나들며 크로스오버를 하는데 어떤 학원이 여기에 장단을 맞출 수가 있겠는가.

프랑스에는 사교육을 위한 학원 시스템은 없지만 가정교사는 있다. 심지어 한 20여 년 전부터 조직적으로 가정교사를 공급하는 기업이 등장해 주기적으로 지하철에서 광고를 하기까지 한다. 우리처럼 대학생들이 중고교생들을 가르치는 일도 물론 드물지 않다. 중학생의 약 10퍼센트 정도가 가정교사를 통한 사교육 경험이 있으며, 일주일에 1시간~1시간 30분씩, 1년에 평균 40시간 정도 사교육을 받는다고 한다. (프랑스 아이들은 방학 때는 공부를 하지 않는다. 방학이 아닐 때, 일주일에 한 번 누군가가 집에 와서 수학 같은 과목을 봐주는 식이다.)

칼리의 반에도 일주일에 한 번 수학이나 영어회화 가정교사의 사교육을 받는 아이가 있다. 그러나 1년에 40시간 동안 아이를 도와주는 가정교사의 유무에 따라 아이들 간의 격차가 벌어지지는 않는다.

가정교사의 역할은 한정적이다. 부모도 교사도 아닌 제3자로서 일시적인 슬럼프에 빠진 아이에게 로프를 던져주어 나오게 하거나, 경제적으로 여유 있는 부모가 안심하기 위한 보험용인 경우가 많기 때문이다. 또한 프랑스 교육에 근본적으로 학원시스템이 불가능한 것은 학교에서 교사마다 다른 것을 가르치는 까닭이다.

평행선에서 동위각의 크기는 같다.
근데 중요한 건 그게 아니다

어느 날 칼리의 책상에 놓여 있는 과제물을 보았다. 대체 무슨 숙제인지 한참을 들여다보았다. 칼리에게 물으니 동위각과 엇각 등을 다룬 수학 숙제란다. 수학 숙제라면서 숫자가 하나도 보이지 않아 의아했다. 방금 전 아이 방에 들어갔을 때, 아이는 평행선 위에 얹혀 있는 동위각과 엇각 등을 다루는 문제를 풀고 있었다. 그래서 '저거라면 자신 있지. 내 실력 좀 보여줄까?' 하는 생각에 "모르는 거 없니?" 하며 다시 들어갔던 것이다. 아이는 숙제를 마치고 소파에서 쉬고 있었다.

"지금 수학 숙제를 마친 거니?"

"응."

"그런데 왜 숫자가 하나도 안 보이니?"

"그러니까! 말로 이 각도와 저 각도가 같은 이유를 설명하라는 거야.”

동위각과 엇각의 성질을 이용해서 숨겨진 각의 각도를 구하라는, 즉 정답에 해당하는 숫자를 묻는 문제는 하나도 없었다. 각 abc와 각 def가 왜 같은지를 설명하는 것이 숙제였다. 그러다 보니 네 문제를 푸는 데 공책을 두 쪽이나 사용했다.

“그냥 설명하면 되지. 이거 좀 했다고 힘들어서 뻗었어?”

“내 말로 자유롭게 설명하는 것이 아니라 필요한 공식 용어들에 맞춰서 설명해야 돼. 힘들어. 지쳐.”

그러고 보니 흡사 법률용어 같기도 한 말들이 동원되어 논리적으로 차근차근 다 아는 얘기를 길게 서술하고 있었다.

학기 초에 수학 선생님이 했던 말이 생각났다. “저는 정답보다 정답에 이르는 과정, 사고의 과정을 더 중요하게 생각합니다. 원리를 이해하고 언어로 입증해가는 훈련에 집중하려고 합니다. 수학은 논리적 사고를 가르치는 학문이니까요.”

2018년 현재, 바칼로레아에는 언어 관련 과목에만 구술시험이 있지만 과거에는 모든 과목에 구술시험과 필기시험이 같이 있었다. 심지어 수학까지 구술시험을 봤다. 필기시험 문제를 풀지 못했더라도 구술시험에서 문제에 대한 일말의 이해 과정을 설명하면 다소라도 점수를 받을 수 있었다고 한다.

철학 과목에서는 전국 일등을 했으나, 수학은 그만큼 잘하지 못했던 지인의 고백으로 알게 된 이야기다. 수년째 수학과 담을 쌓았던 지인은 붙잡을 지푸라기가 아무것도 없었다. 그래서 수학 구술시험에서 "그냥 0점을 주세요. 나는 질문이 무슨 말인지도 모르겠습니다"라고 말했단다. 그래서 시험관의 안타까움을 자아냈다고.

구구단을 2년 동안 배우고 알파벳을 3년 동안 갖고 놀지만 글은 익히지 않는 프랑스인들의 느리게 살기 신공은 여기서도 드러난다. '네 문제를 푸는 것이 숙제야? 금방 하겠네'라고 생각했지만 단 네 문제를 풀더라도 각각의 경우를 증명하는 이론적 토대를 구구절절 말로 풀어 설명해야 한다.

그래서 일단 글을 쓰는 일에만 제법 시간이 걸린다. 모로 가도 서울로 가기만 하면 된다는 식의 논리는 통하지 않는다. 완벽히 과정을 이해하고 서술해야 하므로 많은 문제를 풀지 않아도 아이들의 앎의 질은 확실히 높아진다. 그러니 네 문제를 풀고 힘들어하는 것이 당연했다.

이 나라의 아이들은 정답을 맞히는 훈련으로 학창 시절을 보내지 않는다. 정답으로 가는 길을 탐구하고 그 과정을 말로 설명하도록 훈련된다. 수학 문제를 푸는 순간에도 논리를 찾아내고 정확한 어휘로 표현하는 방법을 탐구한다. 정해진 단답형의 인생이 아니기에 그들의 길목은 미어터지지 않는다. 순간의 실수로 인생이 미끄러지는 법도 없다. 그들이 가는 속도는 더디지만 매 순간 존엄을 지킬 수 있게 해준다.

(위) 프랑스의 델레게. 선거를 통해 선출된다.

(아래) 하굣길의 중학생 칼리와 친구 잔

학교의 슬픔

━━━━━━━━━━━━━━━━ 겨울 저녁, 나탈리가 흐느껴 울며 학교 계단으로 급히 내려간다. 누군가 들어주기를 바라는 슬픔……. 선생은 생각한다. 이런, 학교의 슬픔이로군.

"선생님. 흑흑. 선생님 저는…… 저는 이해를…… 이해를 못 하겠어요."

"뭘 이해해? 뭘 이해하지 못한다는 거야?"

"양보와 대립의 종속 접속절이오." 침묵. 웃어선 안 된다.

"양보와 대립의 종속 접속절? 그것 때문에 그렇게 울고 있는 거야?"

안도감. 선생은 재빨리, 아주 진지하게 문제의 그 접속절을 생각한다. 이 아이에게 그건 그렇게 생각할 필요가 없다는 것을 어떻게 설명할까.

"이건 아주 쉬운 거야. 자 봐. 됐지? 알겠니? 그래. 예문을 하나 만들어봐." 아이는 정확한 문장을 만들어낸다. 이해한 것이다. "자, 이제 좀 괜찮니?" 어! 그런데 전혀 그래 보이지 않는다. 아이는 전혀 좋아지지 않았다. 다시금 눈물을 흘리고 크게 울먹이기 시작한다. 그러고는 내가 결코 잊을 수 없는 말을 했다.

"선생님은 아무것도 몰라요. 제 나이 열두 살 하고도 반년이 지났는데, 아무것도 한 일이 없어요……." 다음 날 저녁이 되어서야 나는 정보를 얻어낼 수 있었다. 나탈리의 아버지는 어느 회사 간부였는데, 10년간의 성실한 직장 생활 끝에 얼마 전 해고되었다는 것이다. 그것은 간부직 해고 사태의 첫 사례였다. 때는 80년대 중반이었다. 그때까지만 해도 실직은 노동자 문화에 속해 있었다. 회사에서 자기 역할을 의심하지 않았던 모범적이고 세심한 (작년에 나는 나탈리의 아버지를 자주 보았다. 그는 소심하고 자신감이 너무 부족한 딸 때문에 근심이 많았다) 젊은 간부가 무너져버린 것이다. 그는 결정적인 평가를 내렸다. 그러고는 가족들이 모인 식탁에서 끊임없이 되뇌었다. "내 나이 서른다섯에 아무것도 한 일이 없어."

— 《학교의 슬픔(Chagrin d'école)》(2007년) 중에서

책을 쓰면서 내내 프랑스 교육 시스템의 문제점을 생각했다. 입시 교육? 성적으로 아이들을 줄 세우는 경쟁 시스템? 과열된

사교육 시장? 반 이상이 엎드려 자는 침울한 고교 교실? 흔히 말하는 한국 공교육 시스템의 아픈 장면들과 프랑스 학교의 현실은 완전히 동떨어져 있다. 그렇지만 프랑스 학교에도 치유되어야 할 아픔은 있다. 그것은 학교의 문제라기보다 학교를 통해 투영된 사회의 문제다. 다니엘 페낙의《학교의 슬픔》은 현재 프랑스 학교가 안고 있는 아픔을 보여준다.

나탈리의 아버지가 해고된 1980년대 중반, 정확히 바로 그 무렵 프랑스의 사회당 정부에 의해 신자유주의 시스템이 도입된다. 구조조정이라는 말이 등장했고 공기업 민영화가 시작되었다. 2008년의 금융위기는 이러한 현상을 한층 심화시켰다.

2008~2009년 사이, 민영화와 더불어 급격한 구조조정이 이뤄졌던 프랑스통신에서 35명이 자살하는 초유의 사태가 발생하기도 했다. 2만 2000명이 해고되고 1만 명이 직종을 바꾸어야 했다. 이를테면 연구직에서 마케팅 사원으로의 급격한 변화를 받아들여야 했던 사람들, 갑작스럽게 해고당했던 사람들이 연쇄적으로 자살을 택했다. 프랑스 사회에서 처음 등장한 직장 내 연쇄 자살 사건이었다. 그런가 하면, 지난 10년 사이 프랑스에서는 60만 명이 새롭게 빈곤층으로 전락했고 직장 내의 번아웃 현상이나 괴롭힘 현상도 일반화되어갔다.

한 줌 주식 투자자들의 이득을 위해 다수의 사람들이 일상에서 누리던 평화를 하루아침에 파괴하는 가공할 '일상 파괴의 신무기' 신자유주의는 사회 곳곳에 폐허를 만들어갔다.

나탈리의 아버지처럼 갑자기 무기력과 빈곤에 처한 사람들이 늘어나면서 아이들에게 불안을 드리우는 가정환경이 늘어났다. 정부의 '긴축 재정'은 2008년 금융위기 이후 줄기차게 지속된 정책 방향이었다. 금융 투자자들과 금융권이 감당해야 할 손해를 국가가 끌어안으면서 피해는 고스란히 전체 국민, 특히 저소득층에게 떨어졌다.

공공 부문에서 가장 많은 예산을 쓰는 교육 분야부터 재정을 줄여야 했다. 사르코지 정부(2008~2013년)는 학교들을 폐쇄했고 교원 수를 8만 명이나 감축했다. 그 뒤를 이은 올랑드 정부도 교육부의 재정 감축을 멈추지 않았다. 저소득층 지역의 학교에 지급되던 보조금은 삭감되었다. 더 많은 보살핌이 필요한 지역에서 교사당 학생 수를 늘리고, 보조 교사들(수업을 따라가기 힘들어하는 아이들의 숙제 등을 도와준다)을 위한 재정을 삭감했다.

교사들이 병가 등으로 결근하면 빈자리를 채워주는 예비 교사들을 위한 재정뿐만 아니라 저소득층 학생들의 문화예술 활동을 위한 지원도 삭감되었다. 남은 교사들은 더 많은 학생들을 감당해야 했다. 교실은 날이 갈수록 소란스러워졌고 교사들은 침울해졌다. 그들의 동결된 임금은 민간 기업에 비해 턱없이 낮았고, 대체 인력 부족으로 더더욱 결근할 수 없었던 그들은 더 자주 아팠다.

국가 재정의 감축은 복지가 축소된다는 말과 같고, 공공 부문의 일자리가 줄어든다는 뜻이며, 남은 사람들의 업무가 과중해진다는 의미이기도 했다. 빈부 격차의 골을 메우던 복지가 얇아지자 앙상한 현실들이 속살을 드러내며 학교의 일상을 조금씩 갉아먹었다.

2008년 우리가 살던 마레 지구에서 초등학교 하나가 폐쇄되었다. 교사와 학부모들은 연일 서명 운동을 하고 길에서 전단을 나눠주며 학교 폐쇄에 저항했다. 그러나 학교는 속절없이 문을 닫고 말았다.

인가가 드문 섬마을도 아니고 유럽 최대의 출산 대국이라는 프랑스의 수도 파리. 그 한가운데 위치한 마레 지구의 초등학교가 문을 닫아야 한다는 현실에 납득할 만한 이유는 없었다. 교육 재정을 획기적으로 축소하려는 국가의 무자비한 결정 외에는. 그 학교가 수용해야 할 아이들이 인근 다른 학교들로 분산되면서 한 반에 24~25명 안팎이던 학생 수는 28~29명에 육박하게 되었다. 이런 일들이 전국에서 일어났다. 교육 재정의 축소는 교육의 질적 저하로 이어졌다.

초등학교까지는 사회적 갈등이 날카롭게 드러나지 않는다. 대부분의 아이들은 집에서 가장 가까운 학교로 배정된다. 아이들은 특별히 의문을 제기하지 않고, 그 학교에 간다. 조금 잘살든 못살든 어릴 때는 학교 안에서 별다른 갈등 없이 어우러진다. 사교육이 거의 존재하지 않는 나라, 성적으로 서열화되지 않는 공교육 시스템 안에서 몇몇 개구쟁이들의 일상적 소란 외에는 계층적 문제가 두드러지지 않는다.

그러나 중학교부터 좋은 학교와 나쁜 학교가 구분되기 시작한다. 초등학교를 채우던 한 마을의 아이들이 똑같이 진급하여 중학교를 채우는데, 왜 갑자기 변화가 생기는지 이해되지 않았다. 그러다 중학교가 바로 사춘기에 접어든 아이들이 가는 학교라는 점에서 이 미스터리의 실마리가 찾아졌다.

아이들이 예민해지는 시기, 즉 사춘기는 가정의 살뜰한 보살핌을 받는 아이와 보살핌을 받지 못하는 아이들의 성향이 극명히 다른 모습으로 표출되는 시기다. 보송보송 해맑던 아이들이 삐딱하게 눈을 치켜뜨기 시작하면 부모와 의사소통이 원활하고 경제적 곤란을 겪지 않는 아이들과 그렇지 못한 아이들 사이의 차이가 또렷해진다. 격차가 심해질수록 교사들은 곱절이나 되는 에너지를 교실에 쏟게 된다. 반에 정서가 불안한 아이들이 네다섯 명만 있어도 교실 전체는 그들로 인해 완전히 분산된다.

한 학교에 불미스러운 사고와 문제들이 자주 발생하면 나쁜 평판이 만들어진다. 아이들의 미래를 걱정하는 부모들은 나쁜 선택지를 피하기 위해 사립학교를 선택한다. 안 좋은 소문이 도는 학교는 사립으로 가지 못한 아이들만 남는 게토가 된다. 사립학교는 학군에 구애되지 않고 학생을 받아들이기 때문이다.

공립학교는 무료지만 사립학교는 학비를 내야 한다. 급식비도 집안의 경제 사정에 따라 7등급으로 차등화되는 공립학교와 달리 사립학교는 일률적으로 내야 하므로 형편이 어려운 집안의 경우 경제적인 부담이 가중된다. 즉 사립학교라는 선택지는 경제적 사정이 허락하는 사람에게만 주어지는 것이다.

프랑스의 사립학교들은 대부분 가톨릭 계열이다. 중세부터 교회가 교육을 맡아온 오랜 전통이 남긴 흔적이라 할 수 있다. 알려진 바와 달리 현대 프랑스인들의 절대 다수는 종교를 갖지 않아서 (프랑스의 가톨릭 인구는 전체의 5퍼센트 정도로 조사된다) 가톨릭 계열의 학교에 대해 썩 내켜 하지 않는 경우도 많다. 그래서 가톨릭 계열의 학교들은 점점 종교색을 없애는 경향을 보이기도 한다. 학교 안에서 일주일에 한 번 미사가 열리기는 하지만 대개는 참석을 강요하지 않는다.

가톨릭 계열의 학교에 다니는 아이들의 얘기를 들어보면 미사에 참석하는 아이들은 거의 없다고 한다. 입학 원서를 낼 때도 신에 대한 생각을 (즉 신자인지 아닌지를) 묻는 난에 아무 거리낌 없이 무신론자라고 기입할 수 있다. 무신론자들을 밀어내면 아쉬운 쪽은 학교 측이기 때문이다.

초등학교 땐 별 구분이 없지만, 중학교 때부터 공립 중학교는 좋은 공립과 선택지가 달리 없는 사람들만 남은 공립으로 나뉜다. 여전히 많은 프랑스인들이 사립학교보다 공립학교에 더 높은 신뢰를 보낸다는 점이 그나마 다행이랄까. 프랑스 최고 명문이라 불리는 루이 르 그랑 고등학교와 앙리 4세 고등학교 역시 공립이다. 대학 위의 대학이라 불리는 각종 그랑제콜도, 그리고 그랑제콜에 가기 위한 명문 예비학교도 대부분 공립이다. 즉 무료다.

무상에 가까운 교육제도가 의료복지와 더불어 프랑스의 복지제도를 뒷받침하는 기둥이건만 긴축 재정과 신자유주의가 이어지는 동안 기둥에 심각한 균열이 일어나고 있다. 삶에 감당하기 어려운 먹구름이 끼어든 어른들은 아이들에게 절망을 물려준다. 절망한 아이들을 품은 학교가 새로운 빛을 주지 못하면 학교는 아이들과 함께 격랑에 휘말릴 수밖에 없다.

1년 전 취임. 짧은 시간 동안 '열일'하며 부르주아 계급의 지배

구조를 더욱 공고히 한 마크롱의 대활약으로 학교의 슬픔은 당분 간 더 커질 것으로 보인다. 당연히 학생들의 저항도 그에 비례할 것이다. 68혁명 50주년인 올해, 학생들은 다시 한 번 세계 들이받을 정부를 만난 셈이다.

다큐멘터리 같은 영화 〈클래스〉

2008년 칸영화제에서 황금종려상을 수상한 영화 〈클래스〉(프랑스어 원제인 'Entre Les Murs'는 '벽 사이'로 번역되며, 속어로 감옥을 지칭한다)는 도심에서 게토화된 중학교의 적나라한 사례를 툭 잘라서 진솔하게 보여준다.

파리 20구의 한 중학교 3학년(한국으로 치면 악명 높은 중2다) 교실. 영화는 새로 부임한 젊은 프랑스어 교사 마랭과 13~14세의 맹랑한 아이들이 팽팽한 긴장감 속에서 펼쳐가는 교실과 학교의 일상을 가감 없이 보여준다.

교사에 대한 존경과 순종 따위는 애초에 알지 못하고 어른들이 만들어놓은 세상에 큰 기대가 없어 보이는 아이들. 영화에서 인상적인 장면 하나. 교사가 한 학생을 지목해 책을 읽으라 한다. 아이는 거부한다. 이유는, 단지 '읽기 싫어서'다.

아이러니하게도 영화의 배경이 된 학교는 프랑수아즈 돌토 중학교다. 프랑스 아동심리학의 대모로, 지난 수십 년간 프랑스 아동교육의 교본을 제시해온 돌토 여사의 이름을 붙인 이 학교가 문제아들이 많은 학교의 대명사로 등장한다.

파리 20구 벨빌 지구는 에밀 아자르의 소설 《자기 앞의 생》이 펼쳐진 배경이기도 하다. 중국인, 아랍인, 유대인 그리고 소박한 프랑스인이 어우러져 사는 그 동네엔 서로 다른 문화가 혼재하며, 나름의 활력과 매력이 있어서 예술가들도 많이 거주한다. 〈클래스〉의 감독과 제작자, 그리고 앞서 언급한 작가 다니엘 페낙도 바로 이 동네에서 살았으며, 샹송 가수 에디트 피아프 역시 벨빌의 한 아파트 계단에서 태어났다고 한다.

감독인 로랑 캉테는 처음에는 같은 제목의 원작 소설을 각색하여 시나리오를 만들었다. 그러나 벨빌 지역의 프랑수아즈 돌토 중학교를 찾아가 그 학교의 학생들과 교사들에게 영화의 주인공이 되어줄 것을 제안하면서 영화는 새로운 전기를 맞는다.

곪아가는 교육 현장의 오늘을 '학교의 학생과 교사들을 통해 보여주자'는 감독의 제안을 교장이 받아들이면서 새 학기부터 학교에서는 연극 아틀리에가 진행된다. 아틀리에에 참여한 학생들 중 50명이 직접 영화 촬영에 임하게 되었고, 영화는 학교 전체의 프로젝트가 되어버린다.

영화 〈클래스〉 속의 아이들은 늘 화가 나 있고 언어는 거칠다. 동성애 혐오, 유대인 혐오를 거침없이 드러낸다. 차별은 차별받는 자들이 드는 일상적 무기인 것일까? 아이들은 이미 깊숙이 반사회적인 태도를 내재화한 상태다. 선생님은 그들에게 주류 세계를 상징하는 가장 가까운 인물이다. 그래서 아이들은 그가 무너질 때까지 최대한 들이받는다.

선생님은 잘 알고 있다. 자신이 발 딛는 세계에서 어떤 아이들이 자기를 기다리는지 말이다. 그러나 버텨야 한다. 교사의 임무는 그 아이들에게 구명의 밧줄을 최대한 드리워 한두 명이라도 일찍 찾아온 절망의 늪에서 구해내는 것이니까.

영화는 기적을 말하지도 않고 감동을 보여주지도 않는다. 거칠지만 나름의 선명한 논리로 세상을 저주하는 아이들과 인내심 있게 아이들에게 손을 내밀며 소명을 다하는, 그러나 위대한 희생 따위는 가장하지 않는 교사의 관계를 담담하게 그린다. 우여곡절 끝에 다가온 학기 말, 학기 내내 조용하던 소녀가 교사에게 고백한다.

"선생님, 전 아무것도 모르겠어요."

"뭘?"

"선생님이 수업 시간에 한 모든 얘기를요. 아무것도요."

교사는 이 막막한 고백에 어떤 답도 건네지 못한다.

영화는 무책임한 화해를 시도하지 않는다. 그러나 작은 기적이 영화 밖에서 일어났다. 학교에서 매일 벌어지는 갈등을 교사와 아이들이 배우로 참여하며 현실의 언어로 드러내는 영화적 시도에 동참한다는 교장의 실험은 학교에 새로운 공기를 불어넣었다. 감독은 학교의 연극 교실에 동참하며, 현장에서 아이들과 교사들 입에서 나온 언어들로 시나리오를 구성했다. 그래서 영화는 온전히 학교의 이야기며 학교의 작업이 되었다.

영화는 극적으로 칸영화제 경쟁 부문에 진출했고, 첫 상영 후 6분간의 격정적인 기립 박수를 받았다. 그리고 마침내 황금종려상까지 수상하며 아이들의 머릿속에 잊을 수 없는 경험이 새겨졌다. 세상에 태어나 처음으로 자신들의 머리에 찬란한 조명이 비치는 경험을 해본 것이다.

이후 영화 속의 아이들은 학교나 어른들과 다른 관계를 맺었다. 부드러워졌고 여유로워졌다. 세상에 자신들이 설 자리가 있음을 보았기 때문이다. 아이들이 자신들의 모습을 있는 그대로 보여줬을 때 세상은 그들을 내치지 않고 주목했다. 그 사실이 자신의 존재에 대한 신뢰를 만든 것이다. 일부 아이들은 이를 계기로 배우가 되는 길을 걷기도 했다.

무엇이 되었든 아이들을 어른들의 세상과 화해하게 해주었던 찬란한 경험은 세상에 대한 아이들의 편협한 시선을 확 열어젖혔을 것이다. 문제가 있을 때, 과감하게 외부의 낯선 문화적 힘과 결합하여 현실의 돌파구를 찾는 시도 또한 종종 목격되는 프랑스적 방식이다.

그 아이가 달라진 걸 선생님은 보지 못했어요

초등학교 때, 전 학년이 (그래 봤자 80~90명) 한 달에 한 번씩 모두 모여 전체 학년회의를 했다. 중학교에서는 2주일에 한 번 아이들과 담임 교사가 회의를 하고, 3개월에 한 번씩 학부모 대표와 각 반의 학생 대표, 교사, 학교장이 참여하는 학교 전체 총회가 열린다. 담임 교사와 학생들이 함께하는 회의는 고쳐야 할 문제, 제안하고 싶은 일들을 서로 나누는 시간이다.

초등학교 때, 칼리는 전체 회의를 할 때마다 민주주의를 작동시키는 일이 얼마나 어려운지를 매번 실감했다. 쉬는 시간이나 점심시간마다 남자아이들이 좁은 학교 마당을 차지하고 축구를 하는 바람에 여자아이들은 놀 수가 없었다. 그래서 축구하는 날을 일주일에 며칠로 제한하자는 의견이 나왔고 다수결로 통과되었지만 남자아이들은 지키지 않았다. 다시 한 번 그 일이 안건으로 올라오고 이번엔 벌칙까지 논의되었다. 그러나 막상 남자아이들이 규칙을 어겼을 때, 의결된 벌칙은 집행되지 않았다.

문제를 제기하고 좌중을 설득하여 마침내 의결을 시켰어도 그 결의안이 실행되기까지는 험난한 과정이 필요하다는 사실을 아이는 깨닫는다. 축구가 금지된 날인데도 공을 차는 남자아이들을 발견하면 교사들에게 도움을 청하기도 하고 여자아이들이 공을 압수하기도 한다. 규칙이 준수되게 하려는 줄기찬 노력이 계속되면서 간신히 약속이 지켜지기 시작했다.

중학교에 들어가서 아이는 선생님과 아이들의 사이가 초등학교 때보다 멀다는 사실을 발견했다. 한두 명의 교사가 전 과목을 가르치던 초등학교 시절, 담임 선생님은 아이들의 숨소리까지 언어로 해석할 정도의 능력을 얻는다. 그러나 한 교사가 여러 반을 가르치는 중학교에서는 교사들이 아이들을 온전히 파악하지 못하는 경우가 발생한다. 그래서 때로는 아이들에게 실수를 저지르기도 한다.

어느 날 아이들의 회의는 교사들의 부당한 행동들을 성토하는 자리가 되어버렸다. 열정 넘치는 프랑스어 선생님 마담 드 발레는 일찌감치 각 반의 악동을 파악했다. 그리고 그 악동들이 수업을 방해하기 시작하면 가차 없이 그들을 일으켜 세워서 교실 뒤에 세워두곤 한다. 나름 효과가 있었던지, 악동 리스트에 올라가 있지만 학업에도 열의를 보였던 뱅상은 프랑스어 시간에는 부쩍 행동에 신경을 쓰더니 더 이상 문제를 일으키지 않게 되었다.

그런데 뱅상이 필통에서 볼펜을 찾다가 실수로 자를 떨어뜨린 사건이 있었다. 제법 요란한 소리가 나자 프랑스어 선생님은 뱅상을 교실 뒤에 세워두는 벌을 주었다. 아이들은 뱅상의 잘못이 아님을 설명했지만 선생님은 아이들의 설명을 묵살해버렸다. 칼리도 뱅상을 변호하려다가 한마디에 제지당했다. "구구한 사연, 듣고 싶지 않아!" 그 부당한 처사에 화가 났던 칼리는 더 이상 수업에 집중할 수 없었다고 한다.

아이들은 담임 선생님에게 자신이 기억한 첫인상만을 신뢰하고 학생의 달라진 모습에 눈뜨지 못하는 그 사건에 대해 진실을 전달했다. 그리고 다시는 그런 일이 없게 해달라고 요구했다. 이런 경우 담임 선생님은 증언한 아이의 발언이 객관적인지를 확인한다. 여러 아이의 증언이 일치할 때, 진실은 분명해진다.

프랑스어 선생님 외에 또 다른 선생님이 도마 위에 올랐다. 자타가 공인하는 그 반의 악동 밀란과 기술 선생님 사이에서 벌어진 일이다. 밀란은 답이 아닌 것을 뻔히 알면서도 엉뚱한 답을 말해 주목을 끌었다. 밀란은 손을 들어 엉뚱한 소리를 하고 혼자 떠들기도 하며 모두를 방해하는 아이였다. 그 아이가 학교 수업에 전혀 적응하지 못한다는 사실은 누구의 눈에도 명백해 보였다. 그러나 그 아이가 집중하고 조용한 유일한 시간이 있었다. 바로 역사 시간이었다.

역사 선생님은 밀란을 늘 맨 앞에 앉혔다. 부모님이 모두 코트디부아르 출신인 밀란은 아프리카에 대한 이야기가 나오면 흥분하며 뜨겁게 반응했다. 역사 선생님은 밀란에게 급우들 앞에서 말할 기회를 준다. 그리고 밀란의 관점에 대해 긍정적으로 이야기해준다. 밀란은 자신이 존중받는 유일한 시간인 역사 시간에 아무도 방해하지 않으며 열정적으로 수업에 참여한다.

다른 선생님들은 밀란을 다루는 법을 알지 못했다. 오직 학생들과 역사 선생님 그리고 밀란만이 그 사실을 알고 있다. 특히 기술 선생님은 수업이 시작된 지 5~10분 만에 밀란을 교실 밖으로 내보낸다. 가혹하고 부당하다. 쫓겨난 밀란이 5분이 멀다 하고 문을 두드리면 교실의 아이들은 그 소리에 애간장이 타고 신경이 곤두선다. "바람이 아니라 햇볕 정책을 써야 한다"는 사실을 제발 기술 선생님께 알려주라고, 아이들은 담임 선생님에게 호소했다.

열등생 한 명을 낙오시키는 교사를 보면 나머지 아이들은 공범이 되었다는 죄책감과 함께 나 자신도 저렇게 처참하게 버려질 수 있다는 두려움과 분노를 느끼게 된다. 아이들은 거기서 긍정적인 교훈을 얻지 못했다. 한 아이는 심지어 기술 선생님이 비겁하다고 지적했다. 밀란을 수업에 끌어들이는 대신 바깥으로 밀어내는 것은 교사의 본분을 저버리는 행동이라는 것이다. 교사는 따라오지 못하는 학생을 배제하는 사람이 아니라고 아이들은 역설했다.

아이들의 담임 선생님은 선량하고 이해심이 충만한 스페인어 교사다. 그가 말했다. 나의 동료들에게 무엇을 지시할 권한은 없지만 너희들의 의견을 전달하겠다. 하지만 그들이 이 의견을 듣고 행동을 바꿀지는 장담하지 못한다고.

시간이 조금 흘렀고 프랑스어 선생님은 같은 실수를 반복하지 않았다. 기술 선생님은 밀란을 더 이상 교실 밖으로 내쫓지 않았으나 그를 존중해주지도 않았다. 아이들은 여전히 밀란이 산만하게 기술 시간을 보내는 모습을 고스란히 감당해야 했다. 아이들은 이 과정에서 교사들에게도 마음의 병이나 상처가 있고 언제나 그들이 현명하진 않다는 교훈을 배운다.

그러나 아이들은 포기하지 않고 다시 말한다. 조금이라도 문제가 시정되도록 포기하지 않는다. 근본적으로 인간은 평등하다는 생각이 그들 사이에 작동하기 때문에 가능한 일일 것이다. 교사와 학생들 모두 같은 인간이기에 서로의 잘못을 시정하려 애쓴다. 그리고 그들이 마침내 달라지면 고마워한다. 끝내 자신의 한계를 넘지 못하고 무능한 교사의 행태를 반복하면 측은지심으로 그를 바라보기도 한다. 꼼짝없이 그들의 포로가 되어 숨 막혀하는 대신.

칼리가 학교에서 교사의 부당함에 분노한 날이었다. 나는 아이 말을 경청한 후 이렇게 말해주었다. "세상에는 좋은 사람, 뛰어난 사람, 어리석은 사람, 악한 사람이 고루 섞여 있어. 그들과 함께 살아가야 해. 한 번도 웃는 모습을 보여주지 않는 너희 기술 선생님은, 아마도 개인적 삶이 행복한 사람은 아닐 거야. 그러나 그가 못된 사람이 아닌 건 너도 알지? 그러니까 선생님을 포기하지 마. 너희가 선생님을 포기하면, 선생님은 더 이상 좋아질 수가 없어."

아이 하나를 키우는 데 온 마을이 필요하다

〜────────────────────── 아이는 열두 살이 되었을 때 처음으로 치과에 가기를 자청했다. 단숨에 인근 치과를 예약하고 찾아갔을 때 우리를 맞아준 사람은 50대 여자 의사였다. 대기실에 앉아 있던 칼리를 의사가 부르러 왔을 때 칼리는 그림을 그리고 있었다. 의사가 대뜸 "너, 예술가구나!"라고 말했다. (프랑스 사람들의 흔한 태도다. 꽃꽂이 좀 하면 자칭 타칭 플로리스트, 음악 좀 하면 뮤지션, 그림 좀 그리면 아티스트라고 서로 불러준다.) 긴장하고 있던 아이 마음이 단숨에 부드러워지는 것이 보였다.

치료 전에 칼리가 "왜 치과 의사가 되고 싶으셨나요?"라고 물었다. 의사는 "난 사실 정신과 의사가 되고 싶었는데, 나한테까지 자리가 돌아오지 않았지. 그래서 치과 의사를 선택했어. 하지만 이 일을 하고 있어서 불행하진 않아"라고 씽긋 웃으며 답했다.

칼리가 진찰대에 몸을 눕히자 의사는 아이에게 호흡을 가르쳤다. 그리고 여러 번 연습시켰다. "우리는 지금 너의 충치를 치료하기 위해 함께 작업해야 하는 한 팀이야. 우리는 많은 대화를 해야 해. 문제점이나 궁금한 점이 있거나 어디가 아프면 무조건 나한테 말해야 해." 아이가 공포를 갖지 않고 의사를 신뢰하게 함으로써 아프지 않게 치료받게 하는 것이 목표 같았다.

치료 중에 칼리가 내게 한국어로 얘기했고 나 역시 한국어로 대답했다. 의사는 내게 몸을 돌려 말했다. "엄마는 아이를 정신적으로 지지해주어야 하는 분이니, 무대 위에서 벌어지는 일을 관객처럼 바라봐주면 좋겠어요. 아이와 대화를 나누는 것도 좋습니다. 하지만 제가 알아듣지 못하는 언어로 대화를 나누는 것은 곤란합니다. 그럼 그 순간 저는 대화에서 소외되면서 이 작업의 선장으로서 중심을 잃게 되니까요. 아이와 내가 집중해서 이 작업에 몰입하는 게 중요합니다." 난 곧바로 수긍하고 의사의 말을 따랐다.

호흡과 대화, 치료가 반복되면서 무려 1시간에 걸쳐 두 개의 충치를 치료했다. 아이는 의사에게 완벽한 신뢰를 보냈고 의사도 칼리에게 아주 훌륭했다며 칭찬했다. 그녀가 말하듯 둘이 마치 공동의 작업을 성공적으로 마친 듯한 분위기였다!

의사는 칼리에게 공책에 있는 다른 그림들을 보여달라고 했다. 섬세한 눈으로 그림들을 세세히 들여다보며 원근법을 구사하는 실력이나 몸의 굴곡을 그림자로 표현해내는 방식에 대해 언급했다. 그러고는 아이와 눈을 맞추며 "넌 이미 예술가야"라고 다시 말한다. 정신과 전문의가 되지 않았지만 진료에서 환자와 의사 사이에 작용하는 심리의 회로를 꿰고 있었다. 성공적 진료를 위해 환자와 의사가 절반씩 역할을 담당하는 한 팀이 되어야 하고, 그러기 위해 서로 호감과 신뢰를 먼저 구축해야 한다는 이론을 단박에 실천으로 이끌어냈다.

집에 돌아온 아이는 순도 100퍼센트로 의사의 모든 말을 따르려 했다. 꼼꼼히 이를 닦으라는 엄마의 백 마디 잔소리보다 자신이 예술가임을 알아봐주는 치과 의사의 조언 한마디가 더 효과적이었다. "네가 충치 치료를 무서워하지 않게 하려고 선생님이 애쓰는 거 보였지?" 하고 내가 묻자 "응, 내가 안 아프게 하려고 최선을 다했어"라고 아이가 대답했다. "그래서 하나도 안 아팠어?" "아니. 덜 아팠어." 치과 의사의 방식이 고통을 완전히 잊게 해주진 못했다. 하지만 고통 완화를 위해 시간과 노력을 기울이며 환자를 치료의 주체로 끌어들인 의사의 의지와 노력에 아이는 전폭적으로 마음을 내주었다. 결국 조금 아팠더라도 상관없었던 것이다. 아이가 세상을 살아가면서 가져야 할 하나의 중요한 태도, 즉 신뢰라는 튼실한 벽돌 하나를 그날 의사 선생이 건네주었다.

모하메드, 모하메드

/

아이와 함께 다시 치과를 찾았다. 그때 아이의 치료가 한 통의
전화에 의해 무려 20분간이나 중단되는 일이 있었다. 비서도, 간
호사도 없이 혼자 치과를 운영하기에 (프랑스에서는 흔히 있는 일)
종종 예약을 희망하는 전화가 오면 치료가 중단되곤 했다. 하지
만 진료 중에 긴 통화가 이어지는 일은 없었다. 전화를 건 사람은
15세의 소년 모하메드. 여름이 되기 전에 치료를 받다가 시려진
이후, 이가 몹시 아프다며 무려 석 달 만에 그는 전화를 걸어왔다.
의사는 거의 제정신이 아닌 듯했다. "왜 이제야 전화했니?" "너
희 엄마가 네가 다시 진료를 받으려는 걸 알고 있니?" "지금 어디
니?" "밥은 먹었니?" 아이는 그 어떤 질문에도 제대로 대답을 하
지 못했다. 당일, 의사의 진료 스케줄은 이미 꽉 찬 상태. 그러나
의사는 어찌되었건 최대한 빨리 오라고 했다.

아이와의 힘겨운 전화 통화를 끝낸 후, 의사는 숨을 몰아쉬었
다. 본의 아니게 통화 내용을 송두리째 듣게 되었던 내게 의사는
상황을 설명하며, 긴 전화로 진료가 끊겼던 상황에 대해 양해를
구했다. 치료할 때마다 식사를 언제 했는지 물으면 아이는 매번
하루 종일 굶고 있었고 아이의 치아는 완전히 방치된 상태였다고
했다. 의사가 구호물자를 나눠주는 곳을 알려주고 아이에게 밥을

먹이는 등 아이의 삶에 구체적인 구원의 손길을 뻗치기 시작하자 아이 엄마가 일방적으로 아이의 진료를 중단시켰다.

이후 아이에게도 엄마에게도 연락이 닿지 않아 의사는 아이가 걱정되었다고 한다. 의사는 거친 감정의 회한에 빠진 듯했다. 아이 엄마는 과대망상이거나 조현병인 듯했다. 의사가 거의 막바지에 이른 아이의 치아 치료를 계속하려 하자 아이 엄마는 진료를 방해했다. 아이가 엄마의 방해에도 불구하고 의사에게 진료를 받으러 왔을 때는 엄마가 경찰을 불러 아이를 데려가기도 했단다. 충치 치료는 의료보험이 되기 때문에 비용 문제는 아니었다. 아이가 의사에게 보내는 신뢰, 의사가 아이에게 보여주는 인간적 애정이 마음의 병을 가진 아이의 엄마를 불안하게 만든 요소였을 뿐.

의사는 사람들의 치아를 들여다보면서 그들의 인생도 함께 보는 듯했다. 치아를 통해 도무지 외면하지 못할 막다른 골목에 이른 어린 인생들을 보면, 그녀는 의사의 본분을 넘어 시민으로서 제대로 보살핌 받지 못하는 어린 생명을 돌보기 위해 행동에 나섰다. 그 소년이 당신을 만나 다행이라고 말해주었다. 그렇게 말해주어 고맙다고 의사는 답했다. 아이를 키우려면 온 마을이 필요하다. 때로 그들의 친부모가 제자리에 없더라도 아이들을 연민과 애정으로 바라봐주는 단 한 사람의 어른이 주변에 있다면 아이들은 거기에 기대어 성장할 수 있다.

장애학생과 비장애학생, 한 울타리에서 배운다

칼리가 초등학교 5학년 무렵이었다. 어느 날 칼리네 반 학급 단체 사진을 들여다보는 데, 익숙하지 않은 아이의 얼굴이 눈에 띈다. "얘는 누구야?" 칼리에게 묻자 "걔는 율리스반(Classe ULIS, 적응반) 아이야"라고 답한다. 율리스반은 장애학생들을 위한 특별 클래스였다. 언어장애나 인지장애 등을 겪고 있는 아이들을 특수학교에 보내는 대신 일반학교에 모아 비장애인들과 함께 다니도록 하는 것이다.

일부 수업은 비장애인 아이들과 함께 듣고, 대부분의 수업은 율리스반에서 특수교사의 지도하에 진행된다. 공식적으로 그 아이들은 비장애아들 반에 속해 있으므로 학급 단체 사진을 찍을 땐 함께하는 것이다. 칼리는 자신의 반 아이이며 율리스반에 속한 '쥘'이란 아이에 대해 종종 이야기하곤 했다. 쥘은 말과 행동이 좀 느린 편이고, 남들보다 예민하다. 그래서 아이들이 쉬는 시간에 지나가다 부딪히거나 하면 과도하게 반응하는 경향이 있다. 그러나 그뿐이다. 어차피 지나가다 부딪히는 걸 좋아할 아이는 아무도 없으니까, 무례하게 굴지 않는다면 쥘과 쿨하게 지내지 못할 이유는 없단다. 갈등 상황이 빚어졌을 때 유연하게 대처하는 사회성이 좀 아쉬울 뿐. 쥘은 그렇게 학교라는 사회 속에서 자신의 특별함과 다른 아이들과 공존하는 방법을 익히고, 아이들은 남들과 조금 다른 방식으로 존재하는 쥘과 살아가는 방식에 익숙해진다.

그런가 하면 중학교 1학년 땐, 한 보조교사와 옆에 나란히 앉아서 수업을 듣는 아이도 있었다. 샤를. 겉으로 봐선 어디에 장애가 있는지 알 수 없는 그 아이는 보조교사의 도움을 받으며 비장애학생들과 함께 수업을 받았다. 언제나 자기 혼자만 웃기는 농담을 시전했던 수학교사는 아이들이 그녀의 밋밋한 농담에 웃어주기를 포기하자 친절한 샤를의 보조교사를 바라보며 자신의 농담에 대한 호응을 간절히 눈빛으로 주문했다고……. 그렇게 아이들은 자신들과 나란히 교실에 앉아 속도가 느린 아이를 지원해주는 보조교사와 그의 도움을 받는 급우를 일상으로 받아들인다. 세상 모든 사람들의 속도가 같으리란 법은 없으니 이렇게 도움을 주고받으며 한 울타리에서 어울리는 것이다.

2005년부터 프랑스 정부는 모든 교육기관이 장애를 지닌 학생에게도 학습에 알맞은 환경을 제공하는 '장애학생 진학법'을 시행했다. 장애학생을 비장애학생들로부터 분리해내 그들을 위한 특수시설을 따로 만드는 것이 아니라, 최대한 장애학생과 비장애학생이 '함께' 학습할 수 있도록, 교육시설 스스로가 그들을 불편 없이 맞는 환경을 갖추도록 하는 것이 이 법의 핵심. 학교란 다양한 사람들이 누구를 배제하거나 누구에게 특권을 부여하지 않고 더불어 살아가는 방법을 익히는 곳이라는 판단이다. 학생이 어떤 특별한 장애를 지니고 있어도 '학교는 취학에 알맞은 환경을 제공해야 하므로 이 법은 다양한 지원 인력의 양성과 고용을 촉진하기도 했다.

장애가 의심되거나 장애를 가진 학생이 있다면 학생과 그 가족은 각 지자체에 속한 장애인 센터에서 전문가들의 도움을 받아 장애 정도를 진단받고, '개인 맞춤형 진학 계획'을 세우게 된다. 센터는 학생의 발달상태와 장애의 정도에 따라 교육 보조인의 동반 여부나 적응반(ULIS) 수업 참가에 대해 결정한다. 적응반의 교사는 특수교육 전공자로 학생 각각의 학업 계획에 따라 교육한다.

일반학교에 진학할 수 없다고 판정되는 학생의 경우 장애인의 사회화와 치료를 동시에 담당하는 사회의료기관에 다니며 학업을 진행할 수 있다. 이 기관에 다니는 장애학생의 비율은 약 15퍼센트에 이른다.

지인 가운데 유치원에 다니던 딸을 심리의학교육센터(CMPP: Les Centres Médico-Psycho-Pédagogiques)에 보내던 분들이 있었다. 부모가 모두 한국인이었고 집에선 프랑스어를 쓰지 않는 환경에 있다가 갑자기 유치원에 가면서, 심리적으로 위축되었던 아이에게 인지능력과 언어능력의 발달에 문제가 있는 것이 교사의 눈에 포착되었던 것이다. 아이는 2년간 일주일에 한 번씩 센터에 다니며 놀이치료를 받았고, 부모 입장에서는 아이가 눈에 띄게 좋아지는 것을 관찰할 수 있었다고 한다.

센터 안에는 이민자의 자녀들이 압도적으로 많았다고 한다. 가정과 학교에서 서로 다른 언어를 쓰는 경우, 아이들에게 비슷한 문제가 발생하는 확률이 높았던 것이다. 센터는 주기적으로 부모와의 상담도 진행하였고, 학교에도 정기적으로 아이의 발달 과정에 대한 리포트를 전달하여 아이가 발전해가는 상황을 학교와 교사, 센터가 함께 체크하면서 도움을 줄 수 있도록 지원했다.

2년 뒤, 아이가 초등학교에 들어갈 무렵, 아쉽게도 이들은 귀국해야 했다. 만약 계속 프랑스에 있었더라면 센터 내의 관계 전문가들이 모두 모여 이 아이가 지금 학교에 진학하는 것이 맞는지, 한 해 정도 더 유치원에 머물러야 하는지를 세밀하게 판단하는 회의가 이뤄졌을 거라고 전한다. 이 모든 질 높은 공공서비스를 더 이상 받지 못하고 본국으로 돌아가야 하는 상황에 아이 엄마는 큰 아쉬움을 표했다.

　많은 부모들이 아이들의 문제를 정확히 보지 못하거나 외면하거나, 혹은 문제를 느껴도 또렷한 해결책을 찾지 못하고 시간을 보내는 경우가 흔하여 교사들에 의해 이러한 관계 기관과의 접촉이 이뤄지는 경우가 일반적이라고 한다. 센터는 이 아이의 유치원 시절부터 보조교사 파견을 결정하여 아이는 자신을 도와주는 보조교사와 함께 유치원엘 다녔었다. 그렇게 아이는 자신의 한 손을 잡아주는 국가의 지원을 권리로 누리며 세상살이를 시작했다.

　아이는 국가가 함께 키운다는 프랑스 정부의 태도는, 장애학생들을 일대일 맞춤형으로 돌보고, 그들을 위한 학습프로그램을 제공하는 데에서 더욱 또렷이 드러난다. 장애인과 비장애인이 똑같은 속도로 갈 수 없다면, 사회가 그들에게 어깨 하나를 내어주어 기대며 갈 수 있게 해주어 하나의 울타리 안에서 공존하게 하겠다는 그 철학에서 아이들은 더불어 살기의 기초를 배운다.

　2005년 '장애학생 진학법' 시행 이후 일반학교에 취학한 장애학생 총수는 과거에 비해 두 배 이상 증가했고, 2017년 장애학생의 98퍼센트는 보조교사를 동반하여 등교했다고 교육부 장관은 발표한 바 있다. 그 숫자는 16만 4천 명에 이른다.

칼리가 열세 살 되던 날

2018년 3월 8일 새벽 0시 0분. 칼리가 자다가 일어났다. 자신의 13번째 생일을 1초라도 빨리 맞고 싶어서 알람을 켜놨던 것이다. "나 열세 살이야!"라고 외치며 엄마와 아빠에게 다가와 기쁨의 포옹을 나눴다. 해방을 맞은 식민지 백성처럼 "나 열세 살이야!"를 목 놓아 외치더니 결국 잠을 설쳤다. 아침에 늦게 일어나 허둥대느라 5분 지각했다. 오후 5시, 학교에서 회색빛의 무표정한 얼굴로 돌아온 칼리. 당연히 화려한 꽃다발로 채워져 있지 않은 거실을 지나, 침대 속으로 깊숙이 틀어박혔다. 열세 살이라고 환호하던 때와는 정반대의 모습이다.

저녁을 먹으라고 부르니 배고프지 않단다. 간신히 내는 듯한 목소리다. 방 안을 빼꼼 들여다보니, 날개를 잃고 천상에서 지옥으로 떨어진 천사처럼 낙망한 얼굴을 이불에 파묻고 있었다. 아이의 얼굴을 보니 무슨 일인지 알 것 같았다.

침대로 다가가 무릎 위에 아이를 앉히고 말해주었다.

"네가 어떤 마음인지 알아."

"엄마가 어떻게 알아?"

"엄마도 너랑 똑같았으니까. 생일인데, 아침에 아무런 일도 안 일어났지? 작년에는 엄마가 아침부터 케이크를 만들어서 촛불도 불고 학교에 갔었잖아. 그런데 오늘은 늦게 일어나 아침도 못 먹고 갔지. 학교에서도 평범하게 하루가 지나갔지? 열세 살 생일이 되면 하늘에 무지개가 뜨고 세상이 찬란하게 빛나고 멋진 일들이 생길 것 같았는데, 어제랑 하나도 다른 게 없지? 엄마도 그랬어. 열아홉 살 때였어. 엄마 생일이었는데, 할머니가 미역국도 안 끓여주셨어. 내 생일인데 집에서 아무도 몰랐던 거야. 세상은 하나도 바뀐 게 없었지. 모두가 어제와 똑같이 심드렁한 표정을 짓고 있었어. 엄마는 열아홉 살이 됐는데 아무것도 안 바뀐 거야. 그게 너무 서러워서 그날 엄마는 하루 종일 울었어."

"열세 살이 되면 모든 게 달라질 줄 알았는데 세상이 하나도 달라지지 않았어. 아무 일도 일어나지 않았어."

"그래. 그리고 집에 왔는데 엄마 아빠가 아무 일도 없는 것 같은 얼굴로 너를 맞고……. 그 모습에 마지막 희망도 완전히 사라졌겠지. 내려가자. 엄마가 치즈케이크 만들었어. 그리고 선물도 열어봐야지."

　아이는 생일날에 대한 허무맹랑한 기대와 눈곱만큼도 달라지지 않은 초라한 현실의 괴리를 견딜 수 없었다. 설명할 수도 이해시킬 수도 없는, 그저 비참하고 당연한 현실. 내 생일날 하늘에서 금가루가 날리지 않고 축하의 팡파르가 거리에 울려 퍼지지 않는다는 사실, 모든 사람들이 내 생일이라서 함께 흥분하지 않는다는 사실을 묵묵히 받아들여야 한다. 그 현실이 가슴을 픽픽 저미는데 엄마가 그걸 알고 있다니. 엄마도 어처구니없어 차마 남에게 말하기 힘든 일을 고스란히 경험했다니 그것으로 충분했다.

　아이는 눈을 반짝이며 내 말을 듣더니, 순순히 따라 내려왔다. 거실 탁자엔 엄마 아빠가 마련한 선물상자가 있었다. 아이는 저녁을 먹고 치즈케이크에 꽂힌 13개의 초를 불었다. 실은 학교에서 친구들에게 작은 선물을 받았다며 하나둘 펼쳐보였다. 대부분 친구들이 직접 만든 작은 소품들이었다. 목걸이, 열쇠고리, 책갈피…….

　"엄마는 열아홉 살 생일에 많이 울었는데, 두 친구가 함께 생일의 쓸쓸함을 위로해주었어. 그날 이후로는 생일날 한 번도 슬프지 않았어. 그제야 생일날 달라지는 것은 아무것도 없다는 사실을 받아들이게 되었거든. 엄마는 그때 어른이 되었던 거지. 넌 열세 살인데 벌써 경험했네. 이제 넌 부쩍 성숙해질 거야."

이해받는 것만으로 충분할 때가 많다. 아이들이 겪는 대부분의 고통은 누군가의 공감으로 녹아내린다. 이후 현실의 문제를 극복해가는 건 각자의 과제다. 아이를 키우며 내 어린 날들의 기억들을 계속 꺼내본다. 그때의 이야기를 들려주는 것만으로 아이는 부모와 단단한 공감의 지대를 형성할 수 있다.

내가 처음 구구단을 2단부터 9단까지 외울 때의 비장했던 기억. 학부모 참관수업 때, 엄마가 얼마나 기대하고 있는지 고스란히 느끼면서도 내 그림을 들고 앞에 나가 발표하지 못했던 것에 대한 가슴 치는 후회. 미술 시간, 감색 치마에 풀을 잔뜩 묻히고는 크게 혼날 것을 각오하고 심하게 졸아 있던 내 앞에서 깔깔 웃어버리던 나의 엄마.

아이는 서툴던 어린 시절의 엄마 모습에서 자신을 발견한다. 열세 살의 딸로부터 아직도 울고 있는 일곱 살, 아홉 살의 내가 위로를 받는다. 서로의 상처를 핥으며 우린 서로의 삶을 같이 쓰다듬는다.

평등에 온몸을 적시다

칼리 아빠 희완은 양쪽 모두 교사인 부모 밑에서 1남 1녀의 장남으로 태어났다. 그는 어릴 때부터 철저한 평등교육을 받았다. 밥도 한 번은 오빠인 자기가 먼저 받고, 다음에는 여동생이 먼저 받았다. 한 치의 오차 없는 평등의식이 집안을 지배했다. 엄마가 한 번은 자기에게 먼저, 한 번은 동생에게 먼저 밥을 주었다고 해도 그것이 평등을 위한 실천이었다는 사실을 의식하지 못할 수도 있었다. 내가 우리 집에서 가장 늦게 밥을 받는 사람이란 사실을 나 말고는 아무도 의식하지도, 기억하지도 못했던 것처럼. 하지만 희완과 그의 여동생에게 음식이 담긴 접시를 받는 과정에서의 평등은 또렷이 의식되고 관찰되고 기억되는 일이었다. 둘째이며 딸이었던 클로딘이 늘 두 번째로 중요한 자식처럼 여겨질 수 있다는 사실을 인식하고, 의식적으로 관성을 깨기 위해 이성을 작동시킨 결과였던 것이다.

아빠, 언니, 남동생 그리고 둘째인 나. 항상 같은 순서대로 밥을 퍼주시고, 자신의 밥은 늘 마지막에 푸시던 엄마는 본인의 행동을 전혀 의식하지 못하셨다. 내가 어른이 되어 그 억울함을 토로하자 엄마는 오히려 깜짝 놀라기까지 하셨다. "왜 진작 말하지 않았느냐"라며.

한 맺히는 불평등을 20여 년간 겪어왔던 나에게 희완이 어린 시절 집에서 경험한 식탁 위의 평등은 거의 '혁명적'이었다. 고기, 과일, 케이크……. 희완의 가족은 모든 것을 4등분하여 똑같이 나눠먹었다고 한다. (이때의 습관이 여전히 남아 있는 칼리 아빠는 세 명뿐인 우리 집에서도 모든 것을 4등분해놓는다. 그러고는 남은 한 조각은 늘 나머지 두 사람보다 왕성한 식욕을 지닌 본인이 드신다!) 희완의 집에서는 일상의 모든 순간 밥상 위의 평등이 그대로 적용되었다. 선물도 누군가에게 옷을 사주면 다른 사람도 옷을 선물로 받았다. 두 사람 모두 (당시 관습대로) 기숙학교에서 중고교를 마쳤고, 대학 졸업 후에는 첫 직업으로 교사가 되기도 했다.

식사가 끝나면 희완의 여동생은 엄마의 무릎 위에 올라가고 희완은 아빠의 무릎 위에 올라갔다. 각자 포옹 시간이 끝나면, 이번에는 희완이 엄마의 무릎 위, 여동생이 아빠의 무릎 위를 차지했다. 아빠 무릎에 즐겨 앉다가 막내인 남동생이 태어나고부터는 양보라는 이름으로 그 자리로부터 영영 거부당했던 상처 같은 것이 그들에게는 없었다.

칼리가 한 살 때 돌아가신 칼리 할아버지의 평등주의를 나도 경험한 적이 있다. 나는 그가 아흔한 살일 때부터 3년을 보았다. 매년 크리스마스가 되면 자녀들과 손자들에게 100유로의 수표를 똑같이 선물로 보내주셨다. 사위와 며느리에게도 마찬가지였다. 본인은 80세 이후로는 모든 선물을 거부하셨다. "더 이상 필요한 것이 없다"라고 하시면서.

여든셋에 아내를 잃고 혼자 남으신 뒤에는 1년에 한 달은 딸네 집에서, 한 달은 아들네 집에서 지내셨고 나머지 시간에는 브르타뉴 지방에 있는 본인의 집에서 혼자 사셨다.

평등이 깨졌던 유일한 순간은 그의 생애 마지막 2년간이었다. 더 이상 혼자서 생활하는 일이 힘들어지자 칼리 고모 내외가 자신들의 집에 칼리 할아버지를 모시고 함께 지냈다. 마침 두 내외가 모두 은퇴를 했을 무렵이었기에 시간적 여유가 있었다. 그때 그의 아들은 나와 한국에서 딸을 키우고 있었다.

여름 한 달은 브르타뉴의 여름 별장에서 여유롭게 휴식을 즐기고 싶었던 칼리 고모 내외는 칼리 할아버지를 별장 부근의 요양원에 한 달간 계시게 하며, 이틀에 한 번씩 들렀다. 일방적인 희생을 피하고 서로가 편해지는 합리주의에 익숙한 이들 식의 해결책이었다. 한국에 살던 그의 아들도 여름엔 아버지를 뵈러 요양원에 찾아갔다.

이렇게 철저하게 평등에 입각하여 키워진 남매는 성인이 되어서도 습관을 그대로 이어나간다.

희완의 부모님은 두 자녀가 40대가 되자 그들에게 바닷가 별장을 물려주셨다. 바닷가에서 세 자녀와 여름을 보내기를 좋아했던 여동생은 오빠와 논의한 끝에 자신이 그 별장을 갖기로 했다. 그녀는 인근 부동산 세 군데를 통해 별장의 시세를 알아보았다. 그리고 시세의 평균값을 구한 다음, 정확히 절반을 오빠에게 주었다.

칼리 아빠는 거기에 돈을 조금 더 보태서 다른 지방(부르고뉴)에 너른 작업장으로 쓸 수 있는 별장을 구입했다. 해변에서 여유롭게 즐기는 휴가는 칼리 아빠가 동경하는 삶의 패턴이 아니었다. 그의 휴식은 숲과 맞닿은 시골 아틀리에에서 지치도록 일하는 것이다. 시시포스형 인간인 그에게 아무것도 하지 않고 쉬는 일은 형벌에 가까웠다.

여름에 칼리 고모의 바닷가 별장에 며칠 놀러갈 때도 평등이 작동한다. 우리가 도착하는 날부터 일정한 액수의 금액을 그 집과 우리 집이 공용 지갑에 넣고, 그 돈으로 함께 장을 보거나 외식을 한다. 만약 돈이 남으면 반씩 나누고, 모자라면 또 같은 액수를 채워 넣어서 남은 날까지 함께 쓴다. 나와 칼리 고모가 음식을 준비하면 칼리 아빠와 칼리 고모부는 식탁을 차리고 치우는 역할을 맡는다.

일상에서 철저하게 평등을 실현하는 방법을 익힌 칼리 아빠는 나와의 관계에서도 그 규칙을 준수한다.

아침에 그가 아이를 학교에 데려다주면 오후에는 내가 아이를 데려와야 한다. 그가 프랑스어와 수학 숙제를 봐주면 나는 영어와 한국어를 봐준다. 빨래는 내가 돌리지만, 빨래를 너는 사람은 칼리 아빠다. 밥은 내가 하지만 밥상은 그가 치운다. 혹시라도 이전에 먹은 밥상이 치워져 있지 않으면, 그를 불러다 완벽하게 깔끔한 부엌을 요구한 후에 식사 준비를 시작한다. 물론 가사노동에서 완벽한 분담이 이뤄지기까지는 시간이 좀 걸렸다. 그는 나와 함께 살기 전까지는 청소를 직접 하지 않고 도우미를 불렀기에 수십 년간 전혀 청소하는 버릇을 익히지 않은 터였다. 난 포기하지 않고, 집 안에서의 모든 노동이 평등해질 때까지 무수히 싸우며 그에게 가르쳤다. 먼지는 누가 치우지 않는 한, 계속 쌓인다는 것을. 가사노동은 일상을 이루는 무한한 같은 동작으로 채워져 있다. 그 일상을 수행하는 과정이 우리의 의식을 구축하고, 그 의식이 세계를 구성하는 것이다.

둘의 관계에서 평등을 요청하고 촉구하는 쪽은 언제나 나다. 평등해야 한다고 의식하는 사람이 있는 한, 우린 사실 완벽하게 평등하지 않다. 1세계의 남자는 자신이 아무리 평등해지려고 의식적으로 노력해도 세상의 중심에서 세계사를 주도해나갔다는, 수백 년 된 자기중심적 사고에서 완벽히 자유로울 수 없다. 호통을 쳐서 깨우쳐주지 않으면 그는 자신이 누군가의 그림자를 밟고 서 있으며, 누군가의 노동 위에 제 안위를 걸치고 있다는 사실을 자각하지 못할 때가 많다.

경제적인 부분에서도 이 원칙은 고스란히 적용된다. 식비는 내가 내고, 공과금과 세금은 그가 낸다. 아이에게 들어가는 경비는 절반씩 같이 낸다. 내가 일 때문에 2주간 집을 비운 적이 있었다. 그때도 나는 우리 집 구성원 3분의 2가 2주간 먹을 식비를 정확하게 그에게 내놓고 집을 나섰다. 내가 칼리와 둘이 여행을 가게 되는 경우, 내 여행 경비는 내가, 칼리의 여행 경비는 나와 칼리 아빠가 절반씩 낸다. 평등하다고 말할 때는 의무와 권리를 함께 나누는 것을 의미하기에 그가 가사노동을 나누듯 일상의 경비도 같이 부담한다.

나와 칼리는 깔끔한 옷차림, 단정한 머리를 하고 희완에게 늘 보기 좋은 풍경이 되어준다. 그래서 나는 "왜 머리도 안 빗고, 수염도 안 깎고, 계절이 끝나가도록 똑같은 옷만 입는 남자를 보아야 하느냐. 나의 주된 일상의 풍경이 당신인데 내가 누릴 일상의 풍경에 대해 신경 써달라"고도 요구한다. "왜 아름다워야 하는 쪽은 항상 여자인가. 여자도 남자의 아름다움을 누릴 권리가 있다. 당신도 언제나 내가 당신을 보며, 멋진 남자를 보는 만족감을 느끼게 해달라." 희완은 나의 말에 한마디 반박도 못 하고, 100퍼센트 수긍한다. 그런 날엔 수염 정도는 깎으며, 어떤 옷으로 갈아입을지 분주히 옷을 꺼내며 내게 조언을 청한다. 문제는 이런 각성이 단 하루라는 사실. 다시 한 번 그가 수염을 깎고 몸을 깔끔하게 단장하게 하려면, 여성이 누려야 할 아름다운 풍경에 대한 권리 연설이라는 버튼을 한 번 더 눌러야 한다. 각성을 관성의 노예로 방치하는 것은 남성이란 권력자들의 몸에 붙어 있는 순수하지 못한 습관이다.

다시 밥상 이야기로 돌아오면 이제 밥주걱을 든 나는 식탁에 도착한 순서대로 밥을 준다. 칼리와 칼리 아빠는 대개 식탁을 차려놓은 뒤에 나타나기 때문에 식탁에서의 서열에 대해 신경 쓸 수 있는 구조가 아니다. 프랑스 가정에 초대받은 경우 가장 먼저 밥을 받는 사람은 성인 여자다. 그다음엔 나이가 많은 사람이 우선이다. 나이 순서대로 여자들이 밥을 먼저 받은 후, 남자들에게 밥이 돌아간다. 우리 가족이 다른 집에 초대를 받으면, 가장 먼저 접시를 받는 사람은 내가 된다. 20년 동안 늘 꼴찌로 밥공기를 받던 설움을 보상받는 순간이다.

스포츠 경기의 규칙처럼 평등을 요란하게 지키는 집에서 살아온 칼리는 평등이 깨지는 일에 민감하다. 이 집에서는 누구든 평등을 어길라치면 어디선가 심판이 '삑' 호각 소리를 낸다. 나든, 칼리든, 칼리 아빠든. 식탁에서 엄마 아빠가 자신이 좀처럼 끼어들 수 없는 주제의 대화만 지속하면 아이는 손을 들어 문제를 제기한다. "나도 말 좀 하자."

아침에 보글거리는 커피메이커 옆에서 희완과 내가 긴 포옹을 하고 있으면 아이가 눈을 비비고 다가와 둘 사이에 끼어든다. "둘이 포옹하고 있는 동안 나는 계속 보고만 있어야 되냐"라며!

어린 시절 내가 딸이라서 겪어야 했던, 한국적 기준에서는 대수롭지 않은 불평등의 추억(!)을 듣는 것만으로도 아이는 분해서 눈물을 뚝뚝 흘린다. 재미있는 것은 아이에게 내가 아빠에 비해 강자로 보인다는 사실이다. 이유를 물으니 엄마는 아빠보다 젊기 때문이란다. 엄마는 아빠보다 살아갈 날이 훨씬 더 많이 남아 있으니, 엄마가 더 부자고, 엄마가 더 강자란다. 강자는 약자를 보호해주어야 하는 법이니 아빠를 너무 공격하지 말고, 아빠의 외로움을 보듬어주라고 말한다. 나이 들면 외로워지는 법이라며.

평등의 감수성은 내가 나보다 강한 사람들과 대등해져야 한다는 사실뿐 아니라 나보다 약한 존재들(난민 어린이는 물론이고 동물이나 식물까지)도 나만큼 존중받아야 한다고 느끼게 한다. 그것은 생명의 무게는 같다는 것을 입증하고 싶어 하는 생태 근본주의자의 심리다. 때로 칼리와 나는 자연스럽게 역할극을 하며 서로에게 위로를 전하기도 한다. 칼리가 내게 다가와 머리를 쓰다듬으며 "우리 딸……. 이제 그만 자라"라고 말할 때가 있다. 내 말을 그대로 흉내 내는 것이지만, 왠지 어린 시절 알게 모르게 받았던 내 조용한 상처들 위로 보드라운 깃털이 내려앉는 느낌이다. 상처도 사랑도 위로도 격려도 동등하게 주고받는 세 개의 꼭짓점이 모여 삼각의 균형을 이루는 듯하다.

꺌랑, 내 속의 달콤함을 전달하는 행위

한국말을 제법 능숙하게 하는 딸이 언제나 프랑스어로 하는 말이 있다. 꺌~랑(Câlin). 우리말로 하자면, '부비부비, 애무, 포옹……'. 형용사로는 '어리광 부리는, 상냥한, 다정한, 달콤한, 감미로운' 등이 된다. 아침에 깨울 때, 학교에서 돌아왔을 때, 저녁을 모두 먹었을 때, 잠자리에 들 때 우린 꺌랑으로 대화를 한다. 칼리가 태어난 순간부터 열세 살이 된 지금까지. 칼리 아빠와 내가 사랑에 빠진 후 어디서든 마주칠 때마다 대화를 나눈 방식이 꺌랑이었다. 이 신묘한 몸의 언어는 아이의 출현으로 만들어진 삼각 관계 속에서도 끈끈하게 서로를 이어주는 핵심 언어다.

집 안에서 마주치면 서로 꼭 껴안고 한참 서 있는다. 마치 오랫동안 만나지 못했던 사람을 만나 감격에 겨운 것처럼. 아이가 학교에서 돌아오면 현관으로 나가 그렇게 꼭 안는다. 숨이 막혀서 캑캑거리기 전까지. 서로의 체취를 맡고 온기를 느끼며, 심장 박동을 통해 신뢰와 사랑을 온몸으로 전달하는 이 행위. 그 진원지가 나인지, 칼리 아빠인지, 아니면 또 다른 무엇인지 알 수 없다. 식사 후 아이를 무릎 위에 앉히고는 타잔이 제인을 안을 때처럼 가로로 안아 흔들그네를 태워준다. 꿈나라로 떠나보내기 전, 아이의 따뜻한 뺨과 볼록한 이마와 매끄러운 머리칼, 여기저기에 입을 맞춘다. 이 모든 행위는 꺌랑이란 말로 수렴된다.

꺌랑은 너로 인해 내 속에 생성된 달콤함을 녹여 너에게 전달하는 행위다. 그래서 그것은 주는 행위인 동시에 다시 받는 행위다. 나에게 달콤함을 생성하게 하는 상대와의 꺌랑은 불가역적이다. 말없이 몸으로 위무하는 두 마리의 동물처럼 그 단순한 몸의 언어는 우리의 인생에 닥쳐왔고, 앞으로도 닥쳐올 슬픔과 환멸들로부터 우리를 쓰다듬어주는 포근한 깃털이다. 아이 아빠를 만나고 우리 사이에 칼리가 생기기 전의 삶은 이런 꺌랑의 위로를 알지 못했다. 어떤 사랑은 할수록 사람을 외롭고 허기지게 하지만, 말없이 서로를 쓰다듬을 수 있는 사랑은 바람에도 날아가지 않고, 빗물에도 씻겨가지 않는다. 곱게 우리 안에 스며들어 빛으로 쌓인다. 그래서 사랑으로 빚어진 생명체는 빛을 발한다. 그 언제라도 초라해지지 않을 수 있는 환희를 비축한 사람이기에. 깔랑의 최고봉은 동침이다. 초 단위로 진행되는 대부분의 깔랑에 비해 밤새 서로 몸을 맞대는 동침은 가장 황홀하고 농밀한 깔랑에 속한다. 자다가 깨어나 베개를 들고 내 침대 옆을 서성이며 "엄마같이 자도 돼?"라고 속삭이는 아이의 착한 목소리는 내게 그 긴 깔랑을 예고하는 아름다운 음악이다. "어서 와." 팔 벌려 아이를 맞이한다.

가슴에 파고들어 온 아이, 수백 번 말하고 듣지만 아이는 또 묻는다.

"엄마 나 사랑해?"

"어. 너 사랑해."

"어떻게 알아? 날 사랑한다는 걸?"

"그건 쉬워. 상대방의 눈을 보고 '사랑한다'고 말할 수 있으면 사랑하는 거야."

"와!"

사랑할지어다.

그리고 깔랑할지어다.

———

(위) 중학생이 된 칼리

(아래) 브레베(Brevet, 중학교졸업자격)를 획득한 프랑스의 중학생들

인간과 동물의 공존을 생각하는 열두 살 비건

클라라 페로-애플턴(Clara Perreau-Appleton)
샤를마뉴 중학교, 2학년

——— 칼리와 클라라는 샤를마뉴 중학교 2학년에 다닌다. 1학년 때 같은 반이었고 2학년 때는 다른 반이 되었지만 여전히 모든 비밀(!)을 공유하지 못해 안달인 단짝 친구다. 얼마 전부터 둘은 몇 가지 주제를 정해놓고 함께 시를 쓰고 있다. 두 사람을 따로 만나서 인터뷰를 했다. 이들이 하는 공동 작업에 대해, 열두 살 인생이 바라보는 세상과 학교에 대해 물었다.

시를 같이 쓰게 된 계기는 뭐니?

어느 날, 쉬는 시간에 같이 놀다가 칼리가 순간적으로 시를 하나 지었어요. 그래서 저도 거기에 답하는 시를 순식간에 지었죠. 시를 주고받고 나니 와우! 너무 신선한 거예요. '우리가 같은 주제로 시를 계속 써도 되지 않을까?' 하는 생각이 들었죠. 그래서 그날부터 같이 쓰게 되었어요.

주제는 어떤 기준으로 정한 거야?

사랑, 죽음, 삶, 광기, 바다, 물, 불, 우리 마음에 드는 것. 시를 통해서 다루어보고 싶은 주제들을 골랐어요.

함께 같은 주제로 쓴 다음엔 서로 교환해서 읽어보니?

그렇죠. 상대방이 이 주제에 대해 어떻게 생각하는지 볼 수 있고, 또 '이 단어를 이렇게 썼구나' 하면서 언어를 다루는 기술적인 면에서도 서로 발견하는 것들이 있어요. 시 쓰기는 철학적인 영역의 작업이라는 생각도 들어요. 서로를 통해 언어를 다루는 방식을 배우기도 하고요.

학교를 좋아하니?

대체로 좋아하는 편이에요. 특히 좋아하는 과목이 들어 있는 날은요. 학교는 친구들을 만날 수 있는 곳이기도 하고요. 그런데 수업이 너무 많아요. 오후 4시에 끝날 때도 있지만 5시에 끝날 때도 있어요. 5시에 수업을 마치고 집에 가면 녹초가 되어버려요. 다른 뭔가를 할 수 있는 에너지가 없어요. 수업이 좀 더 일찍 끝나면 좋겠어요. 내가 하고 싶은 일들을 할 수 있게요.

———— 샤를마뉴 중학교에서 수업은 아침 8시 반에 시작된다. 월요일 3시, 화요일 5시, 수요일 11시 30분, 목요일 5시, 금요일 4시에 끝난다. 일주일에 26시간, 하루 평균 5시간 정도 수업을 한다. 점심시간은 1시간 30분이고 쉬는 시간은 15분씩이다. 수업 시작 시간은 학교장의 재량이다. 9시에 시작하기도 하고 8시에 시작하기도 한다. 수요일에는 오전 수업만 하고 전체 수업 시간이 26시간인 것은 공통이다.

네가 교장이라면 어떤 식으로 학교를 바꾸고 싶니?

점심시간이 1시간 30분인데 그 시간을 좀 줄이더라도 매일 3시 정도에는 학교가 끝나게 하고 싶어요. 학생들에게 더 많은 자유 시간을 갖게 하는 거죠. 그리고 교사와 학생이 평등한 학교를 만들고 싶어요. 선생님들은 자신들은 규칙을 지키지 않으면서 학생들에게는 엄격히 적용해요. 아이들은 2~3분만 늦게 와도 지적을 당하고, 그것이 기록으로 남죠. 10분 이상 지각하면 그냥 넘어가지 않아요.

그러나 교사들은 너무 쉽게 지각을 하고, 거기에 대해 아무런 제재도 받지 않아요. 학생들에게는 엄격하고 스스로에게는 너그러운 모습을 보면 선생님들을 존중하기가 힘들어지죠. 불공평하다고 생각해요. 학교가 잘 운영되기 위해서라도 아이들이 선생님을 존중해야 하고, 그러려면 선생님들도 똑같이 규칙을 지킬 필요가 있어요.

작년에 델레게 선거에 나갔었지? 지금 말한 것들을 실천하고 싶었던 거니?

딱히 그런 건 아니었어요. 그때는 선생님들이 규칙을 무시한다는 사실을 몰랐거든요. 실천해보고 싶은 생각들은 따로 있었어요. 저는 영국에 종종 가요. (클라라의 아버지는 영국인이다.) 영국에는 프랑스와 다른 방식들이 있고 그중에는 좋아 보이는 것들이 있어요.

예를 들면 점심시간에 밥을 먹고 시간이 30~40분 정도 남잖아요. 그때 클럽을 만들어서 그림을 같이 그리거나 운동을 하는 거예요. 델레게 선거에서 이런 것을 제안했어요.

그리고 제가 비건(Vegan: 고기뿐 아니라 유제품, 달걀, 해산물 등 동물로부터 나온 모든 것을 거부하는 사람들)이거든요. 그래서 일주일에 한 번, 아니면 한 달에 한 번이라도 비건 급식이 제공되도록 제안하고 또 실천해보고 싶었어요. 저를 위해서라기보다 '비건'이라는 방식의 식생활이 있고 그게 가능하다는 것을 아이들에게 알리고 싶어서죠.

그런데 제 얘기를 오해한 아이들이 있더라고요. 마치 제가 매일 채식주의자의 식단을 먹자고 제안했다는 식으로요. 아이들 마음에 안 들었던 거죠. 그래서 선거에서 떨어졌어요. 그런데 저처럼 구체적인 제안을 내놓은 후보는 없었어요. 단지 우리 반이 서로 사이좋게 지내는 반이 되게 하겠다 같은 뻔한 이야기들만 했죠. 그런데 그 아이들이 당선되더라고요.

어떤 계기로 비건이 되었어?

3년 전쯤 부모님이 채식주의자가 되셨어요. 우리(클라라에게는 같이 사는 쌍둥이 자매가 있고 이미 성인이 되어 독립한 25세의 큰언니도 있다)에게는 채식주의자가 될 수 있는 선택권이 주어졌죠. 저는 서서히 부모님처럼 채식주의자가 되었어요. 1년 정도 걸렸죠. 채식주의자가 되고 나서 금세 비건이 되었어요. 채식주의자가 되는 것이 인간을 위해 동물을 착취하지 말자는 취지라면 비건은 그 원칙에 더욱 부합하는 선택이었죠.

비건이 되고 나서 세상을 보는 시선에 변화가 있었니?

네. 아주 많은 변화가 생겼어요. 생명체를 더 많이 존중하게 되었어요. 그리고 세상에는 비건이나 채식주의자들을 비웃는 사람들도 많다는 사실을 알게 되었고요. 채식주의나 비건을 선택하면 다른 사람들의 편견을 견뎌야 한다는 것도 알게 되었죠. 우리는 다른 사람들에게 채식주의자나 비건이 되라고 강요하지 않아요. 그런데도 사람들은 아무런 피해도 없으면서 우리를 비난해요. 전 (점진적으로 사람들이 채식주의로 전환될 것이라고 믿는) 비건 진화주의자예요. 결국 모든 생명체가 동일한 생존의 권리를 가진다는 것을 믿고, 그렇게 되길 바라요.

비건에도 여러 가지 계열이 있구나?

그렇죠. 여러 비건 시민단체들이 있고 단체들마다 성향이 조금씩 다르죠. 이런저런 활동도 하고요. (프랑스의 비건 시민단체들은 모피에 반대하는 시위, 푸아그라 퇴출 운동, 한 해 동안 얼마나 많은 가축들이 죽어가는지 보여주는 침묵 시위 등을 진행한다.)

개인의 식생활에서만 비건을 실천하니, 아니면 활동에도 참가하니?

활동에 참가한 적도 있어요. 푸아그라(거위 간)를 먹지 말자는 캠페인을 하기 위해 두 번 정도 거리에 나가 전단을 나눠주었죠. 제게 바보 같은 말을 하는 어른들도 만났어요. 그래도 푸아그라를 먹는 사람들의 수는 해마다 줄어들고 있어요. 그 속도가 느리긴 하지만요.

인생에서 가장 중요하게 생각하는 가치는 뭐니?

(1초도 머뭇거리지 않고) 평등요. 평등이라는 가치에 이르기엔 아직 우리가 너무 멀리 있다고 생각해요.

인종차별이 범죄행위라는 것을 인정하는 데까지는 이르렀지만 여전히 인간만이 우월한 존재라는 생각이 팽배해요. 생명에는 더 소중하고 덜 소중한 게 없거든요.

네가 좋아하는 것 세 가지를 말해줄래? 사물이든 사람이든 행동이든?

제 바이올린. 바이올린 켜는 것. 글쓰기. 그리고 유튜버들.

어떤 유튜버를 좋아해?

소라(Sora), 나투(Natoo). 이런 유튜버들이 점점 진화해가는 모습을 보면 재미있어요. 처음엔 웃긴 얘기만 하다가 점점 의미 있는 주제를 던지기도 하고, 그들이 변화하는 모습을 지켜볼 수가 있어요. 지금은 유명한 유튜버가 되었지만, 전엔 피자 배달원, 경찰 같은 일을 했거든요.

너한테는 텔레비전보다 유튜브가 훨씬 더 강력한 매체인 거니?

그렇죠. 텔레비전은 거의 안 봐요. 가끔 영화를 보거나 엄마 아빠와 잠시 뉴스를 보지만 텔레비전을 즐겨 보지는 않아요. 보는 횟수가 아주 적죠. 텔레비전보다 유튜브가 훨씬 강력한 매체라고 생각해요. 텔레비전은 시간을 놓치면 볼 수 없고, 또 그날이 지나고 나면 사라지잖아요. 유튜브는 언제나 보고 싶을 때 볼 수 있어요. 그리고 텔레비전보다 훨씬 덜 정형화되어 있어요. 등장인물이나 전체적인 틀이나. 그래서 훨씬 더 자유로워요. 그래서 더 즐겨 보게 돼요.

어떤 종류의 글을 주로 쓰니?

소설. 그리고 시도 써요.

작년에 소설을 하나 완성했어요. 그걸 갈리마르 출판사에 보냈지만 받아들여지지 않았죠. 지금 다시 읽어보니, 갈리마르가 제 소설을 출판하지 않은 것이 너무 당연해 보이긴 해요. 하지만 소설을 완성하고 나서 제 글쓰기 실력이 성장했다는 것을 느꼈어요. 작년과 비교하면 지금 글이 훨씬 좋아요. 프랑스어 선생님의 도움이 컸어요. 퐁타니 선생님요.

프랑스어 선생님이 어떤 도움을 주셨는데?

선생님은 수업 시간에 작문을 많이 시키세요. 작문을 제출하면 선생님이 조언을 달아주시죠. 좋은 점수도 함께요. 조언만으로도 큰 도움이 돼요. 퐁타니 선생님은 작년하고 올해 프랑스어를 가르치셨는데, 정말 좋은 분이세요.

숙제도 많이 내주시지 않고 수업 시간에 주로 작문을 시키세요. 수업 시간에 쓰는 작문만으로 충분히 저의 실력을 끌어올려주셨어요. 초등학교 때는 프랑스어 시간을 좋아하지 않았거든요. 문법, 철자, 동사변화, 시제 같은 것을 아주 힘들어했어요. 잘하고 싶지도 않았어요. 그런데 이제 어느 정도 배우고 나니까 글쓰기와 읽기에 집중할 수 있어요. 좋은 책들을 읽고 글쓰기에서 탄력을 받게 된 것도 모두 퐁타니 선생님 덕분이죠. 지금은 음악과 함께 프랑스어가 가장 좋아하는 과목이에요.

앞으로의 인생에서 어떤 걸 이루고 싶니?

글을 쓰는 사람이 되고 싶어요. 그리고 글을 써서 유명해진다면 더 좋겠죠. 글을 써서 돈도 벌고요. 글로 세상에 어떤 기여를 할 수 있을지는 잘 모르겠어요. 아직 전 어리니까요. 하지만 일단 글을 쓰는 일이 재미있으니까 이 일이 제 직업이 되어 다방면의 글을 쓸 수 있었으면 좋겠어요. 예를 들어 채식주의자에 대한 생각, 비건에 대한 생각을 소설로 써서 사람들에게 영향을 줄 수 있다면 좋겠네요.

한국의 소설가가 《채식주의자》라는 소설을 써서 맨부커상을 받은 적이 있어. 한번 읽어보렴. 영어로도 나와 있어.

오! 신기하네요. 한번 읽어볼게요.

나한테 제일 중요한 건 '내 인생'이지!

칼리 트호뫼호-목(Kalli Tromeur-MOK)
샤를마뉴 중학교, 2학년

어떻게 해서 클라라랑 같이 시를 쓰게 된 거니? 누가 먼저 시작했어?

쉬는 시간에 내가 먼저 시를 써서 클라라한테 줬는데 클라라도 나한테 다시 시를 써서 답했어. 그래서 우리가 같이 시를 쓰면 어떨까 생각하게 되었지. 우리는 학교에서 옛날 사람들이 쓴 시를 배우잖아. 우리가 쓴 시를 나중에 이 학교에 다니는 아이들이 배우게 되면 어떨까? 우리 시 아래에 '이 시는 2018년 샤를마뉴 중학교에 다니던 학생들이 쓴 것입니다'라고 쓰여 있으면 너무 좋겠다고 하면서. 근데 비밀이야. 학교에서는 아무도 몰라. 우리만 알아.

네가 고른 주제 중에 광기가 있네?

응. 꼭 부정적인 의미의 광기는 아니야. 나한텐 '광기' 하면 가장 먼저 떠오르는 이미지가 《이상한 나라의 앨리스》거든. 일상을 벗어난 세계, 기묘한 상상력의 나라에 끌려. 그래서 다뤄보고 싶은 주제야.

학교를 좋아해?

좋아해. 학교가 없으면 심심해.

너무 일찍 시작할 때는 싫지만 (수요일은 8시에 시작해서 11시 반에 끝난다) 나머지 날은 괜찮아. 특히 프랑스어 과목이 있는 날이 가장 좋아. 목요일이 가장 좋은 날이야. 2시간짜리 프랑스어 수업으로 시작하고 미술, 음악까지 내가 좋아하는 수업이 모두 있거든. 프랑스어로 시작하는 날은 학교에 빨리 가고 싶어져.

프랑스어가 그렇게 좋아? 왜? 선생님이 좋아서?

선생님도 좋지만, 문학을 배우는 것이 재미있으니까. 사실 작년 퐁타니 선생님이 더 좋았어. 지금 드 발레 선생님도 좋지만.

작년에 가르친 마담 퐁타니가 더 좋았어? 왜?

작년엔 작문을 많이 했거든. 거의 일주일에 한 번은 했어. 지금은 작문보다 읽기와 작품 분석을 더 많이 해. 작문은 몇 번 안 했어.

작품 분석을 한다는 건 뭐야?

시, 희곡, 소설을 읽고 나서 작품이 말하고자 하는 것이 무엇인지, 각자 어떻게 파악했는지 이야기하는 거야. 선생님이 시대적인 배경이나 각각의 표현들이 상징하는 의미 같은 것도 가르쳐주시지. 작품 전체의 의미를 분명히 이해하고 더 섬세하게 작품 안으로 들어가서 우리 것으로 소화시키고 발전시키는 것? 그런 거야.

전혀 몰랐던 사실을 배울 때도 있어. 난 시를 자유롭게 함축해서 쓴다고만 생각했는데, 옛날에는 정형시가 있었더라고. 알렉상드랭(Alexandrin: 12음절 시는 프랑스 시와 극문학의 주요 운율이다)이라고 음악처럼 운율이 있어. 희곡도 운율이 있고. 그런 것들을 알고 나니까 시를 쓰는 데도 도움이 됐어.

네가 생각하는 중요한 가치는 뭐니?

휴머니티를 지켜가기 위한 모든 가치. 평등, 관용, 연대, 박애, 이런 것들.

평등이 제일 처음에 오네? 왜?

모든 인간은 평등한 권리를 가지고 태어났다며.

누가 그래?

〈인권선언문〉에 나오잖아. 그런데 평등한 권리가 전혀 안 지켜져. 세상에서 가장 안 지켜지는 가치가 바로 평등인 것 같아. 어떤 민족은 수백만 명이 국적까지 빼앗기고 국경 밖으로 내쫓기잖아. (로힝야족의 이야기다.) 프랑스에도 집 없이 길에서 사는 사람들이 너무 많아. 그래서 관용과 인류애가 필요해. 세상에는 곤경에 처한 사람들이 너무 많아. 우린 서로가 서로를 구해야 해.

그리고 가축들은 가축의 삶도 누리지 못해. 공장식으로 잔인하게 키워지잖아. 오존층은 점점 뚫려가고 지구온난화는 점점 심해져. 바다 곳곳에 플라스틱들이 모여서 생긴 섬이 다섯 개나 있대. 플라스틱을 모두 모으면 오스트레일리아보다 넓은 면적이래. 살충제를 너무 많이 써서 벌들도 죽어가고. 동물들이 다 죽으면 그다음은 인간이 죽을 거야. 동물들이 우리 때문에 다 죽기 전에 차라리 인간이 멸종되는 것이 낫다고 생각해.

뒤에 말한 건 모두 환경 문제인데?

환경 문제지만 동물들에게는 인간과 다른 삶의 질 속에 던져지는 평등의 문제야. 바다의 생명체든 땅 위의 가축이든 모두 그들의 삶을 제대로 누릴 수가 없어. 인간의 탐욕 때문에 말이야. 불공평해.

그런 걸 어떻게 알았어?

지리 시간에 배웠어. 유튜브에서도 봤고.

좋아하는 게 뭐니? 사람이든 사물이든 행동이든.

그림, 그림 그리기.

프랑스어 수업, 글쓰기, 시 쓰기.

내 친구들. 내 가족들.

너한테 가장 중요한 건 뭐야?

내 인생.

학교에 가는 이유는 뭐니?

안 가면 엄마 아빠가 혼낼 거 아냐!

그래? 가기 싫은데 가는 거였으면 굳이 안 가도 돼. 안 혼낼게. 그 이유 말고, 네가 찾은 이유는 없어?

나를 깨우치러 가는 거지. 화학/물리 시간이나 역사/지리 시간에 새로운 것들을 많이 배워. 모르던 것들에 대해서 발견하고 관점도 배우지. 생각하는 방식도 배워. 세상에 있었는지도 몰랐던 것들을 학교에서 많이 알게 돼.

학교에서 바꾸고 싶은 건 없어?

그네! 학교 마당에 그네를 놓고 싶어.

그리고 급식 시간에 줄 서는 일을 해결하고 싶어. 15분 정도 줄을 서야 해. 그리고 줄 서 있으면 항상 뒤에서 아이들이 밀어. 반복되는 무질서와 불합리를 해결하고 싶어.

그 문제는 학급 회의에서 델레게한테 말해. 그러면 델레게가 학교 전체회의에서 말해 바꿀 수도 있지 않을까?

이미 가브리엘에게 말했어. 그런데 가브리엘은 자기에게 그런 것들을 말할 권한이 없다고 했어. 내 생각에 가브리엘은 우리의 의견을 학교에 전하려고 델레게가 된 것이 아니라 그냥 좀 있어 보이니까 하는 것 같아.

널 가장 슬프게 하는 일은 뭐니?

전쟁. 늙어서 죽는 이를 제외한 모든 이들의 죽음. 아이든, 어른이든, 동물이든, 식물이든.

앞으로 하고 싶은 일이 뭐야?

내 인생을 성공시키는 거야.

너에게 성공은 뭔데?

내 맘에 드는 재미있는 일을 찾아 그 일을 하면서 사는 것. 내가 찾은 재미있는 직업을 통해 독립적으로 살 수 있을 만큼 돈도 버는 것.

또 하나는 인류가 좀 더 현명하게 살아갈 수 있게 돕고 싶어. 그래서 직업 말고도 사회단체에 가입해서 활동하고 싶어. 난민 구호단체나 동물 구호단체 같은 곳에서.

그런데 커서 어떤 일을 할지 아직 구체적으로는 모르는 거야?

아직 잘 모르겠어. 하고 싶은 일들이 너무 많아. 지금은 고등학교에 가면 인문계(프랑스엔 인문계, 자연계, 경제사회계가 있다)로 진로를 정하고 싶다는 것까지만 정했어.

꿈이 있어?

시간을 멈추는 능력을 가졌으면 좋겠어. 가끔 시간을 멈추고 싶을 때가 있거든.

──── 칼리가 중학교에 들어갔던 2016년 가을, 학년이 시작되던 첫날이었다. 칼리는 학교 운동장에서 분홍색 패딩 점퍼를 입고 혼자 서 있는 클라라를 처음 보고는 '와! 쟤는 분명 흥미로운 애일 거야'라고 생각했다. 그 순간 성큼성큼 다가가 클라라에게 "봉주르" 하고 말을 건넸다. 클라라도 "봉주르" 하고 화답했다. 마침 둘은 한 반이 되어, 나란

히 짝을 지어 교실로 들어갔다. 키가 155센티미터인 칼리와 175센티미터인 클라라는 그 순간부터 친구가 되었다.

한 인간이 또 다른 인간을 처음 보는 순간 자석처럼 끌리고 서슴없이 다가가 마음을 전한다. 상대방은 그것을 방어막 없이 받아들여 스스럼없는 사이로 순식간에 미끄러져 들어간다. 인류가 아직 잃어버리지 않은 이 '경이'만은 퇴화하지 않기를 간절히 바란다. 사람이 사람을 알아보는 직관이라는 능력, 인류가 가진 이 영적인 능력을 아이가 발휘하고 있는 모습을 보고 안심했다.

두 아이 모두 가장 중요하게 복원되어야 할 가치를 '평등'이라고 꼽았다. 불평등이 현재 인류를 위협하는 가장 큰 전염병이라는 사실을 아이들도 시급하게 느끼고 있었다. 두 아이 모두 평등의 개념을 지구상의 모든 생명체에게로 확대시킨다. 인간과 인간 사이의 불평등뿐 아니라 동물들에 대한 인간의 태도도 지구상에서 살아가는 같은 생명체에 대한 불평등이라고 생각한다. 인류를 구하기 위한 생존 본능 때문에 새로운 인류에게 평등에 대한 남다른 감수성이 자라고 있는 것은 아닐까 생각한다.

두 아이들에겐 새로운 지식, 문학, 그림 등 자신들의 꿈을 실현하게 하는 활동에 대한 '갈증'이 있었다. 그것을 실천할 수 있는 물리적 시간에 대한 갈증도. 그래서 더 많은 자유 시간이 주어지길 바란다.

갈증을 스스로 해결할 우물을 찾게 하는 환경을 만들어주는 것. 아이들의 행동을 애정 어린 시선으로 지켜봐주고 도움이 되는 조언과 지원을 적절히 해주는 것이 함께 사는 어른의 역할일 것이다.

문학을 통해 아이들을 아름다움에 이르는 길로 안내한다

마리 드 발레(Marie de Vallée)
샤를마뉴 중학교, 프랑스어 교사

──── 몰리에르의 연극을 주로 상연하는 프랑스 국립극장 코메디 프랑세즈(Comédie-
Français). 마리 드 발레 선생님은 지난해 이곳에서 학생들과 함께 몰리에르의 연극 〈스
카팽〉을 관람하고 그 희곡을 함께 아이들과 공부했다.

당신의 프랑스어 교육의 목표는 무엇인가?

나는 내 학생들이 프랑스어를 잘 읽고, 쓰고, 말할 수 있기를 바라며,
거기서 한 걸음 더 나아가 문학에 입문하기를 바란다. 학생들이 세상
의 위대한 작가들이 구축한 작품 속에서 새로운 세계를 발견하길 바
라며, 문체에 탐닉하기를 원한다.

'문체에 대한 탐닉'에 어떤 의미를 부여하는가?

문체는 결국 작가가 언어로 조각해낸 아름다움이다. 문체를 통해 우리는 문학의 아름다움을 느낀다. 아름다움은 행복의 원천이다. 문학이라는 아름다움에 접속하기 위해 일정한 훈련이 필요하다. 미식가가여러 가지 깊은 맛들을 느낄 수 있으려면 다년간 맛에 대한 훈련을 통해 민감해진 혀를 가져야 한다. 그와 마찬가지로 아이들이 책을 통해작가들의 세계로 들어가고, 문학의 아름다움을 통해 행복으로 가는길에 들어서기를 바란다.

프랑스, 특히 파리에는 무료로 즐길 수 있는 문화예술시설이 얼마나 많은가? 문화에 눈을 뜨고 그것들을 누릴 수 있는 코드(혹은 취향)를 획득하는 것은 앞으로 아이의 삶에 큰 질적인 변화를 가져온다. 세상에 풍족하게 열려 있는 문화를 향한 문에 다가가는 것은 행복한 삶을 위해 매우 중요한 문제다.

당신의 프랑스어 교육의 궁극적 목표는 아이들의 행복인가?

그렇다. 아름다움에 접속하는 것은 행복한 삶의 원천이니까. 나 스스로가 문학을 통해 무한한 기쁨과 행복을 맛보았다. 인류가 문학을 통해 누려온 기쁨과 행복을 학생들에게도 갖게 해주는 것이 나의 일이다. 행복을 위해 아름다움만으론 충분하지 않다. 충만한 인생을 위해선 '사랑'이 필요하다. 사랑을 나누는 법은 주로 부모가 가르칠 몫이라고 생각한다. 나는 프랑스어 교사로서 문학을 통해 아름다움에 접근하고 행복에 다가가는 길을 아이들에게 찾아주는 것을 내 역할로 삼는다.

초대 문화부 장관인 앙드레 말로가 말하기를, 교육부는 라신의 작품을 알게 하고 문화부는 라신의 작품을 좋아하게 만드는 것이 목표라고 했다. 즉 교육부는 지식을, 문화부는 사랑을 전달하는 것이 사명이다. 당신의 경우 두 가지를 모두 목적으로 삼는 것 같다.

그렇다. 나는 지식과 사랑 모두를 전하는 것을 목표로 삼았다.

수업 시간에 지금 읽고 있는 책을 책상 위에 올려놓게 한다. 그 방법이 효과적인지?

그렇다고 본다. 아이들은 자신들이 지금 어떤 책을 읽는지를 눈여겨 봐주길 바라며, 그 책들에 대해 말을 걸어주기를 바란다. 그 책이 어떤지는 중요하지 않다. 스스로 읽고 싶은 책을 골라서 꾸준히 읽다 보면, 이른바 좋은 문학작품을 읽게 되는 날도 있다. 그러면 나는 그때 눈을 반짝이며 관심을 보인다.

어떤 아이가 로맨스 소설만 계속 읽고 있다면 제인 오스틴의 소설을 한번 읽어보라고 추천한다. 아이들이 가져오는 책을 통해 관심사를 파악하고 그 테두리 안에서 좋은 작가를 추천해준다. 수업 시간에

딴짓을 하거나 옆 사람과 말을 하는 아이들이 있다. 그럴 때는 아이들을 잠시 세워둔다. 멀뚱멀뚱 서서 아무것도 안 하는 대신 책상 위에 있는 책을 읽게 한다. 그렇게 읽게 된 책에 빠져들어 책을 놓지 않는 아이들이 종종 있다. 학교를 재미없어하는 아이들이 주로 수업 시간에 다른 아이들을 방해하는데, 나는 그 아이들에게 집중을 강요하는 대신 독서가 훨씬 낫다고 생각한다. 그때부터 아이들은 자신의 세계를 만들어간다.

학기 초에 권장 도서 목록을 주시겠다고 했는데, 아직 안 주셨다.

아직 안 줬다. 학부모들이 어떻게 할지 너무 잘 알기 때문이다. 내가 학기 초에 권장 도서 목록을 주면 학부모들은 그 책들을 사서 아이들에게 읽으라고 종용할 것이다. 내가 원하는 방식이 아니다. 그것은 책 읽기로부터 아이들을 도망치게 만드는 가장 좋은 방법이다.

아이들이 스스로 선택해서 읽고 다른 친구들이 읽는 책을 기웃거린다. 서로가 서로에게 추천하면서 차츰 좋은 책들을 발견하게 된다. 부모는 아이가 자신의 취향대로 책을 읽는 것을 지켜보면서 종종 아이의 취향을 크게 벗어나지 않는 선에서 양서로 알려진 책들을 권하는 것으로 충분하다. 독서 경험이 쌓이다 보면 아이들은 어느새 좋은 책을 알아보는 눈을 갖게 된다. 최소 1년은 걸린다. 난 아이들에게 신뢰를 갖고 느긋하게 기다린다.

시를 통째로 암기하는 숙제를 종종 내주신다. 어떤 이유에서인가?

시뿐 아니라 산문도 암기 숙제로 내주는 경우가 있다. 좋은 표현과 문체를 익히게 하기 위해서다. 암기를 하다 보면 아이들에게 문체가 스며들고 습관이 쌓이다 보면 자신의 문체를 갖게 된다.

지금의 수업 방식은 바칼로레아 시험과 연관이 있는가?

그렇기도 하고 아니기도 하다.

바칼로레아 프랑스어 시험에는 구술시험과 필기시험이 있다. 문학을 사랑하지 않더라도 시험 준비를 철저히 하면 프랑스어 시험을 잘 치를 수 있다. 물론 책을 좋아해서 많이 읽은 학생들에게 훨씬 더 유리하고 쉬운 시험이 되겠지만.

구술시험은 고교 과정에서 꼭 읽어야 하는 문학작품들 가운데 하나가 출제된다. 필기시험은 시나 희곡, 소설 가운데 서로 상관관계(예를 들어 일관된 주제를 다루는 세 작가의 작품이 한 꼭지씩 제시되는 식)가 있는 세 작품의 텍스트를 보고 분석하는 것이다.

시가 시험에 나오면 소설에 비해 분석하기가 더 어려울 것 같다.

시 분석이 소설 분석보다 난이도가 높을 수 있다. 그러나 소설과 마찬가지로 시도 분석의 방식은 열려 있다. 이미 나와 있는 어떤 분석을 암기해서 쓰라고 하는 것은 아니니까. 그 어떤 가정과 분석도 모두 가능하다. 설득력 있는 분석의 논거를 제시하기만 하면 된다.

학교에 이민자 가정이나 혼혈 가정의 아이들이 제법 있다. 그들의 프랑스어 능력이 떨어지는 경향이 있는가?

그렇지 않다. 프랑스어 학습 능력을 포함해서 한 아이의 학습 능력을 좌우하는 것은 주로 그 아이가 속한 가정의 분위기와 부모의 문화적 수준이다. 그 아이의 국적은 중요하지 않다. 지금 내가 가르치는 아이들 중에 가장 뛰어난 아이의 엄마는 아랍계고 아빠는 중국계 베트남인이다. 그 아이는 고등학생 수준의 지적 역량을 가졌다. 그 아이의 부모는 높은 교육열을 가졌고 문화적·지적 수준도 높다.

파리 16구에는 바레인, 아랍에미리트, 사우디아라비아 등에서 온 부호들의 자녀들이 많다. 아무도 그들의 국적을 보며 학습 능력을 의심하지 않는다. 프랑스 부모 밑에서 자라도 가정 내에서 쓰는 어휘가 한정되고 문화적 수준이 제한되어 있다면, 아이에게도 그 영향이 그대로 나타난다.

샤를마뉴 중학교에도 극성 학부모들이 많이 있나?

제법 있다. 아이들 점수가 17점 이하로 떨어지면 (20점 만점) 아이들을 나무라고, 성적을 17점 이상으로 유지하도록 다그치는 부모들을 제법 봤다. 1, 2학년은 덜하지만 4학년으로 가면 상당히 눈에 띈다. (프랑스 중학교는 4학년까지 있다.) 그들은 아이들이 좋은 고등학교에 진학하여 그랑제콜에 가야만 자신들이 누려온 삶의 수준을 아이들도 누릴 수 있다고 믿는 것 같다. 극성스러운 부모들은 아이들에게 시간표대로 움직이도록 요구하고, 일정 점수 이상을 반드시 유지하도록 종용한다.

그런 아이들 가운데 부모의 압력 때문에 엇나가고 파행을 겪는 경우도 본 적이 있는가?

사실 그런 것은 본 적이 없다. 스트레스 때문에 혹은 뭔가 다른 재미에 빠져서 공부를 몇 달 내려놓고 잠시 소홀히 하다가도 대부분 어느 순간 제 페이스를 찾는 편이다.

부모가 자녀의 성적에 민감한 경우 대개 부모 자식 간에 기본적인 신뢰가 있다. 아이들도 부모들의 요구가 어디서 오는지를 이해한다. 가정에서 마음이 떠나 있고 아이들을 제대로 돌보지 않는 부모는 아이들의 학업 성적에 관심이 없다. 문제를 일으키고 학교에서 튕겨져 나가는 아이들은 대부분 가정에 심각한 문제가 있거나 부모가 아이에 대한 관심을 거둔 경우다.

아이들과 연극이나 오페라 관람을 자주 하신다.

그렇다. 특히 연극을 자주 보여주려고 한다. 문학으로 아이들을 이끌려는 이유와 같다. 연극과 오페라는 문학의 또 다른 형태다. 그것들은 보고 즐기는 문법을 습득해야만 즐길 수가 있다. 그러면 행복의 가짓수도 늘어난다. 몰리에르의 연극을 보러 가기 전에 아이들과 같이 희곡을 먼저 읽는다. 처음에 연극을 보러 가면 줄거리를 다 알기 때문에 시시하다는 반응들을 보인다. 그러나 회를 거듭할수록 연출가와 배우들이 어떻게 이야기를 입체적으로 보여주었는지, 그 실연(實演)의 방식에 관심을 갖게 된다. 1년이 지나면 대부분의 아이들이 연극과 오페라를 즐기게 된다.

프랑스어 교사를 하신 지 얼마나 되셨나?

올해로 21년째다. 이 일을 정말 사랑한다.

1년에 8~9번씩 공연장으로 아이들을 데리고 가는 일은 대단한 열정이다.

나도 공연을 좋아한다. 아이들도 공연 관람이 얼마나 큰 기쁨인지 금방 발견하게 된다. 문학이 활자로만 존재하지 않고 무대 위에서 입체화되면 또 다른 아름다움이 창조된다는 것을 아이들이 알게 된다. 공연을 보기 전에 작품에 대해 공부한다. 공연을 관람한 후에도 작품에 대해 잠시 토론하는 시간을 갖는다. 좋았는지 싫었는지부터 어떤 점이 마음에 들고, 어떤 점이 마음에 안 들었는지를 이야기한다.

처음엔 만족도가 대체로 낮다. 그러나 회를 거듭하면서 작품을 보는 방법을 습득하면 대부분의 아이들이 연극과 오페라를 좋아하게 된다. 내가 아이들에게 열성을 다하기도 하지만 결국 내가 주는 것에 비해 내가 아이들로부터 받는 것이 10배쯤 더 많다.

21년 동안 프랑스어 교사로 일하면서 확인한 사실들이다. 전에 매우 생활환경이 열악한 지역에서 교사 생활을 할 때도 아이들과 연극이나 오페라 관람을 했었다. 그때는 얼마씩 내라고 말할 수가 없어서 관람료를 지불할 재정을 찾아내는 일까지 내 몫이었다. 샤를마뉴 중학교는 비교적 여유로운 환경인 아이들이 대부분이라서 내가 공연 관람을 제안하기만 하면 학부모들과 아이들이 함께 환호하고 문제없이 따라온다. 지금은 일이 수월한 편이다.

프랑스엔 아이들에게 위인전을 읽히는 풍토가 없는 것 같다. 한국에선 어린이들에게 읽히는 필수 도서가 세계명작동화와 위인전집이다.

프랑스 사회에선 위대한 사람들의 개인적 삶에 큰 관심이 없다. 그러나 한국처럼 세계 여러 나라 위인들의 삶을 아이들에게 알리는 것도 나쁘지 않은 것 같다.

그런데 어떤 사람이 위인인가? 점점 인간답게 살아가기 힘들어지는 세상에서 행복하게 자기 삶을 영위할 수 있다면 이미 훌륭한 삶 아닌가? 남들이 하지 못한 괄목할 만한 업적을 남긴 사람들을 흔히 위인이라고 부른다. 그러나 그들의 삶 자체가 행복한가? 전쟁에서 승리한 장군, 위대한 화가, 위대한 작가?

그들이 남긴 업적은 훌륭하지만 그들의 삶 자체가 행복했을까? 반 고흐, 빅토르 위고 같은 사람들이 남긴 작품들은 위대하지만 그들의 삶은 꼭 그렇지 않다. 오히려 불행한 삶인 경우가 많다. 프랑스 사람들은 주로 그들이 남긴 업적이나 작업에 주목할 뿐, 개인적 삶에는 크게 관심을 두지 않는다.

대부분의 사람들이 각자의 방식으로 행복을 추구하기에 위인의 목록을 만들고 위인전을 아이들에게 읽히는 풍토가 없는 것이 아닐까 싶다.

프랑스어 교육의 목표가 결국 행복으로 아이들을 이끄는 거라고 하셨다. 당신의 학생들은 지금 행복한가?

몇몇 예외들을 제외하면 대부분의 아이들은 그렇게 보인다.

"공부하는 것은 특권이 아닙니다. 그것은 우리의 권리예요."

: 가브리엘 포레 고등학교 3학년생들(2018) :

4장

경쟁하지 않을 자유

왜 프랑스는 철학교육에 목숨 걸죠?

어느 날 강연이 끝나고 뒤풀이를 하는 데 참석자 한 분이 질문을 던졌다. "왜 프랑스는 철학교육에 목숨을 거는 거죠?" 어른도 쉽게 답하기 어려운 질문을 던지는 프랑스 바칼로레아 철학시험에 대한 소문 때문에 철학교육에 목숨 거는 프랑스의 이미지가 만들어졌나 보다. 술잔이 엇갈리며 부딪히던 그 자리에서 난 잠시 생각했다. 일단 '목숨 거는 것 맞나?'에서부터 목숨을 건다면 '왜?'에 이르기까지. 여러 이야기가 오고 가며 내 고민은 결론에 이르지 못한 채 자리는 마무리되었다. 이후에도 질문은 집요하게 머릿속을 맴돌았고, 며칠 뒤 해답이 수면 위로 떠올랐다.

이 질문에 답하기 위해서 먼저 '철학이란 무엇인가'에 대한 대답부터 생각해봐야 할 듯하다. 내가 아는 가장 매력적인 해답은 대학 1학년 때 교양수업, '철학의 이해'에서 권창은 교수가 건넨 답이다. "철학은 당연하다고 생각되는 세상 모든 것에 대해 회의해보는 학문이다." 토를 달 수 없는 완전한 정의는 아니지만, 정답 찍기로 일관된 삶을 막 탈출해 대학에 당도한 우리에게 얼마나 짜릿한 자유를 선사하는 답이었던지. 내 어휘로 풀어서 말해보자면, 진리라고 제시된 명제를 그대로 수용하지 않고, 의심하고, 회의하면서 세상을 관통하는 나만의 시선과 관점을 갖고자 하는 것이 바로 철학하기다.

바칼로레아는 프랑스 고등학교졸업자격 시험으로, 합격률은 88~90퍼센트 정도다. 약 2주일간 치러진다. (프랑스어는 2학년 때 따로 치러진다. 3학년 말에 필수 과목은 월~금, 선택 과목은 그다음 주에 치러진다.)

프랑스는 고등학교졸업자격 시험인 바칼로레아의 첫날을 4시간짜리 철학시험으로 시작한다. 인문계(L, Littérature), 자연계(S, Scientifique), 경제사회(ES, Économique et Social) 부문에 각각 출제된 철학 문제는 그날 저녁 신문에 머리기사로 등장하고, 사람들은 그 문제들을 한동안 화젯거리로 삼는다.

철학시험에 등장하는 질문들은 대략 이런 것들이다. '법에 복종하지 않는 행동도 이성적 행동일 수 있는가?' '국가는 개인의 적인가?' '스스로 인식하지 못하는 행복이 가능한가?' '사랑이 의무일 수 있는가?' '예술작품은 반드시 아름다운가?'

많은 이들이 질문 목록을 보고 기가 질려하는 것은 살면서 굳이 가져봤던 질문이 아니거나, 대체 어떤 답을 내놓아야 할지 막막해지기 때문일 것이다. 시험 문제이니 기계적으로 답을 찾아야 한다는 데 생각이 미치지만, 바칼로레아 철학시험에는 정답이 없다. 질문의 목적 또한 '답'을 찾는 데 맞춰져 있는 것이 아니니, 좌절할 필요는 없다. 이것은 단지 '너'의 생각을 '너의 논리'를 바탕으로 펼쳐보라는 주문일 뿐이다.

바칼로레아 철학시험에 대한 사회적 관심이 높다 보니, 마치 이 나라는 어릴 때부터 철학을 배우는 나라인 듯하지만, 본격적인 수업은 고3이 되어서야 시작된다. 딱 1년 훈련하고 본질적 질문에 대한 생각을 논리적으로 피력하도록 요구하는 것은 타당한 일인가? 이에 대한 프랑스인들의 답변은 '예스' 그리고 '노'다. 철학 과목은 1년간 공부하지만, 초·중·고의 모든 학과에서 숙제를 하고 시험을 보며 질문에 대한 답을 자신의 논리로 펼쳐내는 훈련을 해왔다. 질문의 초점만 달라졌을 뿐, 논리를 전개하는 글을 써야 한다는 측면에선 같다. 그리 무리한 시험은 아니라는 입장을 가진 사람이 적지 않다. 그럼에도 철학이란 학문의 틀에서 사고하고 답하는 훈련을 1년밖에 하지 않은 학생들에게 깊은 사고를 요구하는 질문에 답하라고 요구하는 것은 다소 기만적이라고 생각하는 사람도 많다. 좀 더 긴 시간의 훈련이 필요하다는 것이다.

결과적으로 고3이 되어 아이들이 첫 번째 철학시험에서 내놓는 답안들은 대체로 '난장판'이란다. 첫 번째 철학시험에서 20점 만점에 10점을 넘으면 잘한 축에 속한다고 말할 정도다. 아무리 학교에서 다양하게 자기 생각을 표현하는 훈련을 했더라도 이 나라 아이들에게도 바칼로레아 철학은 만만한 고지가 아니다. 듣자 하니 철학은 수학이나 영어처럼 노력으로 극복되는 과목도 아니란다. 첫 시험에서 8점을 받은 아이들은 바칼로레아 시험 전까지 아무리 노력해도 11점 정도밖에 받지 못한다. 첫 시험부터 15점을 받던 아이들이 결국 바칼로레아에서 18점 정도를 받는 것이다.

프랑스 고등학생은 1년간 철학 수업에서 논리와 사고의 폭을 펼쳐보이는 훈련을 받는다. 논리와 사고력을 보여주는 기술은 1년 안에 숙련시킬 수 있지만 논리와 사고력 자체는 아이들이 살아온 18년의 삶 속에서 축적되기 때문이다.

바칼로레아 철학시험이 던지는 질문들은 다분히 기존 질서와 고정관념에 대한 도전과 의심을 품고 있다. 도발적 질문들은 파편처럼 사방으로 튀는 자유로운 생각을 자극한다. 그 도발 속에서 정연하게 체제 수호적 생각을 할 수도, 나만의 뾰족한 사고를 구축할 수도 있다. 그 성을 축조하는 벽돌들을 차곡차곡 흩어지지 않게 쌓아올려 그럴듯한 모습으로 제시해야 할 뿐이다.

이 심오해 보이는 질문들은 세상에 나가기 전에 자신만의 세계관을 만들어가라는 주문을 이제 막 어른이 될 아이들에게 던지는 것이다. 일생에 단 한 번뿐인 바칼로레아 철학시험에서 만난 질문. 거기에 답하기 위해 집중하던 4시간. 그 시간 동안 만들어낸 나만의 생각 체계는 누구에게든 오래 남을 생각의 틀이다.

1808년 나폴레옹 치하에서 바칼로레아가 처음 생겼고 바로 그해부터 바칼로레아 철학시험이 실시되었다. 200년이 넘는 시간 동안 역사적 부침과 숱한 정치적 변혁이 있었음에도 철학에 부여한 이 사회의 가치는 한순간도 포기되거나 뒷걸음치지 않았다. 이들은 어떤 순간에도 자유롭게 생각하는 공화국의 시민을 길러낸다는 명제를 놓치지 않았다.

프랑스 교육부의 철학 바칼로레아 담당 교육감은 이 시험의 의의를 다음과 같이 정의한다. "철학 수업을 통한 우리의 목표는 학생들이 생각의 자유를 획득하는 것이다. 하나의 인간이자 시민으로 완성될 수 있도록, 그들이 건설적인 생각의 자유를 획득하고 공화국 프랑스의 이상 실현에 기여하길 바란다."

나만의 사고 체계, 세계관 없이 세상에 발을 딛는 청년에겐 무엇이 기다리고 있을까? 바로 대세를 좇는 삶이다. 자기 세계관이 없으면 가장 번성한 종교인 자본주의가 그들의 사고를 점령하여 그들에게 대세를 좇게 하며 결국 박 터지는 경쟁 속에서 영혼을 탈취당할 것이다.

한국에서도 대학 입학을 위해 '논술'시험을 치른다. 그러나 한국의 논술은 학생들에게 생각의 자유를 길러준다기보다는 또 다른 전문 학원의 출현을 야기하는 또 하나의 머리 아픈 시험 과목에 지나지 않는다. 개인의 자유로운 생각을 개진하기보다 출제자의 의도를 파악하여, 그들이 좋아하는 답변을 파악하는 방향으로 논술을 준비한다.

거기에 다른 출구를 모색할 여유도 없어 보인다. 다른 모든 과목의 시험이 결국 논술 혹은 구술의 형태를 띠는 프랑스에서 철학시험을 보는 것과, 다른 모든 과목은 객관식으로 보면서 논술만 서술형으로 치르는 것은 다른 의미일 수밖에 없다. 나의 사고 체계를 정립하기보다 정답을 고르는 훈련만 받은 상태에서 갑자기 논술시험 하나로 독창적이고 논리적인 사고를 전개하는 학생들이 만들어질 수는 없다. 결국 학원을 통해 독창적이고 논리적인 사고를 흉내 내는 기술을 익힐 뿐이다. 그 패턴에 교사들 역시 동조해가고 있는 것이 아닐까 싶다.

지식과 생각을 나의 언어로 기술해나가는 것은 철학뿐 아니라 프랑스의 모든 교과과정에서 12년간 지속되는 방식이다. 수업이나 시험, 과제를 통해 꾸준히 자신의 생각을 만들어간다. 그들에게 객관식 시험은 존재하지 않는다. 객관식은 나의 앎을 표현하는 방법이 될 수 없다고 이들은 판단한다. 일대일로 구술시험을 보고, 길게 글로 풀어낸 답안을 평가하는 것이 교사들에게는 훨씬 고달프다. 게다가 시험 자체에 들어가는 사회적 비용도 높을 수밖에 없다. 그러나 채점의 효율과 비용의 절감이라는 사소한 이득을 위해 앎의 질을 포기하진 않는다. 결국 교육의 목표 자체를 어디에 두는지의 문제, 선택의 문제다.

출제자의 의도를 잘 파악하여 그가 요구하는 정답을 맞히는 능력을 갖춘 체제 순응적인 엘리트를 길러낼 것인가. 스스로 사고하고 판단하여 세상의 모순에 과감히 문제를 제기하는, 자신과 세상의 주인이 될 시민들을 길러낼 것인가. 이 부분에 대해 우린 먼저 판단해야 한다.

사르코지의 바칼로레아 철학 점수는 9점

/

바칼로레아 철학시험 문제들이 아무리 어려워도 기죽을 필요가 없다는 이야기를 한국 사람들과 나누던 때였다. 누군가 이런 이야기를 했다. "심지어 사르코지의 철학 점수는 9점이었다죠." 사람들은 함께 웃었다. 바칼로레아 철학시험은 최고점이 20점이다. 10점 이하면 낙제다.

사르코지 전 대통령이 철학시험에서 낙제했다는 이야기를 칼리 아빠에게 해줬다. 그는 시큰둥하게 반응했다. "그건 아무 의미 없는 이야기야. 철학 점수는 채점자의 성향에 따라 얼마든지 달라질 수 있거든." 칼리 아빠의 말이 맞다. 하지만 사르코지라는 적대적 인물을 한 번 더 비웃어줄 수 있는 좋은 기회인데, 그의 무덤덤한 반응에 놀랐다. 며칠 뒤, 칼리에게도 똑같은 이야기를 전했다. "엄마, 사르코지의 철학 점수가 무슨 중요한 정보라고 나한테 말해주는 거야?" 중요한 정보는 아니지만, 웃자고 한 얘기였다. 한국에서는 사르코지의 점수 이야기를 들으면 모두 웃으니까. 그러나 아이에게는 웃기지도 놀랍지도 않은, 무의미한 이야기였다. 아이 아빠가 보인 반응과 같았다.

프랑스 국적을 가진 우리 집 두 사람이 사르코지의 점수에 대해 보여주었던 일관된 '쿨'함은 이 동네에는 시험 성적으로 사람을 놀리는 문화가 없다는 사실을 다시 한 번 실감하게 해줬다. 시험 성적이 한 사람을 평가하는 중요한 잣대는 더욱 아니었다.

특히 철학시험은 문제와 답변이 갖는 주관적 성격상 점수로 타인을 평가할 수 없다는 생각이 강하다. 좌파적 성향을 가진 교수가 극우적 성향을 가진 학생의 철학 답안을 채점할 때, 후한 마음이 들 리 없을 것이다. 반대의 경우도 마찬가지다. 철학시험을 채점할 때 채점자의 성향에 따른 편파성의 위험을 이들은 이미 알고 있다.

그래서 점수에 매달리지 않는다. 88퍼센트에 가까운 합격률을 보이는 시험이니 어림잡아 열에 아홉은 바칼로레아를 통과한다. 원칙적으로 이 시험을 통과한 사람들은 대학에 갈 수 있다. 바칼로레아에서 우수한 성적은 그랑제콜 준비반에 들어가고자 하는 상위 1~2퍼센트들에게나 의미 있는 일이다.

프랑스의 대학교는 입학 정원이 많다. 하지만 한 학년 올라가는 과정이 쉽지 않다. 해마다 무수한 탈락자가 발생한다. 3~4년 지나다 보면 그 많던 학생들이 어디로 갔는지 모두 사라지고 한 줌만 남는다. 그렇다고 학년이 올라갈 때마다 정원을 줄이는 것은 아니다. 프랑스의 대학에서 모든 평가는 절대평가로 이루어진다. 따라서 학생 자신이 진급에 필요한 점수를 이수하지 못하거나 스스로 이 길이 아님을 깨닫고 다른 길을 찾아 떠난다. 대학에 올라가도 여전히 나는 나 아닌 다른 누구와 경쟁하지 않는다. 자신의 능력과 적성을 파악하고 욕망과 한계를 인지하며 내 길을 찾아 나아갈 뿐이다.

사르코지의 바칼로레아 철학 성적을 공개한 기사를 찾아보았다. 그의 철학 성적뿐 아니라 유명 연예인, 철학자, 장관, 텔레비전 진행자 등의 철학 성적이 고루 공개되어 있었다. 이 기사가 쓰인 목적이 놀라웠다. 유명인들의 점수를 '폭로'하는 것이 목적이 아니었다. 철학시험을 앞두고 긴장한 학생들에게 "이 머리 아픈 철학시험을 망친다 해도 절망하지 마라. 철학에서 낙제를 해도 대통령이 될 수 있고 심지어 철학자도 될 수 있다"라고 말해주기 위함이었다.

기자는 유명 인사들에게 직접 그들의 철학 점수를 물었고, 그들은 점수를 기꺼이 가르쳐준다. 심지어 그 당시 시험 문제가 무엇이었고 어떤 식으로 답을 썼는지도 공개한다. 차마 성적을 스스럼없이 묻지도 못할뿐더러, 점수가 낮으면 당연히 공개를 거부하는 우리와 다르다. 빈곤한 인격의 소유자로 알려진 사르코지마저도 자신의 철학 점수를 대중에게 공개할 만큼 '별일 아닌' 것이다.

바칼로레아 철학시험과 관련한 또 한 가지 재미있는 에피소드가 있다. 70년대 말 바칼로레아를 치른 한 친구는 당시 바칼로레아 철학시험에서 최고 점수를 받았다고 한다. 덕분에 그 친구는 답안지가 신문에 게재되는 영광을 얻게 되었다. 그런데 그는 오히려 근심에 휩싸였다고 한다. 그는 칼 마르크스를 인용하며 답안을 작성했는데, 문제는 칼 마르크스가 그런 말을 한 적이 없다는 것이었다. 그 친구는 칼 마르크스의 사상에 근거하여 그가 했을 법한 말을 지어냈던 것이다. 그는 답안지가 언론에 공개되면 그 사실이 드러나 자신은 끔찍한 논란의 주인공이 될 거라고 두려움에 떨었다. 그는 신문을 10부 사서 주변에 나눠주겠다는 어머니를 뜯어말리며, 이불 속에서 시한폭탄이 터지는 순간을 괴롭게 기다렸다. 끝내 그 폭탄은 터지지 않았다. 아무도 그 문장이 마르크스의 것이 아님을 눈치채지 못했다. 혹은 마르크스가 직접 말하지 않아도 충분히 그의 사상을 담고 있었기에 굳이 문제를 제기할 필요가 없었을 수도 있다.

바칼로레아 철학시험에 온 사회가 시선을 집중한다는 말은 학생들의 점수에 신경을 곤두세운다는 의미는 아니다. 시험에 출제된 문제들은 현재 프랑스 사회를 향해 철학자들이 던지는 예민한 질문이기도 하다. 그래서 시험장에 도착한 아이들뿐 아니라 온 사회가 그 질문에 답해보려는 노력을 하게 된다. 그 시간이 바로 프랑스 공화국을 지탱하고 완성하는 시간이기 때문이다.

프랑스어 바칼로레아

프랑스어 수업이 읽고 이해하고 쓰고 말하는 방식으로 진행된다는 이야기를 들으면 '그럼 프랑스어 시험을 어떻게 치르지?'라는 의문이 자연히 꼬리를 문다. 인생 전체를 아우르는 고민을 주제로 던져주는 철학 바칼로레아가 우리나라에서 유명세를 타긴 했으나, 정말 놀라운 바칼로레아는 프랑스어 시험이다.

프랑스어 바칼로레아는 고등학교 2학년 때, 따로 떼어서 본다. 한 번은 구술시험, 한 번은 필기시험. 다른 바칼로레아와 달리 2학년 때 먼저 시험을 치르는 이유는 프랑스어 바칼로레아를 진행하는 데만 2주 정도의 시간이 걸리기 때문이다.

필기시험은 철학시험과 같이 4시간 동안 치러진다. 구술시험도 함께 진행되는데, 학생당 1시간가량이 꼬박 소요된다. 교사 한 명이 학생 한 명을 일대일로 맞이하여 진행된다. 그래서 한 교사가 시험을 볼 수 있는 학생 수는 7~8명으로 제한된다.

지난해 프랑스어 바칼로레아를 마친 잔을 만나 시험에 대해 물었다. 잔은 현재 프랑스 최고 명문고로 꼽히는 파리의 앙리4세 고등학교 3학년에 재학 중이다.

필기시험에는 시, 소설, 희곡 가운데 하나가 나온다. 필기시험에는 세 가지 타입의 문제가 나오는데 그중 하나를 선택하여 답할 수 있다.

첫 번째는 문학작품에 대한 분석이다. 제시된 작품들에 대한 비교 분석이거나 각각의 작품에 대한 개별적 분석일 수도 있다. 두 번째는 제시된 문학작품에서 논쟁의 주제를 한 가지 제기하고 자신의 주장을 펼쳐나가며 일종의 소논문을 작성하는 것이다. 제시된 문학작품을 토대로, 자신의 주장을 전개해나가야 한다. 세 번째는 주어진 문학작품의 지문만 보고 이후 장면을 자신의 상상력을 동원하여 완성해가는 것이다.

자연계에 속하는 잔의 시험지에는 마르그리트 뒤라스, 알베르 카뮈, 마르셀 프루스트의 소설이 들어 있었다. 잔은 세 소설에 등장하는 인물들을 관통하는 캐릭터의 특징을 분석하는 문제를 택하여 답안지를 작성했다고 한다.

구술시험은 각자 다른 날 보게 된다. 학생이 시험장에 들어가면 교사가 제비를 뽑는다. 제비 위에는 학생들이 고교 시절 읽었을 법한 문학작품의 제목이 적혀 있다. 교사는 해당 작품을 발췌한 내용과 함께 몇 가지 질문을 던진다. 30분 동안 학생은 짧은 발췌문을 읽고, 답변을 준비한다.

먼저 10분 동안 학생은 교사가 처음에 제시했던 질문들에 대해 발표하고, 나머지 10분은 교사의 질문에 대해 답변한다. 필기시험에는 학생이 고교 시절 접하지 못했을 작품도 출제된다. 그러나 구술시험에는 기본적으로 교과과정에서 접하게 되는 작품들만 나온다. 학생은 그 작품에 대해 기억하지 못할 가능성도 있지만 그렇더라도 기존 지식을 동원하여 교사의 질문에 자신의 관점을 제시해야 한다.

이들의 시험은 철저하게 많이 읽고 쓰고 조리 있게 생각한 것을 말하는 것에 초점이 맞춰져 있다. 30분간 답변을 준비하고 20분간 교사와 학생이 질문을 주고받고 나면, 나머지 10분 동안 교사가 채점을 한다. 그래서 한 학생의 구술시험에는 총 1시간이 걸리는 셈이다.

채점도 꼼꼼하다. 구술시험을 담당하는 교사는 학생의 텍스트 이해도, 표현의 수준, 논리의 일관성, 문학 지식, 정확한 프랑스어 사용 능력, 어휘의 수준 등의 세분화된 항목과 기준에 따라 평가

한다. 이 모두를 합산하여 점수가 매겨진다. 학생들 못지않게 시험관 역시 철저한 훈련을 거쳐야 한다.

컴퓨터가 아니라 교사가 채점하는데 공정성에 대한 논란은 없을까?

한국 사회라면 공정성에 대한 논란 때문에 프랑스식 구술시험은 엄두도 못 낼 것 같다. 사람이 하는 일이니 공정하지 않을 수도, 실수가 발생할 수도 있다. 공정성 시비가 사회 문제가 될 만큼 크게 다뤄지는 경우는 아직 보지 못했다.

우수한 학생이 바칼로레아에서 믿기지 않는 점수를 받았다거나, 시험 당일 피치 못할 상황이 발생하여 시험을 망쳤다거나, 시험에 참석하지 못했을 경우에는 교육청에 소명할 수 있다. 사유가 받아들여지면 9월 초에 재시험을 칠 기회가 주어진다. 철도나 지하철 파업 등으로 시험장에 늦게 도착했다면 시간을 늦추는 등 유연하게 대처한다.

영화학교 페미스 입학시험

영화평론을 하는 지인 덕분에 프랑스 최고 명문으로 꼽히는 국립영화학교 페미스(FEMIS)의 입학시험 채점 과정을 옆에서 지켜볼 수 있었다. 그 영화학교는 전 세계에서 2000여 명의 지원자가 몰려든다.

필기시험은 잘 알려지지 않은 오래된 영화의 처음, 중간, 마지막 대목을 5분씩 수험생들에게 보여주고, 영화를 분석하게 하는 것이다. 필기시험을 채점하기 위해 학교는 40명의 영화 전문가를 초빙한다. 평가자들은 영화평론가, 영화 전문 기자, 영화감독, 영화과 교수 등 영화와 관련한 식견에서 대체로 균일한 공신력을 가진 사람들이다. 이들은 일주일 동안 50개의 답안지를 꼼꼼히 읽고 의견을 적은 후 그에 상응하는 점수를 매긴다. 그리고 다음 일주일 동안 또 다른 50개의 답안지를 같은 방식으로 채점한다. 이런 식으로 한 수험생의 답안을 두 명의 심사위원이 채점한다. 이후 두 사람의 점수를 합산하여 최종 점수를 산출한다.

이때 한 수험생에 대한 두 사람의 점수가 3점 넘게 차이가 나면 학교장이 채점한 두 사람을 불러 의견을 듣는다. 그리고 한 사람이 점수를 조정하든가, 학교장이 중재하는 절차를 밟는다. 놀랍게도 이런 일은 거의 발생하지 않는단다. 이들의 직업이 모두 교수나 교사는 아니지만 영화 전문가로서 하나의 영화를 보고 분석한 글에 대해 비슷한 평가의 방식을 체득하고 있는 것이다.

실기시험은 하나의 주제에 대해 10분짜리 단편영화를 2주 동안 만들어 오는 것이었다. 필기시험 채점에만 2주가 넘게 걸리고, 실기시험에도 역시 상당한 시간이 걸린다.

시험만큼이나 평가도 쉽지 않다. 그래서 국립영화학교는 40명의 심사위원들에게 적지 않은 금액의 심사위원비를 지급한다. 정성과 노력, 시간과 비용이 엄청나게 투여되는 이들의 학생 선발 방식을 지켜볼 때마다 '편리함'과 '효율'에 맞춰져 있는 우리의 시험제도를 떠올리게 된다.

우리는 주로 오지선다형의 객관식 시험을 치른다. 그래서 채점이 쉽다. 하지만 객관식 시험에서는 문제를 파악하고, 나의 생각을 명확히 표현하는 능력보다 정답을 실수 없이 맞히는 능력이 더 중요하다. 과정보다 정답이 중요해질수록 아이들의 지식은 단편화되고 파편화된다. 인간이 평가할 수 있는 것과 기계가 평가할 수 있는 것 사이엔 엄청난 차이가 있다. 어쩌면 인간만 할 수 있는 일들을 편리하고 깔끔한 시험 관리를 위해 기계에게 맡기면서 아이들이 키울 수 있는 감수성과 능력들을 거칠게 잘라내고 있을지도 모른다.

누구든 아이들에게 폭넓은 독서가 바람직하다는 사실을 알지만, 우리의 교육과 시험 방식은 독서를 권장하는 방식으로 가지 않으면서 오매불망 노벨문학상 수상 소식을 기다린다. 예술영화는 철저히 외면받고 할리우드 블록버스터 영화만 흥행하는 현실 속에서 정작 관객들은 칸영화제에 한국 작품이 진출할 때마다 황금종려상을 기다린다. 폭넓고 다양한 지식의 축적을 말하면서 정작 시험에서는 한 가지 정답만 요구한다. 이와 비슷한 모순의 구조를 우리 사회 구석구석에서 볼 수 있다.

기업은 외국어로 자유롭게 소통하는 사람을 필요로 하지만 정작 영어시험은 토익이나 토플로 대체되는 것도 우리 사회의 모순이다. 토익은 900점이라도 영어는 한마디도 못 하는 사람이 많다는 현실은 영어 성적과 소통이 정비례하지 않음을 잘 보여준다.

프랑스 사람 중엔 토익과 토플을 전혀 모르는 사람들이 대다수지만 영어를 잘하는 사람이 제법 많다. 영어와 프랑스어가 갖는 어휘의 유사성 때문이기도 하지만, 철저하게 생활영어 중심으

로 가르치고 있는 초·중·고에서의 영어 교육 방식에 기인하는
바도 적지 않다고 본다.

어설프게 남의 방식을 따라 하기보다 우리 사회가 키워내고
싶은 아이들, 한국 사회가 요구하는 미래의 어른들이 어떤 사람
들인지에 대한 검토가 필요하다. 그 후에 적합한 교육 방식과 평
가 방식이 갖춰져야 할 것이다. 물론 아이들이 괴롭지 않은 방식
을 찾는 노력과 더불어서 말이다.

젠더교육, 남자 혹은 여자 되기

1949년, 프랑스에서 여성참정권이 보장된 지 5년이 채 지나지 않은 시기, 시몬 드 보부아르는 그해 출간된 저서 《제2의 성》에서 "여성은 태어나는 것이 아니라 만들어지는 것"이라고 말했다. 이후 페미니즘이라는 세계에 입문하는 사람이 반드시 그 입구에서 마주치게 되는 이 문구는 70년이 지난 오늘 프랑스 생물 교과서에서 비슷하게 반복되고 있다. 프랑스 교육부는 2011년 고등학교 생물 교과서에 "남자 혹은 여자 되기"라는 장을 삽입하며, 이렇게 젠더를 정의한다. "모든 사람은 태어날 때 생물학적 성을 갖고 태어나지만, 자라나면서 여러 가지 요인에 의해 자신의 생물학적 성과 다른 사회적 성, 즉 젠더를 가질 수 있다."

보부아르와 생물 교과서의 문장은 상반된 각도에서 태생적으로 결정되는 인간의 속성에 대해 반기를 든다. 보부아르의 글이 여성의 특징처럼 여겨지는 종속성과 수동성이 사회에 의해 길러지고 강요된다는 사실, 즉 성적 불평등을 만드는 사회를 고발하고 있다면, 생물 교과서의 "남자 혹은 여자 되기"는 환경적·사회적 요인에 의해 생물학적 성과 각자의 성적 정체성이 달라질 수 있다고 말한다. 보다 확장되고 유연해진 성정체성에 대한 사회적 수용을 드러내는 것이다. 이 교과서는 성정체성을 스스로를 남성 혹은 여성으로 느끼는가의 문제로 바라보고, 성정체성은 날 때부터 결정되기도 하지만, 한편으론 사회적 조건에 따라 변화될 수 있는 것이라 기술한다.

사르코지하의 우파정부에서 주도된 이 교과서 개편은 큰 잡음 없이 진행되었다. 당시 극우 가톨릭 학부모 단체가 정부에 공개 항의서를 보내는 등의 저항이 있었으나, 학계나 정부 내에서는 거의 만장일치로 사회적 성을 교과서에서 다루기로 하는 데 동의 했다. 극우 가톨릭계의 입장도 동성애자들이나 트랜스젠더를 차별진 않으나 교과서에서 이 내용을 언급하는 것이 오히려 청소년들의 호기심을 부추길 수 있으니 언급하지 말자는 의견이었다.

그러나 그들의 의견은 지극히 극소수의 의견으로 큰 사회적 관심을 불러일으키진 않았다. 이것은 동성애자들이나 트랜스젠

더 등에 대한 사회적 인정과 그들이 성정체성 때문에 타인으로부터 차별받을 수 없다는 평등권의 확대를 의미하기도 한다.

그러나 사르코지 정부에 이어 들어선 올랑드 사회당 정부가 임기 초부터 동성애자 결혼을 인정하는 '모두를 위한 결혼법(Mariage pour tous)'을 최우선 과제로 들고 나오자 가톨릭 가정으로 대표되는 프랑스 내의 보수 세력이 거세게 저항했다. 그들의 저항은 동성애자 결혼법 자체에 대한 저항이기도 했지만 19년 만에 권력을 사회당에게 빼앗긴, 우파 보수 세력의 사회당 정부에 대한 전면적 저항이기도 했다.

보수 세력은 동성 커플의 결합보다도 동성애자들이 결혼을 인정받으면서 입양할 권리를 비판했다. 이성애자 커플과 동등한 권리를 부여한다는 의미에서 제정된 법이기에 동성 결혼 커플에게도 결혼의 권리와 함께 입양의 권리가 허용되기 때문이다. 법이 통과된 지 5년, 프랑스 통계청은 지금까지 약 4만의 동성 결혼 커플이 탄생했다고 전한다. 연간 약 7000 커플씩, 매년 비슷한 숫자의 동성 커플들이 가족을 꾸려왔다. 한편, 가톨릭계의 우려와 반대로, 입양을 한 동성 커플은 거의 집계되지 않는다. 채 10명이 안 되는 수준이라고, 관계당국은 전한다. 개인적으로 한 아이를 키우고 있는 레즈비언 커플을 아는데, 그 경우는 두 사람 중 한 사람이 과거, 이성과의 결혼에서 낳은 아이를 함께 키우고 있는 경우였다.

2016년, 그동안 비교적 성소수자에 대하여 열린 입장을 보여 줬던 프란치스코 교황이 "프랑스의 교과서가 젠더 이론을 확산시키고 있다"며 비난에 가세하면서 다시 한 번 논란이 불거진 바 있다. 한 프랑스 교인이 자신의 열 살 먹은 아들에게 커서 무엇이 되고 싶냐고 물었을 때, "여자가 되고 싶어요"라고 답했다는 이야기를 교황에게 전하며, 어떻게 했으면 좋겠냐고 조언을 구했던 것이 교황이 프랑스 교과서에 문제 제기를 한 계기가 되었다. 그러나 프랑스 초등학교 교과서는 젠더교육을 시키지 않고, 오로지 성평등에 관한 이야기만 있을 뿐이며, 고등학교 생물 교과서에도 젠더의 개념을 언급할 뿐이어서 결국 교황의 주장이 잘못된 사실에 근거하고 있음이 입증된 바 있다. 통념과 달리 프랑스 내에서 성당에 다니는 실질적인 가톨릭 신자는 3~5퍼센트에 불과하여, 교황의 영향력은 생각보다 크지 않다. 반면, 종교가 없거나 무신론자인 사람의 비율이 3분의 2로 프랑스 인구의 절대 다수를 이룬다.

2011년에 시작된 젠더교육이 비교적 최근에 교과서에 자리를 차지했다면 성평등 교육은 80년대 말부터 초·중·고 시민윤리 시간을 통해 다뤄져왔다. 특히 초등학교 때는 남자와 여자에게 사회가 관습적으로 부여해온 성역할과 고정관념을 타파하는 데 그 초점이 맞춰져 있다. 남자아이도 분홍색을 좋아하고 발레를 즐길 수 있으며, 여자아이도 파란색 셔츠를 입고 축구를 좋아할 수 있다는 걸 말하며, 남자와 여자는 동등한 가능성과 능력을 가지고 있음을 알리는 것이다. 예를 들어 축구를 하고 있는 여자아이, 인형놀이를 하고 있는 남자아이를 일러스트로 보여주며, 고정관념에 얽매여서 서로의 역할을 제한하는 것은 어리석은 태도라고 강조한다.

교사들은 집안일, 직장일, 운동 등에서 성별에 따라 할 수 있는 일, 해야 할 일이 따로 있지 않다고 상기시킨다.

여전히 프랑스 사회에서도 가사노동 시간을 비교해보면 남녀 차가 크다. 통계마다 조금씩 다르지만, 대략 여성이 가사일의 3분의 2 정도를 담당하고 있다. 그러나 여성의 취업률(86.8퍼센트)도 남성의 그것(95.3퍼센트)에 비해 크게 뒤처지지 않는다. 교과서는 남편이 소파에 앉아 있는 동안 빨랫감을 챙기고 있는 일러스트를 제시하고, '이 상황을 묘사하라', '이 상황에서 드러나는 문제점은 무엇인가', '어떤 해결책이 있을까' 등의 문제를 통해 교실 안에서 토론이 이뤄질 수 있도록 유도한다.

청소년기에 이르면 생물 시간에 신체상의 변화와 월경, 임신이 되는 원리 등을 상세히 다룬다. 성관계 시 유의해야 할 사항, 즉 질병과 원하지 않는 임신을 피하기 위해서는 피임을 해야 한다는 식의 문제는 외부 강사들의 강연을 통해 이뤄지는 경우가 대부분이다. 이 부분은 시민윤리 시간에 주로 다뤄지는데, 이 시간에는 외부 강사를 초빙하여 진행되는 경우가 많다. 그럴 경우 아이들의 집중도가 더욱 높아지는 효과가 있기 때문이다.

에이즈에 감염되었다가 치료된 사람들 위주로 구성된 에이즈 방지협회에서 나와 콘돔을 사용한 피임의 중요성을 설명해주며, 나중에 콘돔을 모두에게 나눠주기도 했다는 이야기를 여고생에게 들은 바 있다. 성생활을 시작한 아이도 있고, 전혀 그렇지 않은 아이들도 있어서 필요 없는 아이들은 필요한 아이들에게 콘돔을 몰아주기도 했다고 한다. 어쨌든 그날의 강연은 아이들에게 성관계 시 콘돔의 필요성을 절실히 일깨워주었다는 증언이다.

프랑스에서 성차별과 동성애자 차별의 문제는 인종차별과 마찬가지로, 불평등에 대한 사회적 저항의 차원에서 다뤄진다. 동성애자 결혼법은 그들이 이성애자들과 평등한 존재이므로 그들에게도 결혼을 하거나 하지 않을 권리가 똑같이 주어짐을 천명함으로써 평등을 확대하는 의미를 갖는다. 현재 유럽에서는 슬로베

니아, 리투아니아, 라트비아, 루마니아, 불가리아, 폴란드 등 6개 국을 제외한 모든 나라에서 동성 간의 결합을 인정하는 사회적 제도를 마련하고 있다.

(위) 샤를마뉴 중학교

(아래) 샤를마뉴 고등학교 정면에 붙어 있는 마크롱 대통령을 조롱하는 문구, '마크롱은 내 똥'
대학 입학 선발권을 대학에 부여하는 개정안으로 경쟁 시스템을 촉발시키는 계기를 마련한
마크롱의 정책에 고등학생들 대다수가 항의하는 상황

노동인권 교육,
학교가 노조활동을 가르친다?

업종 불문, 수시로 파업과 가두시위가 벌어지는 사회가 프랑스다. 학생들도 교사들이 파업에 동참하는 것을 일상적으로 경험한다. 파업은 "엇! 무슨 일?"인지 묻게 하는 사회적 사이렌이다. 이들이 파업을 대하는 태도는 가치판단을 배제하고 순순히 수용한다는 면에서 자연현상을 대하는 것과 비슷해보인다. 폭우가 쏟아지고 우박이 떨어질 때 하늘을 원망하지 않듯, 파업을 한 사회가 굴러가기 위해 종종 일어나곤 하는 자연스런 일로 받아들인다. 사이렌이 끝끝내 수용되지 않으면 거센 파도가 되어 사회를 뒤흔들기도 한다. 공장노동자뿐 아니라 판사, 경찰, 청소부, 연극배우, 루브르 박물관 직원, 택시 운전사……. 파업에는 어떤 직업의 구별도 경계도 없다. 파업은 기계의 부속품이나 노예가 되길 거부하고, 인간의 존엄을 지키기 위해 취하는 공식화된 사회적 언어인 셈이다. 각자가 맡은 역할을 수행함으로써 함께 굴러가던 사회라는 기계는 한 군데가 잠시 멈추면서 같이 멈춰서거나 더디게 작동한다. 그때 잠시 멈춰서 문제 제기를 하는 한 집단의 외침에 귀 기울이는 것이 파업을 대하는 이들의 방식이다. 프랑스는 어떤 과정을 통해 파업이란 사회적 언어를 이토록 자연스럽게 받아들이게 된 것일까?

중고교의 시민윤리 교과과정엔 노동인권 교육이 들어 있다. "프랑스 학교에선 노조 문건 작성하는 법까지 가르친다"는 레토릭으로 프랑스의 노동인권 교육에 대한 전설은 한국에도 한바탕 회자된 바 있다. 중2인 칼리는 아직 본격적으로 이 수업을 받지 않았고 중학교 4학년이 되어야 비로소 접하게 될 터이나, 이미 이 아이에게도 노조의 존재나 그들이 벌이는 단체 행동에 대한 시선에는 나름의 각이 잡혀 있다. 노동인권 감수성은 시민윤리 시간에만 길러지는 것이 아니었던 것이다.

최근 마크롱 정부가 철도노동자들이 누려왔던 혜택들을 박탈하기로 함에 따라 철도노조는 파업을 결정했다.《르몽드》지에 실렸던 철도노조의 파업 예고 기사에 가장 많은 호응을 얻은 댓글은 이러했다.

"공기업과 사기업을 통틀어서 지금 우리가 누리고 있는 모든 사회적 권리는 바로 우리의 아버지들, 할아버지들이 미래의 세대를 위해 파업해가며 얻은 것입니다. 그들은 연대했습니다. 그들에게 는 파업을 할 만한 재정적 여력이 없었지만 감자만 먹으면서도 흔들리지 않았습니다. ...... 그런데 우린 손가락 까딱하지 않고 이 모든 것을 다시 당하고 있군요. ...... 모두 깨어납시다. 삶에서 싸우지 않고 얻어지는 것은 아무것도 없습니다. 자신의 명예를 걸 고 그리고 우리 후손들을 위해 싸워야 합니다. ...... 아무도 방해 하지 않는 파업은 의미 없는 파업입니다. 좀 더 이해하고 관용하 며 그들과 함께 춤춥시다."

프랑스인이라면 이 글이 어느 시점, 어떤 사건을 환기하고 있음을 모를 수 없다. 1936년의 총파업. 함께 춤추고 노래하며, 그러나 결기 있게 진행된 그 파업이 바로 프랑스인들이 목숨처럼 소중히 여기는 유급휴가의 출발점이었기 때문이다. 칼리도 초등학교 5학년 역사 수업을 통해 1936년 5월, 약 200만 명의 노동자들이 한 달간 진행한 총파업에 대해 배운 바 있다. 노동자들은 파업을 통해 당시 막 집권한 좌파연합 정부 인민전선(Front Populaire)으로 하여금 자신들의 모든 요구, 즉 2주의 유급휴가, 통상임금 상승, 주 40시간 노동, 실업급여를 전면 수용하게 만드는 데 성공했다.

마침 이 내용을 칼리가 학교에서 배울 때, 파리 시청에서는 인민전선 정부에 대한 전시회가 열리고 있었기에 함께 가서 당시의 노동자들이 공장 마당에서 축제처럼 벌인 총파업과 이후 2주의 바캉스를 떠나는 노동자들의 밝은 모습 등을 수십 장의 사진 자료를 통해 목격하기도 했다.

연 5주 유급휴가, 주 35시간 노동이라는 현재의 근로조건은 바로 당시의 승리가 물꼬를 트며 만들어진 것이다. 이는 프랑스인들의 삶의 패턴에 큰 변화를 가져왔다. 일에 쏠려 있던 삶의 무게중심은 점점 여가와 개인적 삶 쪽으로 이동했고, 사람들을 일의 노예에서 제 삶의 운용 주체로 서서히 바꿔놓았다. 아이들은 노동자의 권리를 문헌으로 배우기에 앞서 파업하는 교사들과 부모들, 그것을 받아들이는 시민들, 그렇게 해서 누리게 된 여유로운 삶의 태도를 눈으로 보고, 역사를 진보시킨 노동자들의 투쟁사를 들으며 노조나 파업에 대한 인상을 새겨간다.

프랑스 중학교 4학년에 올라가면 세계인권선언과 프랑스 헌법 속에 노동자들의 권리가 어떤 식으로 기술되어 있는지, 그 역사적·법적 근거를 먼저 배운다. 1948년에 유엔에서 채택된 세계인권선언의 23조는 모든 사람에게 주어진 노동의 권리와 노동자가 자신의 이익을 보호하기 위해 노조를 결성하고, 가입할 권리를 천명한다. 이 인권선언은 이후, 세계 대부분의 헌법에 영향을 끼치며 노동권과 노동자의 단결권을 가장 기초적인 시민의 권리

중 하나로 수용하게 한다.

이후 고교 시절에 걸쳐, 프랑스 사회에서 어떤 스펙트럼의 노동조합들이 존재하는지, 노조가 참여하여 영향력을 행사할 수 있는 기업 내의 단위들, 활동의 범위는 어떠한지를 배우게 된다. 이렇게 이론적·실용적인 지식들을 습득하는 것 외에도, 학생들은 노동문제에 얽힌 사회적 갈등에 대한 다양한 질문들을 시민윤리 수업 시간에 마주하게 된다. "프랑스에서 노동조합은 항상 민주주의 발전의 주요한 역할을 담당해왔는가." "노동시장의 유연성은 일자리를 창출하는가, 혹은 노동자의 권리에 타격을 입히는가." "노동시장에서의 성차별을 어떻게 줄여나갈 것인가."

교사들은 노동 분야에서 줄기차게 제기되는 문제들을 학생들에게 던지며 현실적 사례에 근거하여 아이들 스스로 답을 찾아내도록 토론을 유도한다. 특히 시민윤리 수업 시간에 교사는 본질적으로 질문을 던지고 토론을 이끌어가는 사람이지 암기해야 할 답을 제시하는 존재가 아니다. 이런 문제를 논의할 때 미디어는 주로 어떤 계급의 이해를 대변하며, 누구의 시선에서 노동의 문제를 다루는지에 대해서도 환기시킨다. 즉, 미디어란 지배계급의 시선을 담아내는 도구이기에 다분히 비판적으로 미디어가 제공하는 정보를 바라보는 시각을 갖춰야 한다는 사실을 짚고 넘어간다.

1936년 총파업 때, 공장을 점거하고 공장 안마당에서 춤추며 파업하는 노동자들의 모습

고교생들이 노동자들의 문제를 자신들의 문제로 받아들이고, 파업이나 집회 동참을 결의하거나, 정치 사회 이슈에서 자신들의 목소리를 적극적으로 표명하게 된 것은 아이들을 온전한 인격체로 인정하는 이 나라의 교육철학의 바탕에 역사와 시민윤리 시간을 통해 습득되고 훈련된 사고의 결과인 것이다.

프랑스 고교생,
거리에 진출하는 나이

칼리가 다니는 샤를마뉴 중학교 맞은
편에 샤를마뉴 고등학교가 있다. 고등학교부터는 파리 시내를 네
개 권역으로 나눈 학군 안에서 학생이 원하는 학교를 1지망부터
10지망까지 적어낼 수 있다. 중학교 시절 좋은 성적을 거둘수록
1지망으로 꼽은 학교에 들어갈 확률이 높다. 샤를마뉴 고등학교
는 칼리네 학교가 속한 권역에서 많은 아이들이 1지망으로 꼽는,
이른바 명문 고등학교 중 하나다.

가끔 중학교 앞에서 아이를 기다리다가 샤를마뉴 고교생들을
구경하곤 한다. 명문고로 일컬어지는 그곳 학생들은 공부에 찌
들어 잠이 부족한 '범생이들'이기보다, 하루 종일 학교 안에 갇혀
있다가 막 튕겨져 나와 에너지를 주체 못하는 망아지들 같아 보
인다.

소리 지르고 뛰어다니며 낄낄대는 모습은 덩치만 클 뿐 중학생과 차이가 없다.

그러나 요즘처럼 마크롱의 대학 개혁 반대 집회와 철도 노동자들의 격렬한 파업 투쟁이 진행되는 기간이면 망아지 같던 고등학생들이 중학생과는 다른 존재감을 과시한다. 그들은 전국 조직을 가진 고교생연합회(Union nationale lycéenne)를 통해 파업을 결의하고 교문에 쓰레기통들을 쌓아 봉쇄한 후 거리로 향한다.

칼리는 종종 맞은편 학교의 교문이 봉쇄된 모습을 보곤 한다. 샤를마뉴 고등학교 교문 앞에 책걸상과 쓰레기통이 쌓이는 날은 '형님'들이 거리로 진출하는 '그날'이다. 고교생들이 거리에 나서는 날, 한국처럼 학교 당국이 학생들에게 퇴학시킨다는 협박을 하지 않을까 염려할 필요는 없다. 교사들의 경우에도 이런 집회와 파업이 있는 날 교원노조를 통해 함께 다수가 파업을 하며, 이 파업의 권리를 행사한 것으로 교원의 지위에 위협이 가해지는 바 없듯이, 학생들 역시 전체 투표를 통해 결의된 파업으로 불이익을 당하는 일은 거의 없다.

중학생과 고등학생 사이에는 또렷한 경계가 있다. 중학생이 아직은 담장 너머 세상을 구경만 하는 나이라면, 고교생은 직접 거리에 나서서 목소리를 내고 실천하는 나이다.

프랑스의 68혁명에서 고등학생들이 단단히 한몫했다는 사실은 익히 알려진 일이다. 이후로도 프랑스 사회가 뒷걸음칠 때마다 최전선에서 실력 행사를 하는 고등학생들의 모습을 볼 수 있었다. 가장 강렬하게 이들의 활약을 목격했던 때는 2013년 가을이었다.

2013년 10월, 코소보 출신의 불법체류 집시 가족에 대한 추방이 결정되었다. 그 과정에서 가족의 일원인 여중생 레오나르다가 학교 수업 중에 경찰에 연행되어 가족과 함께 강제 추방되는 사건이 있었다. 레오나르다의 가족은 2013년 상반기부터 프랑스 사회 전역에 대거 진입한 집시 가족들 중 하나였다. 레오나르다의 가족은 난민신청자 센터에 거주했고 여섯 자녀 중 레오나르다만 유일하게 학교에 다녔다. 레오나르다의 가족이 난민 심사에서 탈락하자 그들에게 남은 절차는 본국인 코소보로 돌아가는 일뿐이었다. 문제는 가족의 일원인 레오나르다가 학교에 다니고 있었다는 사실. 그때만 해도 프랑스 정부는 자녀가 학교에 입학하면 그 가족의 사회 정착 의지를 인정하여 추방하지 않는 원칙을 가지고 있었다.

그러나 당시 내무부 장관 발스는 집시 추방에 대한 의지를 좀 더 앞장세웠고, 두 가지 모순된 원칙 속에서 현장 공무원은 장관의 목소리에 좀 더 무게가 실린 쪽으로 판단을 내린 것이다. 그 소식이 언론을 통해 알려진 다음 날, 프랑스 전역의 고교생들은 일제히 파업과 집회를 결의하고 거리로 나와 외쳤다. "우린 모두 이민자의 아이들이다!" "사회엔 관용, 학생들에겐 교육." "이 나라에서 축출되어야 할 사람은 인종주의자 발스 내무부 장관이다."

집에서 멀지 않은 나시옹 광장에 집결해 이렇게 외치는 고등학생들의 가열한 목소리를 접하며, 그 자리에서 '전율'했다. 학생들은 어른들과 국가의 권위에 굴하지 않고, 공화국의 근본 이념을 위배한 권력을 꾸짖었다. 불법체류자라고 기피하는 대신 오히려 그들의 딸이 자신들과 함께 공부할 수 있도록 연대했다. 그때 함께 목소리를 높이는 아이들을 보며 자문했다. 도대체 이 연대의 힘은 어디서 오는가?

이틀간 진행된 고교생들의 집회에 어른들은 갑자기 머리를 두드려 맞은 것 같았다. 1789년 혁명의 교훈인 '자유 평등 박애'라는 문구가 학교 입구에 여전히 새겨져 있다는 사실을 그제야 기억해낸 것이다.

아이들이 프랑스 공화국의 기본 정신에 입각하여 "학생에게 필요한 것은 학교이지, 특정 국가의 국적이 아니다"라고 말할 때, 어른들은 감히 다른 변명거리를 찾지 못했다. 학습권 침해에 항의하는 이들에게 당시 대통령 올랑드는 "추방된 레오나르다가 프랑스로 돌아와 학업을 계속할 수 있게 하겠다"고 발표했다. 단, 그의 부모는 돌아올 수 없다는 단서와 함께.

난민 수용도 거부도 아닌, 양다리를 걸치는 우유부단한 올랑드의 발표에 정치권은 일제히 비난을 퍼부었다. 레오나르다는 부모와 함께가 아니라면 자신도 돌아오지 않겠다고 답하면서 그녀의 귀환은 결국 실현되지 않았다. 하지만 대통령은 정부의 오류를 시인했고 수업 중인 학생을 교우들 앞에서 연행하지 않겠다는 약속을 천명했다. 또한 불법체류자라 해도 자녀가 학교에 다니고 있다면 그들의 현지 적응 의지를 감안하여, 추방하지 않겠다는 원칙을 재천명했다.

2006년에도 고교생들의 저항으로 정부의 정책이 멈춰 선 일이 있었다. 최초고용계약(CPE, Contrat première embauche)이 의회에서 통과되었다. 이 법은 2006년 3월 9일 찬성 179대 반대 127로 의회를 통과하여 2006년 4월 말부터 시행이 예정되었던 프랑스 노동법이었다.

최초고용계약은 고용인이 26세 이하의 피고용인을 채용한 경우 2년간의 수습 기간에는 정당한 사유 없이도 해고할 수 있게 한 정책이었다. 이는 2년간 이른바 입증책임의 부과 대상을 역전시킨 것이다. 이에 따라 고용인이 해고의 정당성을 입증하는 것이 아니라 피고용인이 해고의 부당성을 증명해야 했다. 정부는 기업의 고용 유연화를 극대화하면 고용이 확대될 것이라는 생각에 이 법안을 내놓았다.

이에 프랑스의 고등학생과 대학생이 함께 연대하여 격렬하게 저항했다. 약 300만 명이 시위에 참여했다. 자크 시라크 대통령 하의 도미니크 드 빌팽 총리는 이들의 불 같은 저항에 겁먹고 결국 이 정책을 백지화했다. 근래 들어 가장 또렷하게 기억나는 거리의 승리였다.

2017년 5월, 한국과 같은 시기에 프랑스에서도 대선이 치러졌다. 결선 투표 후보로 극우정당의 르펜과 부자들의 대변인 마크롱이 올라갔다. 이번에도 고등학생들은 '르펜도 마크롱도 거부한다'는 운동을 전개했다. 치욕적인 선택의 상황을 차라리 보이콧할 것을 주장한 이들도 바로 투표권 없는 고교생들이었다. 지난 대선은 프랑스 대선 사상 가장 많은 무효표와 기권표를 기록한 선거이기도 했다.

프랑스의 고등학생들은 거대한 정치·경제 이슈뿐 아니라 학교 내부의 모순을 깨뜨리기 위한 노력들도 전개한다. 교내 성차별과 성희롱 문제에 대한 캠페인 차원에서 2014년부터 치마 입는 날을 정했다. 남학생들도 여학생들과 같이 치마를 입는 집단

행동을 벌이고, 점증하는 사이버상의 괴롭힘과 왕따 행위를 근절하기 위한 자체 캠페인을 전개하기도 한다. 2017년 대선 전에는 고교생연합회에 소속된 200명의 고교생들이 대선 주자들을 만나, 그들의 요구 사항을 전달하고 각 후보들의 목소리를 듣는 포럼을 주최하기도 했다.

고교생들이 거리에서 항상 승리를 견인했던 것만은 아니다. 작은 저항의 흔적만 남기고 끝날 때가 더 많다. 그럼에도 이들은 타협으로 구겨지지 않는다. 오히려 점점 무뎌져가는 세상을 뒤흔드는 날쌘 짱돌을 던지는 일을 멈추지 않는다. 이들은 각자 골방에서 자신들의 불만들을 댓글로 쏟아내는 대신, 점점 더 치열하게 자신들의 목소리를 조직해간다. 현재 프랑스에는 전국 단위의 고등학교 연합체 네 개가 조직되어 있으며, 그중 가장 활발한 활동력을 보이는 조직은 고교생연합조합(Syndicat des Lycéens)이다. 고교생연합조합은 2009년 설립되었고, 2015년 〈고교생권리장전〉을 선포했다. 도대체 이들은 어디서 이런 싸움의 동력을 얻는 것일까? 학교에서 남다른 교육이라도 받는 것일까?

필요한 것은 조직된 힘,
승리의 기억, 외침을 들어주는 귀

사실, 프랑스 고교생들의 정치 참여는 전혀 놀라운 현상이 아니다. 한국 현대사를 복기해보면, 금방 알 수 있다. 17~18세는 가장 빨리 피가 끓어오르고, 자신을 둘러싼 사회 조직에 눈뜨기 시작하는 나이다.

일제에 저항했던 가장 유명한 독립운동가 중 한 사람인 유관순을 떠올려보자. 그녀는 당시 이화학당에 다니던 열일곱 살의 소녀였다. 1929년 일제강점기에 일어난 광주학생운동도 학생들이 주도하여 전국적으로 확산되었던 대규모 항일 운동이었다.

1960년 4·19혁명을 촉발시킨 것도 3·15부정선거에 항의하며 시위에 참여했던 마산상고의 학생 김주열의 죽음이었다. 1980년 광주민주화 항쟁에 수많은 고교생 시민군들이 있었음도 알고 있다. 지난 촛불 정국 때 어른들이 국정농단 세력에 대한 질타에 머무르던 순간, 가장 먼저 '혁명정부'라는 어휘를 들고 거리를 누볐던 사람들은 바로 '고등학생'들이었다. 마산, 광주, 창원, 진주, 대구에서 벼락 같은 언어로 먼지 낀 어른들의 시야를 밝히고 시민의 양심을 뒤흔들었던 전설적인 연설들은 모두 고등학생들의 입에서 흘러나왔다.

학생들의 사회 참여는 이상과 현실의 괴리에 피가 끓어오르기 시작하는 인간이 세상을 뒤흔든 익숙한 방식이었다. 지난 수십 년간, 건강한 사회 작동에 필요한 학생들의 참여를 입시 지옥에 철저히 가둔 한국 사회가 오히려 진단의 대상이라 할 수 있다.

고등학생들은 결정적 순간에 확실히 자신만의 역할을 해왔다. 하지만 20세기 말 한국 사회를 덮친 외환위기 국면과 대학들의 경쟁적인 등록금 인상, 신자유주의 경제 체제 속에서 학생들은 자신의 역할을 다할 수 없었다.

고용 유연화를 주장하는 기업들의 만행 속에서 사회는 학생들에게 '생존'을 위한 '경쟁'만을 유일한 선택지로 내밀었다. 그러자 건강한 사회가 가져야 하는 학생들의 목소리는 사라지고 거세되었다.

10대뿐 아니라 가장 먼저 불의에 온몸을 던져 저항하던 계층과 대학생들까지 생존을 위해 청춘을 송두리째 바칠 것을 요구하는 시절의 재물이 되어버렸다. 결국 이 기나긴 과정이 우리 사회를 헬조선으로 급격히 전락시켰다. 적정량의 소금이 상실된 바다가 급격히 썩어버린 것이다.

프랑스의 68혁명은 (긍정적·부정적 측면을 모두 포함하는) 개인주의와 다원주의의 승리였고 동시에 권위주의와 국가주의의 패배였다. 68혁명은 소중한 승리의 경험이었다. 승리의 경험은 단순히 감정으로 끝나지 않고, 또 다른 사회적 투쟁을 부추긴다.

우리에게도 승리의 기억이 필요하다. 프랑스의 10대가 계속 거리에서 싸울 수 있는 까닭은 승리의 기억이 멀지 않기 때문이다. 고등학생들이 바리케이드를 치고 소리 높여 함께 말하면 귀를 기울이고 그들의 항의에 답하는 '상식적' 정부가 있기 때문이다. 그리고 생존을 위해 앞만 보며 경쟁의 계단을 오르라고 협박하는 채찍이 그들에게 없기 때문이다.

한국의 10대들과는 달리 프랑스의 10대들이 누리는 한 가지 엄청난 특권이 있다면, 그것은 경쟁하지 않을 자유다. '경쟁하지 않을 자유', 이것은 한 사람의 인생에서 큰 차이를 만들어낸다. 경쟁 대신 협력하고 연대하는 법을 배우고, 경쟁으로 마모되지 않은 에너지는 세상을 개혁해낼 조직된 힘을 만들어내는 것이다.

삶은 경쟁일까,
공생일까?

내가 처음 목격한 프랑스의 고3은 여름방학 두 달을 바닷가에서 가족과 쉬면서 여가를 즐기고 있었다. 아침이면 해변에서 조깅을 하고, 간간이 독서를 통해 교양을 충전했다. 오후가 되면 바다에 몸을 담그고 부모님과 함께 저녁 식사를 준비하고, 식사가 끝나면 기타를 들고 친구들을 만나 노래를 부르며 밤을 맞이했다.

부활절 방학(2주)에 우리 시골집에 놀러온 고1도 마찬가지였다. 그는 라신과 셰익스피어의 희곡을 틈틈이 뒤적였다. 숲을 산책하다 종종 어른들을 도와 불을 지피기 위해 마른 나뭇가지들을 주웠다. 고사리도 뜯었다. 밤이면 아빠와 함께 영화를 봤다. 프랑스 고등학생들의 방학은 그들의 고교 시절이 인격을 말살하는 경쟁의 세월로 점철되지 않기에 가능한 풍경이다.

2017년 고등학교를 졸업한 나이에 해당하는 전체 프랑스 인구 중 바칼로레아를 소지한 사람의 비율은 79.1퍼센트에 이른다. (이 중 일반 바칼로레아가 41.3퍼센트, 기술 바칼로레아가 15.8퍼센트, 직업 바칼로레아가 22퍼센트.) 이 숫자는 1980년, 같은 연령대의 국민들 가운데 불과 26퍼센트만 바칼로레아 학위를 가졌던 것에 비하면 엄청나게 증가한 숫자다. 1995년 바칼로레아 개혁에 의해 바칼로레아 자체가 쉬워지면서 합격률이 껑충 뛰었고, 2011년 직업 바칼로레아 개혁이 그 관문을 확대하면서 이르게 된 숫자다.

한편, 프랑스인 중 25~34세에 해당하는 세대 가운데 대학 졸업 이상의 학력을 가진 사람의 비율은 28.9퍼센트(2015년 기준), 2년제 대학 이상의 학력을 가진 사람의 비율은 45퍼센트 정도로 이는 OECD 평균치에 해당한다. 약 10~12퍼센트의 바칼로레아 소지자가 대학을 졸업하지 않고 중간에 다른 길을 가는 걸 볼 수 있다.

바칼로레아를 취득했다면, 대학에 안 갈 수는 있지만 못 갈 수는 없다. 대학이 아닌 전문 기술학교에 진학하는 등 다른 선택의 길이 넓게 열려 있다. 특히 기술·직업 바칼로레아를 취득한 사람들은 대학 대신 상급 기술전문학교로 진학하거나, 직업의 길로 바로 뛰어든다. 학비도 한국에 비하면 거의 무료인데다가 가정 형편이 어려운 경우 장학금도 폭넓게 지급된다. 그래서 대학 입학에 본인의 의지 말고는 걸림돌이 없다. 전체 대학생 중 약 38퍼센트가 장학금 혜택을 받는다.

대학에 입학하면 대부분 4년 뒤에 학사 학위를 받는 한국과 달리 프랑스 대학에서는 중간에 돌아서는 사람들이 상당수다. 그래서 2년만 다녀도 수료증(DEUG)을 준다. 인기 학과인 법학이나 의학은 1학년이 지나고 나면 3분의 1이 넘는 학생들이 사라진다. 또 한 학년이 지나면 거기서 다시 3분의 1 정도가 없어진다.

프랑스의 대학 시스템은 들어가기는 쉽지만 졸업하기는 어렵다. 학년을 올라갈 때마다 이수해야 하는 학점이 있는데, 단계에 따라 2~3년 안에 해당 학점을 이수하지 못하면 자동 탈락이다. 대부분은 1~2년 다니다 보면 자신이 이 길을 얼마나 갈 수 있을지 '견적'이 나오게 마련이다. 그리하여 탈락이 명백해지기 전에 스스로 다른 길을 찾아 떠나곤 한다.

대학에 2년만 다니다가 다른 길로 접어들어도 딱히 실패로 간주되지 않는다. 따라서 이들의 이력서에는 'BAC+2', 'BAC+3' 식으로 기술되곤 한다. 바칼로레아 이후 2년 수료, 3년 수료라는 뜻이다.

2년은 파리 1대학에서 커뮤니케이션을, 3년은 7대학에서 심리학을, 또 2년은 저널리즘을 배울 수도 있다. 일반 대학을 다니다가 그랑제콜에 가는 경우도 적지 않다. 바칼로레아를 취득한 사람에게 대학 입학이나 편입은 전혀 어려운 일이 아니다. 다만 얼마나 긴 세월을 학생으로 머물지는 오로지 본인의 선택이다.

그랑제콜에 가기 위해 고교 졸업 후 그랑제콜 준비학교에 들어가는 아이들도 마찬가지다. 그랑제콜은 최대 세 번까지 도전할 수 있다. 2년 동안 준비하고도 원하는 그랑제콜에 합격하지 못하거나 1년 만에 이 길이 아니라는 생각에 포기하는 학생들도 얼마든지 다른 대학에 편입이 가능하다. 그랑제콜 준비학교에서 보낸 1년은 대학에서 보낸 1년을 질적으로 훨씬 능가하는 농밀한 학습의 시간이다. 그래서 그랑제콜에 입학하지 못했더라도 잃어버린 시간으로 간주되지 않는다. 오히려 그 자체가 이력서를 빛내는 하나의 이력이 될 수 있다.

난 약 20년 전, 파리 8대학 공연예술학과 3학년에 편입하여 유학생활을 시작했다. 많았던 학생들이 한 학기가 지나고 나면 어느새 사라져버리곤 했다. 학과의 특성 때문인지 극단에 입단한 친구들도 있었고, 다른 학과로 전과한 친구들도 있었다. 말 그대로 행방이 묘연한 친구들도 있었다.

대학 3학년에서 시작하여 석사 학위를 취득할 때까지 4년 동안 느낀 바는 떠나버린 친구들과 남아서 학위를 취득한 친구들 사이에 패자와 승자를 가르는 경계가 전혀 없었다는 점이다. 모두에게 명료한 한 가지 사실은 스스로가 개척해야 할 수백 가지의 길이 있다는 것뿐이었다. 그것은 수직이 아니라 수평으로 작동하는 세상, 누구에게나 똑같은 길이 주어지는 대신 끊임없이 자기만의 길을 만드는 세상이었으며, 과정은 고달플지 모르겠지만 적어도 굴욕을 감내하도록 요구하지는 않는 세상이었다.

2018년 마크롱 정부의 대학입시 제도 개편
/

이전까지 프랑스에서는 바칼로레아에 합격만 하면 누구든 대학에 갈 수 있었다(합격률 88퍼센트). 평준화라고 하지만 좀 더 평판이 좋은 대학, 인기 학과가 있기 마련이어서 특정 학과에 학생이 지나치게 많이 몰릴 경우 추첨을 통해 학생 수를 제한하는 방식이었다. 그러나 학년이 올라갈 때마다 많은 수가 중도탈락을 하면서 결국 졸업에 이르는 수는 많지 않은 식이다.

그러나 2017년 5월에 집권한 마크롱 정부가 2018년부터 대학생 선발권을 학교 측에 부여하면서 평등한 교육의 기회 부여라는 원칙 자체에서의 거대한 변화, 저항이 빚어지고 있다. 과거에는 24곳까지 원하는 학교와 학과를 지망할 수 있었으나 올해부터는 10곳으로 줄었고, 학생들은 이력서와 자기소개서, 내신 성적 등을 자신이 지원하고자 하는 대학에 보내야 하고, 대학에선 각자 다른 기준에 근거하여 제출된 서류를 검토하여 합격 여부를 통보하는데, 전체의 30퍼센트가량의 학생들이 바칼로레아 시험 일주일 전까지 여전히 어떤 대학으로부터도 합격 통지를 받지 못한 것이다.

바칼로레아는 6월에 2주간 치러진다. 바칼로레아는 고등학교 졸업증명 학위인 동시에 대학입학 자격증이기 때문에 작년까지는 바칼로레아만 통과하면 아무 문제 없이 대학에 갈 수 있었다. 그러나 올해부터 정부가 서류심사를 통해 대학들에게 개별적인 선발의 권한을 부여하면서 바칼로레아 성적과 무관하게 대학입학의 자격을 박탈당하는 학생이 생겨난 것이다. 더욱이 낙후된 특정 지역의 학생 전체가 대학으로부터 통지를 받지 못한 경우도 있고, 각 대학의 선별 기준도 제각각이어서, 현 제도 개혁이 학생들에 대한 공정한 학습의 기회를 심각하게 훼손하고 있다는 비난을 면치 못하고 있는 상황이다.

마크롱 정부가 이 개혁안을 발표할 때까지만 해도, 대학이 선발권을 갖게 된다는 것이 구체적으로 어떤 결과를 가져올지 몰랐으나, 분명 불평등을 가중시키는 방향일 것임을 감지한 학생들은 지난가을부터 줄기차게 반대의 목소리를 내왔다. 입시가 치러지면서 나타난 결과는 예측했던 것보다 더 심각한 상황이어서 바칼로레아 시험이 진행되는 와중에도 대학은 물론이고, 고등학교에서는 파업이 속속 결정되고 있다.

정부는 기존의 시스템이 중도 포기하는 학생들을 양산하기 때문에, 사회적 비용이 과다하다는 판단하에 효율성을 재고하는 차원에서 새로운 입시제도를 시도한 것이라 밝히고 있다. 그러나 불평등을 교정해나가야 할 임무를 지닌 정부가 불평등을 확산시키는 데 강력히 일조하는 시스템을 만들어낸 부분에 대해서는 비판을 피해갈 도리가 없어 보이며 혼란과 저항은 불가피할 것 같다. 공생과 협력을 가르쳐온 프랑스 교육은 이제 경쟁이라는 괴물의 출현과 맞서고 있다. 아이들은 그 괴물과 맞서 싸울 준비가 되어 있다.

파리 13구 가브리엘 포레 고교 3학년생들.
학생회의 결과에 따라 파업을 결의하고 학교 입구를 쓰레기통으로 막은 후 현수막 등을 붙였다.
뒤편에는 "공부하는 것은 특권이 아니라 권리다"라는 문구가 적혀 있다.

사진 ⓒ홍소라

"경쟁은 한 번도 해본 적이 없어요"

나탕 말렉(Nathan Malek)
빅토르 뒤뤼 고등학교, 1학년

빅토르 뒤뤼 고등학교는 어디에 있니?

파리 7구에 있어요. 앵발리드 근처예요.

너희 집은 15구 아니니?

네, 맞아요. 파리의 공립 고등학교는 학군이 네 개 구역으로 나뉘어 있는데, 7구와 15구 그리고 16구가 한 학군으로 묶여 있어요. 중학교 말에 이 학군 안에 있는 학교 중에 자기가 가고 싶은 학교를 1순위부터 8순위까지 적어내요. 각 학교에서 학생들의 중학교 때 성적과 각 학생들이 지망하는 학교를 종합해서 컴퓨터로 학교를 배정하게 되죠. 중학교 때 성적이 좋으면 자기가 원하는 학교에 가게 될 가능성이 높죠. 저는 1지망으로 써낸 학교에 가게 됐어요.

그렇구나. 중학교를 마칠 때 브레베를 본다던데, 그 시험은 어렵지 않았니?

아뇨, 전혀요. 저뿐만 아니라 다른 아이들도 중학교졸업자격 시험을 어렵게 생각하거나 부담스러워하지 않았어요. 정말 쉬웠고요. 사실 저는 시험을 보기 전에 이미 브레베를 취득했는 걸요.

그래? 어떻게 그럴 수가 있지?

전체적으로 700점 만점인데, 350점은 중학교에서 마지막 학년에 보는 시험을 통해 취득하고, 나머지 350점은 시험을 통해 취득하지요. 그런데 저는 이미 시험을 보기 전에 390점을 얻었어요. 학교에서 4년간 최대 400점까지 딸 수 있거든요. 그래서 이미 브레베를 땄지만 시험은 봤죠. 그냥 가볍게 봤어요. 평균 10점만 넘으면 된다고 하는데 14점을 받았더라고요.

그래도 바칼로레아 합격률은 90퍼센트 정도인 반면 브레베 합격률은 85퍼센트 정도로 오히려 낮던데?

바칼로레아는 기술을 배우려고 기술학교에 진학한 애들이 빠진 상태에서 치러져요. 하지만 브레베는 모두가 치르죠. 브레베 합격률이 85 퍼센트 정도로 나오는 이유는 기술 쪽으로 진로를 정한 아이들이 이 시험에 신경을 쓰지 않기 때문이에요. 그리고 이 시험을 통과하지 못해도 일반 고등학교에 진학할 수도 있어요. 자기가 원하면요.

브레베에는 어떤 과목이 있니?

프랑스어, 수학, 역사/지리, 과학(화학/물리/지구과학), 그리고 미술사가 있어요.

미술사? 특이한데?

네. 미술사는 시험을 보지 않아요. 각자 다섯 개 정도의 예술작품에 대해서 공부하고, 사진과 설명 등을 붙여서 발표할 자료를 만들죠. 심사위원은 준비해간 다섯 개 중 한 개를 제비 뽑아서 그 작품에 대해 이런저런 질문을 해요. 그럼 거기에 대해 답변하는 거죠.

넌 어떤 작품들을 골랐니?

먼저 두에인 핸슨(Duane Hanson)이란 작가의 〈슈퍼마켓 레이디(Supermarket Lady)〉라는 작품을 골랐어요. 소비지상주의 사회를 비판한 미국 작가의 작품이에요. 결국 심사위원도 이 작품을 뽑아서 제가 발표를 했죠.

그리고 피카소의 〈게르니카〉, 프리다 칼로의 〈부러진 척추〉, 이란 출신의 작가가 그린 만화이자 영화 〈페르세폴리스〉도 골랐어요. 미국의 냉전시대를 상징하는 만화인 〈캡틴 아메리카〉도 준비했네요.

주로 20세기나 21세기의 현대 작품들이네. 어떻게 이런 작품들을 고를 생각을 했어?

중학교 4학년이 되면 선생님들이 수업 시간에 다양한 작가들을 소개해 주세요. 미술 선생님뿐 아니라 여러 과목 선생님들이오. 피카소의 〈게르니카〉를 소개하신 분은 스페인어 선생님이었고, 역사/지리 선생님이 〈페르세폴리스〉를 말해주셨어요. 1년 동안 선생님들이 여러 작품들을 알려주시니까, 그중에서 마음에 드는 작품을 고를 수 있었어요.

다니는 고등학교는 맘에 드니?

네. 무척 맘에 들어요.

오? 어떤 점이 좋아?

일단 학교 시설이 아주 쾌적해요. 면적이 3헥타르(약 9075평) 정도 될 거예요. 넓은 공원도 있고, 교사들도 좋지만 친구들이 전부 친절하고 서로 많이 도와주는 분위기예요. 학교에 입학하자마자 친구들을 많이 사귀었어요. 심지어는 급식도 맛있고, 선택의 범위도 넓어요.

7구면 정말 부르주아 동네(파리 7구는 4구, 6구, 16구와 더불어 파리에서 가장

소득 수준이 높은 지역에 속한다. 외국 대사관들을 비롯하여 고급 저택들이 많이

있다)**잖아. 그런데 아이들이 거만하거나 그런 건 없어?**

대부분 잘사는 집 애들이죠. 거만한 애들도 있을 거예요. 그런데 겉으로 잘난 척하면서 못나게 구는 애들은 없더라고요. 속으론 잘난 척할 지도 모르죠. (9월부터 학기가 시작되었으므로) 1년이 거의 다 지나갔지만 학기 초에 두 번 정도 친구끼리 싸웠고 이후에는 서로 싸우는 애들도 거의 못 봤어요.

분위기가 정말 훈훈해요. 제가 운이 좋은 거죠. 누군가 수업을 잘 따라가지 못하고 헤매면, 수업을 잘 이해한 아이들이 설명해줘요. 서로 기꺼이 도와주는 분위기예요. 서로 연대할 줄 아는 친구들이에요.

서로 경쟁하는 분위기는 없니?

네. 전혀. 지금까지 한 번도 경쟁하는 분위기를 느껴본 적이 없고, 다른 애들도 비슷할 거예요. 초등학교 때부터 지금까지 마찬가지예요. 특히 지금 같은 반 친구들은 서로 다 잘하길 바라면서 서로 도와줘요. 남이 못하고 자기만 잘하려고 애쓰는 친구들은 못 봤어요. 물론 자기만 생각하는 친구들도 있겠죠. 그러나 제가 본 친구들 중에는 없었어요.

너희 학교는 파리에서 명문으로 꼽히지?

그런 편이죠.

대부분 공부도 잘하겠네. 혹시 과외 수업을 받는 애들도 있니?

네. 중학교 때는 과외를 하는 애들이 거의 없었거든요. 한 10퍼센트 정
도 되었나? 그런데 지금은 반 아이의 절반은 과외 수업을 받는 것 같
아요.

절반이나? 무슨 과목을?

수학이죠. 과외 수업을 받는 친구들은 거의 다 수학 과외를 받아요. 가
끔 영어회화 과외를 받는 친구들도 있더라고요. 2학년 때부터 계열이
나뉘는데, 자연계를 선택하려는 아이들은 수학 과외를 받아요. 고등
학교에 올라오니 수학이 부쩍 어려워졌어요. 게다가 자연계를 선택하
면 수학이 한층 더 어려워진대요. 2학년이 되어서 고생을 덜 하려고 미
리 길을 잘 닦아두려나 봐요. 대부분 잘사는 집이니 경제적 부담은 없
겠죠.

과외를 한다면, 보통 일주일에 한 번씩이니?

그렇죠. 대부분 그렇더라고요. 저도 딱 한 번 화학 과외를 받은 적이
있었어요. 한 번 수업하고 모르던 부분을 다 이해해서 두 번째 수업부
터는 안 받았어요. 그때도 일주일에 한 번, 1시간씩이더라고요. 그런데

1시간에 30유로(약 4만 원) 정도래요. 정말 비싸죠. 학교 앞에 과외 전단을 나눠주는 사람들도 있어요. 그래서 과외 시간이나 가격을 알게 됐죠.

너는 어떤 계열을 가려고 하니?

경제사회계요. 대부분의 아이들이 자연계 아니면 경제사회계를 선택해요. 극소수가 인문계를 선택하더라고요. 저희 반이 지금 32명인데, 네 명만 인문계를 가요. 나머지 28명 중 절반은 자연계, 절반은 경제사회계예요.

넌 수학 과외를 안 받아도 되니?

자연계를 갈 것도 아니고, 저 혼자 공부해도 따라갈 수 있을 것 같아요. 과외를 해야 할 만큼 잘하고 싶은 과목도 아니고, 돈도 많이 들잖아요.

학교는 너한테 어떤 의미니?

유익한 곳. 제가 필요한 것들을 배울 수 있는 곳. 제가 미래를 건설하도록 도와주는 곳이죠. 학교에서 배우는 내용들은 대체로 이후에도 유용하게 쓰일 거라는 믿음이 있어요.

수학 같은 경우에도 나중에 꼭 직접적으로 써먹지 않더라도 저의 사고방식을 구축하는 데 도움이 되겠죠. 영어나 스페인어 같은 외국어도 마찬가지고요. 특히 좋은 선생님을 만나면 학교가 너무 흥미진진해지죠. 방학도 좋지만 학교에 오는 것도 좋아요. 늘 학교를 좋아했어요.

가장 좋아하는 과목이 뭐야?

경제사회요. 선생님이 정말 너무 잘 가르쳐주세요. 선생님의 수업을 듣고 있으면 머리에 쏙 들어오는 듯해요. 선생님은 사회학을 공부하셨는데 학교에서 사회학과 경제학을 함께 가르치세요. 기업이 어떻게 움직이는지. 구매력이란 무엇인지. 임금 계산 방법과 사회 계층의 구성 체계까지 다 알려주세요. 정말 재미있어요. 수업을 들으면서 사회가 어떻게 돌아가는지 이해하게 되었어요.

프랑스어도 제가 좋아하는 과목이에요. 책 읽고, 글 쓰는 것을 좋아하거든요. 경제사회는 고등학교에 와서 처음 배우는 과목이에요. 처음 배우고 새롭게 알아가는 재미가 있지만 프랑스어는 언제나 제가 좋아하는 과목이었어요. 텍스트를 다뤄서 좋더라고요. 영어랑 스페인어도 좋아해요. 언어를 배우는 과목들은 다 맘에 들어요.

시민윤리 과목이 고등학교에도 있니?

네! 중학교 때까지는 시민윤리 수업에서 무엇인가 열심히 배우는 것 같지 않았어요. 역할극을 해보는 정도랄까? 외부에서 전문가가 와서 이것저것 가르쳐주기도 하고요. 소방관이나 경찰관, 아니면 인권단체나 환경단체 전문가가 왔지요.

그런데 고등학생이 되니까 구체적인 법과 사회의 작동원리에 대해 배우더라고요. 헌법이 어떤 내용으로 구성되는지, 법은 어떻게 제정되는지를 알게 됐어요. 정교분리원칙(laïcité: 정교분리의 원칙은 세 가지 원리에 기초한다. 개인이 종교와 양심의 자유를 갖는 것과 그것을 공공장소에서는 드러내지 않는 것, 그리고 국가조직과 종교기관 사이의 철저한 분리의 원칙이다. 예를 들어 어떤 공무원도 특정 종교에 대한 선호를 표할 수 없고, 공공기관 내에 특정 종교의 표식을 내걸 수 없다. 국가나 지자체는 어떤 종교단체나 행사도 지원하지 않는다)이 무엇인지, 왜 중요한지도 배웠죠. 행정부의 기능, 삼권분립의 내용, 의회의 작동 방식 등 시민윤리는 한 반이 절반씩 나눠서 배워요.

반 아이들이 32명인데 절반씩 나눠서 배우는구나.

네. 그런 과목이 많아요. 영어나 스페인어 같은 외국어 수업도 절반씩 나눠서 하고, 실험이 많은 화학/물리도 나눠서 해요. 그런데 시민윤리 과목도 마찬가지로 나눠서 수업을 진행해요. 나눠서 수업하면 집중하기가 아무래도 좋죠. 중학교 때도 나눠서 진행되는 수업이 제법 있었어요.

너한테 가장 중요한 가치는 뭐니?

(한참 생각하다가) 저는 불공정(Injuste)한 것을 싫어해요. 그래서 제가 정말 중요하게 생각하는 가치는 정의(Justice)예요.

어떤 때 불공정을 느꼈는데?

예를 들면 반 친구들이 모두 떠들었는데, 선생님이 딱 한 명만 지목해서 교실 뒤에 세워두죠. 그렇게 되면 친구들은 교실 뒤로 쫓겨나지 않으려고 금방 조용해져요. 그런데 대개 평소 선생님이 좋아하지 않던 아이가 희생양이 되는 경우가 많아요. 특별히 더 많이 떠든 아이가 뒤로 나간 것이 아니에요. 그리고 같이 떠들어도 선생님이 예뻐하는 학생은 결코 혼내지 않는 것, 이런 모습을 볼 때마다 화가 나요.

매번 15분씩 늦게 오는 선생님이 있어요. 역사/지리 선생님이에요. 매번 늦게 오고, 수업 시간에 쓸데없이 자기 이야기를 하세요. 아무도 그분의 사생활에 관심이 없는데도요. 심지어 자기가 마크롱을 지지한다는 말도 하더라고요. 아무도 안 물어봤는데……

수업이 시작되고 15분이 넘으면 학생들도 교사를 기다릴 의무가 없어요. 선생님이 15분 이상 늦어서 교실을 나오려고 하면 바로 그때 들어오죠. 친구들이 참다못해 학교운영회의 시간에 문제 제기를 했어요. 델레게를 통해서요. 학교운영회의 시간에는 선생님들뿐만 아니라 학생 델레게, 학부모 대표 등이 오시거든요. 그리고 저희 담임 선생님

도 이 문제를 같이 제기해주셨어요. 하지만 15분 늦다가 10분 늦는 정
도로 바뀌었어요. 크게 달라지지 않았죠.

대부분의 학생들은 조금이라도 지각을 하면 선생님들에게 혼나거
든요. 선생님들이 자신에 대해 엄격하지 않고, 학교가 수업에 무책임
한 교사를 방치하는 것이 이해가 안 돼요. 불공정한 거죠.

**그나마 담임 선생님도 너희 편이고, 너희 델레게가 그런 말을 운영회의
시간에 전했다니 다행이네. 학생들도 선생님의 태도를 부당하게 여긴다
는 사실은 전했잖아.**

그건 델레게마다 다르고, 선생님마다 달라요. 저희가 뽑은 델레게는
감히 선생님이 지각하는 문제에 대해 이야기를 했어요. 모든 델레게
들이 학생들의 의견을 수렴하고 전달하지는 않아요. 저희 선생님도
저희 말을 들어주시고, 도와주려고 하셨죠.

네가 좋아하는 것은 뭐니?

친구들이랑 운동하는 것을 좋아해요. 여행도 좋아하고, 책 읽고 영화
보는 것도 좋아해요.

축구, 농구, 스키, 스쿠버다이빙 등 운동은 다 좋아해요. 그리고 낯
선 곳에 가서 낯선 풍경을 만나고 새로운 사람을 만나는 것도 즐거워
요. 프랑스어가 아닌 그 지역의 언어로 말하면서 완전히 다른 문화에

젖어보는 일도 늘 즐거운 경험이죠.

게임은 안 하니?

가끔 하죠. 운동을 할 수 없는 환경일 때, 이를테면 밖에 비가 오거나 같이 운동할 친구들이 없을 때 어쩌다 게임을 해요. 게임을 하는 횟수가 그리 많지는 않아요. 여건만 되면 저는 친구들이랑 운동을 하거나 여기저기 여행을 다니고 싶어요.

하루에 공부는 얼마나 하니?

수업 시간에 집중해서 듣는 편이에요. 집에 오면 보통 6시쯤이거든요. 숙제하고 밥 먹고 나면 남는 시간이 별로 없죠. 그래도 요즘엔 1시간 정도는 공부할 시간을 갖는 편이에요. 다음 날 시험이 있으면, 한 번씩 읽어보죠. 밤 10시 반에서 11시쯤엔 잠자리에 들어요.

학교에서 네가 바꾸고 싶은 것들이 있다면?

선생님들과 아이들에게 똑같은 의무와 권한이 주어지면 좋겠어요. 어른들은 스스로를 너무 느슨하게 대하면서 아이들에게만 엄격함을 요구하는데, 그런 태도는 맞지 않아요.

세상에서 너를 슬프게 하는 것들이 있니?

많죠. 인종차별주의자. 다른 사람들을 깔아뭉개고 자기 주머니만 채우려는 이기적인 사람들. 거리에서 살아야만 하는 사람들.

학교 친구들 중에도 혹시 인종차별주의자가 있니?

'혹시 인종차별주의자인가?' 싶은 아이들이 몇몇 보이긴 하지만 대놓고 드러내진 못해요. 만일 인종차별주의적인 태도가 드러난다면 진즉에 그 아이는 집단에서 배제되겠죠.

앞으로 갖고 싶은 직업에 대해 구체적으로 생각해본 적이 있어?

아직 없어요. 이제 고등학교 1학년이니까요. 2학년 정도 되면 더 구체적으로 생각해봐야죠. 세계 여기저기를 다녀보고 싶어서 외교관도 좋을 것 같고, 형처럼 법을 공부해도 재미있을 것 같아요.

형은 지금 법학과 2학년이지?

파리 1대학에서 법학을 공부하고 있어요. 법학과 2학년인데, 아주 재미있어하더라고요. 그런데 쉽진 않나 봐요. 정말 열심히 공부하는데도 몇 과목은 통과하지 못해서 재시험을 치른데요. 요새 초긴장 상태예요.

법대나 의대는 처음에는 학생들이 아주 많다고 하더라고요. 법과대 강의실은 아주 넓은데, 바닥에 앉아서 수업을 듣는 학생들이 있을 정도로요. 자리가 모자라니까 바닥에 앉아서 수업을 듣는 거죠. 그런데 1

년만 지나면 벌써 3분의 1 정도의 수강생들이 없어진대요.

2년이 지나면 또 그만큼 없어지고요. 과제나 시험이 어렵다고 해요. 그래서 중도 탈락하는 사람들이 생기는 거죠. 하다 보니 이 길이 아니다 싶어서 포기하는 경우도 많고요. 재시험을 봐서 악착같이 따라붙어보지만 정해진 시간 안에 과목을 다 이수하지 못하면 탈락이에요. 결국 중간에 그만두는 학생들이 생기죠.

그래서 너희들이 고등학교 때까지는 경쟁관계가 아닌 거구나.

네. 바칼로레아만 통과하면 대학은 들어갈 수 있으니까요. 경쟁은 대학에 가서 하거나 그랑제콜 준비학교 같은 데서 하겠죠. 고등학생들끼리 서로 경쟁할 일은 별로 없어요.

바칼로레아는 거의 90퍼센트가 붙잖아요. 그런데 마크롱이 대학교에 학생 선발권을 부여하면서 대학 입시에 경쟁 시스템을 도입하려고 해요. 변경된 입시제도에 대해 듣고 좋아하는 친구는 한 명도 못 봤어요. 공화국의 교육 원칙에서 후퇴하는 거죠. 당연히 모두가 싫어해요.

너도 그랑제콜에 가기 위해 준비학교에 들어갈 생각이 있니?

아직 모르겠어요.

——— 그랑제콜은 성적이 상위 1~2퍼센트 정도인 학생들이 가는 학교다. 인문계,

자연계 등에 국립 그랑제콜들이 있으며, 이 학교에 가기 위해선 그랑제콜 준비학교 (prépa)를 거쳐야 한다. 준비학교는 명문 고등학교에 딸려 있는 부속학교인 경우가 많다. 그랑제콜 준비학교 선발은 내신(즉 서류전형)과 바칼로레아 점수로 한다. 그랑제콜에 가려면 바칼로레아를 통과하는 수준이 아니라 좋은 점수를 취득해야 한다.

너 공부 잘하는 거 아니야? 고등학교도 1순위로 적어낸 데 갔다며?

네. 잘하기도 하지만 제가 장학생이거든요. 장학생들한테는 약간의 가산점이 있어요. 그래서 남들보다 좀 유리했죠.

─── 프랑스에서 장학생은 부모의 경제적 사정으로 인해 도움이 필요한 학생에게 주어지는 타이틀이다. 성적과 무관하다.

형도 장학생이겠네?

네. 형도 장학생이죠. 그래서 학교에서 3개월에 한 번씩 800유로(약 100만 원) 정도를 장학금으로 받더라고요. 원래는 더 많이 받기를 바랐는데, 1순위는 아이를 혼자 키우는 여학생들에게 주어지고 그다음은 지방에서 올라온 장학생…… 이런 식으로 우선순위자들이 많다고 하더라고요. 형은 부모님이 모두 파리에 계시니 우선순위에서 밀리죠.

혹시 인생에서 이루고 싶은 것이 있어?

저뿐만 아니라 다른 사람들도 기쁘게 하는 일을 하면서 살고 싶어요. 그게 어떤 일일지 찾아야죠.

———— 프랑스에는 1500여 개의 일반 고등학교가 있고 또 그만큼의 기술 고등학교와 직업 고등학교가 있다. 대학이나 그랑제콜에 가서 공부를 길게 하려는 친구들이 대체로 일반 고등학교에 가고, 전문 기술을 익혀서 기술인으로 직업을 개척하려는 아이들이 직업 고등학교에 가는 경향이 있다. 남다른 뜻이 있어서 직업 고등학교를 선택한 아이들도 있지만 상대적으로 학업 성적이 떨어지는 아이들이 떠밀려 들어오게 되는 경우가 많다. 어떻게 보면 한국과 비슷한 면도 있다.

교사에게는 아이들을 바꿀 수 있는 힘이 있다

클로딘 자닉(Claudine Janik)
전직 직업 고등학교 수학 교사

어떻게 선생님이라는 직업을 택하게 되었나?

내가 대학을 선택하던 시기는 1960년대 후반이었다. 그때까지만 해도 직업은 자아 실현이기보다 안정적인 삶을 보장해줄 직장을 구하는 일에 가까웠다. 나의 부모님은 모두 교사로서의 삶에 만족하셨기에 나역시 다르게 생각할 만한 여지는 없었다. 그래서 대학에 진학할 때 내게 주어진 선택권은 수학 교사가 될 것이냐, 화학 교사가 될 것이냐뿐이었다.

당신의 학창 시절은 어땠는가?

수녀들이 엄격하게 감시하는 기숙학교에서 고등학생 시절을 보냈기 때문에 대도시에서 자유롭게 대학 생활을 할 수 있다는 것 자체가 해방이었다. 대학 1학년 때 68혁명을 맞았고, 그 행렬에 나 역시 동참했다. 학과에서 68혁명에 참여를 이끄는 역할을 하면서 교수들 눈 밖에 나기도 했다. 일반 고등학교 교사가 되지 못하고, 기술 고등학교 교사가 된 이유도 거기 있었다. 그 대가를 보수적인 교수들이 치르게 했던 것이다. 그러나 후회는 없다. 당시의 경험이 나의 교사로서의 철학을 형성하는 데 뚜렷하게 기여했으니까.

처음으로 수학 교사로서 일한 곳은 어디인가?

대학에서 수학 교사 과정을 마쳤을 때, 내 나이는 스물두 살이었다. 그때 처음 발령받은 곳은 프랑스 북서부의 항구도시 르아브르에 있는 직업 고등학교였다. 대학에서 만난 남편과 결혼한 직후였다.

직업 고등학교에서 수학을 가르치기가 쉽지 않았을 것 같다.

르아브르의 직업 고등학교에서는 수학 교사가 화학도 같이 가르쳐야 했다. 게다가 도시 안에 대규모 섬유공장 단지가 있어서 섬유 테크놀로지도 같이 가르쳐야 했다. 벅찬 과제였으나 아이 셋을 키워가며 힘든 시간을 이끌어갈 수 있었던 것은 교사라는 직업을 사랑했기 때문이다.

직업 고등학교에 오는 아이들은 대부분 중학교 때 좋은 성적을 거두지 못했기에 일찌감치 학업을 지속하기보다 기술을 배우기 위해 온 아이들이었다. 그런 아이들이기에 특히 수학 시간이 되면 하나같이 자신감이 없었다. 매해 같은 도전이었다. 스스로를 포기한 아이들이지만, 내가 너희들을 포기하지 않는다는 걸 알려주고 열정적으로 이끌어갔다.

9월에 첫 학기가 시작되고 12월 크리스마스가 되기 전이면, 늘 몇몇 아이들이 다가와 이야기하곤 했다. "제 인생에서 처음으로 수학에서 뭔가를 이해하기 시작했어요." 이런 아이들의 고백이 없었다면 그 전투 같은 시간들을 내가 같은 농도로 살아낼 수 있었을지 자신할 수 없다. 학생들에게 더 다가가려고 노력할수록 매년 어김없이 선생님으로서의 역할을 긍정하는 순간들이 찾아왔다.

한번 자신감을 회복하기 시작한 아이들은 더 이상 자신의 삶을 방치하지 않았다. 자신의 빛나는 미래를 위해 집중하기 시작했다. 내 제자들 중에는 자신감을 얻은 것을 계기로 멋진 인생에 도전해 성공한 아이들도 많았다. 국립오페라 극장의 음향 엔지니어가 된 학생도, 전자공학과 교수가 된 학생도 있다.

교사 생활을 하면서 학생들에게 스스로 뭔가 할 수 있다는 믿음을 갖게 만들면 아이들의 인생이 달라질 수 있다는 사실을 발견했다. 최대한 아이들이 자신을 믿도록 노력했고, 내 노력이 아이들에게 가닿으면 교사로서의 삶도 더 충만해졌다.

학생들이 당신을 만나 무척 행복했을 것 같다.

학생들을 가르치며 기쁘기도 했지만, 결코 쉬운 일은 아니었다. 부모의 경제적·문화적 수준이 상대적으로 낮은 아이들은 집에서도 제대로 보살핌을 받지 못했다. 이미 큰 꿈 따위는 접은 지 오래였다. 나는 아이들의 꿈을 부수고 막아서는 부모들 그리고 자신을 더 낮은 곳으로 내팽개치는 아이들과 늘 싸워야 했다.

학생들의 관심을 불러일으키는 특별한 비법 같은 것이 있었나?

아이들에게 수학과 화학에 관한 관심을 불러일으키기 위해 나는 로켓 제작 클럽을 만들었다.

교사들을 위한 로켓제작 연수프로그램에서 일주일간 제작 방법을 배웠고 제작 단계에는 학교의 기술 교사, 그리고 엔지니어인 남편까지 나서서 도와주었다.

로켓제작은 아주 정밀한 준비 과정이 필요했다. 먼저 로켓을 하늘로 높이 쏘아 올릴 수 있는 연료를 만들어야 했다. 연료뿐만 아니라 재료의 무게에 대한 점검이 중요했다. 저울을 이용하여 여러 번 재료의 무게를 측정했다. 각자 모터를 조립하고 마지막 단계에서 로켓을 멋지게 칠하고 학교 뒤편의 공터로 가서 온 동네 사람들이 지켜보는 가운데 로켓들을 발사했다.

이 모든 과정을 진행하려면 수학뿐 아니라 물리와 화학이 모두 동원되어야 했다. 전기, 토공 등의 기술도 필요했다. 로켓제작 클럽을 통해 아이들은 자신들이 배우는 수학이나 화학, 물리가 어떤 식으로 응용되는지를 실질적으로 경험했다. 공부가 현실에서 사용되는 모습을 보면서 아이들은 학교에서도 재미있고 신나는 것을 배울 수 있다는 사실을 알게 되었다. 수업에는 도통 관심을 보이지 않던 아이들도 로켓제작 클럽에는 열정을 보였다.

로켓제작 클럽은 아이들에게 어떤 변화를 만들어냈는가?

모든 마을 사람들이 지켜보는 가운데 로켓이 하늘 높이 치솟아 오르면 아이들은 비로소 자신이 멋진 일을 해낼 수 있다는 자신감을 얻었다. 내가 의도했던 수학, 물리, 화학에 대한 흥미를 유발하는 것 이상의 효과를 냈다. 그래서인지 로켓제작 클럽은 여러 해 동안 유지되었다.

일주일에 두 번, 정규수업 시간보다 1시간 전에 일찍 시작했지만 아이들은 수고를 마다하지 않았다. 특히 이 클럽을 하고 나서 수업을 진행하면 아이들은 쉽게 수업에 몰입했다. 그들은 더 이상 학교가 자신들을 고문하는 곳이 아니며, 자신들이 배우는 과목이 유익할 뿐만 아니라 재미있음을 깨달았기 때문이다.

계속 르아브르에서 가르쳤나?

30대로 접어들면서 파리 동쪽의 외곽 도시에서 교직 생활을 이어갔다. 파리를 중심으로 서쪽은 상대적으로 부유하지만 동쪽은 삶이 팍팍하다. 직업학교에 들어온 아이들 중에는 일찌감치 학업을 접은 아이들만 있었던 것은 아니었다. 수업이 끝나면, 근처 사립학교의 교문 앞으로 달려가 딜러 노릇을 하는 마약 조직의 일원인 아이들도 있었다.

그 아이들을 어떻게 감당하셨나?

그 아이들의 교문 밖 삶이 어떻든 나는 교실 안에서는 아이들을 단 한 명도 포기하지 않았다. '아이들을 포기하지 않는다'는 것이 교사로서의 나의 원칙이었다. "대학에 가든, 기술자가 되든, 슈퍼마켓 계산원이 되든, 길에서 청소를 하든, 수학은 인생에 꼭 필요한 것"임을 아이들에게 설득시키려 했다. 그들을 하나도 빠짐없이 온전한 인격체로 대하려 했다.

제대로 숙제를 해오지 않고 수업에 집중하지 않는 아이들을 혼내는 일 또한 교사의 고단한 의무였다. 그러나 동료 교사들은 몇몇 아이들을 언급하며 그들을 혼내지 않는 것이 신상에 이롭다고 조언하곤 했다. 그들은 이미 주머니에 칼을 하나씩 품고 다니는 위험한 아이들이라고. 너무 엄하게 다루다간 교문을 나서자마자 당신을 찌를 수도 있다는 이야기도 들었다.

그런 조언에 흔들리지 않았나?

폭력의 힘을 아는 아이들과의 타협은 나에게는 교사의 권위를 저버리는 일이었다. 아이들을 가르치다 보면 누가 딜러이며 누가 폭력 조직의 구성원인지, 모두 파악하게 되었다. 하지만 개의치 않았다. 나에게는 모두가 수학을 배워야 하는 학생이었다. 특별하게 대하지 않았다.

학창 시절의 일부를 이미 검은 세계에 상납한 아이들을 나까지 특별하게 취급한다면, 그들은 돌아올 길을 영영 잃게 된다고 생각했다. 25년간 이 원칙을 고수했다. 다른 교사들의 염려와 달리 나를 공격하는 학생은 한 명도 없었다. 교사가 자신들의 미래를 진심으로 염려하고 그들을 공정하게 대하며 가르침을 건넬 때, 그 진심을 알아보지 못하는 아이는 한 명도 없었던 것이다.

교사라는 직업을 무척 사랑했는데, 10년 일찍 퇴직하셨다.

교사 생활을 계속 이어가고 싶었지만, 여러 가지 일들이 겹쳤다. 첫 번째는 건강상의 이유였다. 50대에 접어들면서 몸 여기저기에 이상이 왔다. 병원을 다니면서 수술을 해야 했고 자주 학교에 결근하는 일이 생겼다.

두 번째로 나 자신을 돌아봤을 때 더 이상 이전과 같은 에너지가 느껴지지 않았다. 교사 생활 25년 동안 아이들에게 내 모든 것을 쏟아부었다. 그렇게 하지 않으면 아이들은 '꿈쩍도' 하지 않았으니까. 내가 진정으로 다가갈 때만 눈빛을 반짝이며 인생에서 뭔가를 할 수 있을 것 같다고 말하는 아이들이 생겨났다. 나의 교사 생활은 나와 아이들의 진심이 오고 가면서 아이들이 변해가는 과정이었다. 내가 가진 열정과 진심을 아이들에게 내어줄 수 없다면 학교를 그만두는 것이 정직한 선택이라는 결론에 도달했다.

마지막으로는 은퇴가 가능한 실질적인 조건이 충족되었기 때문이다. 나는 세 아이를 낳았다. 프랑스에서는 아이를 낳은 직장 여성의 연금에 아이 수만큼 가산이 된다. 아이를 낳고 기르면서 사회에 기여한 노력을 인정해주는 셈이다.

2010년 사르코지가 주도한 연금법 개정 이후 은퇴 시기는 62세로 연장되었지만 내가 은퇴하던 당시에는 60세면 정년퇴직을 할 수 있었다. 나에게 아이가 한두 명이었다고 해도 일찍 퇴직을 할 수는 있었겠지만 연금은 60세부터 받았을 것이다. 그러나 자녀를 셋 이상 낳았을 경우에는 50대에 은퇴해도 바로 연금을 수혜할 수 있다.

혹시 교사들의 연금은 어느 정도 되는가?

25년간 교사 생활을 하면서 세 아이를 낳았고, 4년을 육아휴직으로 쉬었으며, 25년간 연금을 냈다. 수혜하게 되는 연금의 비율은 일한 햇수의 두 배가 되는데, 자녀를 낳았을 경우에는 자녀 수 곱하기 2를 더하게 된다. 그래서 나는 최종 급여의 56퍼센트 정도를 연금으로 수혜하고 있다. 한 달에 약 1500유로 정도를 받는다.

나보다 4년 뒤에 은퇴한 남편은 38년 6개월을 일했다. 그는 최종 급여의 75퍼센트를 연금으로 받고 있다. 만약 내가 10년을 모두 채우고 은퇴했더라면 최종 급여의 73퍼센트까지 받을 수 있었을 것이다. 연금의 액수는 올라갔겠지만 아마 건강을 잃었을지 모른다.

은퇴 후, 섬유예술가로 변신했다. 어떤 계기가 있었나?

처음 부임했던 학교에서 가르치던 화학과 섬유화학에 대한 지식과 천으로 무수한 것들을 만드시던 어머님이 물려주신 천 조각들, 이 모든 것들이 동기가 되어 섬유예술을 공부했다. 사람들이 벼룩시장에 내다 파는 침대보들을 사들여서 천연염색을 시도하고, 그 위에 수를 놓고, 조각 천들을 모아 새로운 세계를 만들어낸다. 2012년에 지금 사는 도시 그레츠에서 첫 전시를 연 후, 지금까지 프랑스 전역에서 10여 회의 개인전과 단체전을 진행했다.

당신에게 섬유예술은 어떤 의미를 갖는가?

나는 그저 아름답고 독특한 자신만의 천을 만들려는 사람이 아니다. 직접 천연염색을 해보면서 버려진 천들에 염색을 통해 새 생명을 불어넣고, 더 이상 쓸모없어진 조각 천들을 모아 새로운 의미를 부여하는 예술작품을 만들어낸다. 나로서는 끊임없이 사고 버리는 소비자본주의에 저항하는 일이기도 하다. 뿐만 아니라 교사로서 화학 시간과 수학 시간에 가르쳤던 것들을 계속해서 실험하는 과정이기도 하다.

어느 날 갑자기 에너지가 소진되어 학교를 떠났지만 결국 돌이켜보면 교사 생활이 두 번째 인생을 위한 준비였다고도 할 수 있다.

은퇴 후에 펼쳐진 새로운 인생도 교사 생활만큼이나 당신에게 행복을 주는 것 같다.

우리 부부는 은퇴했다. 세 아이들도 모두가 자립하여 자신들의 인생을 꾸리고 있다. 우리 부부는 이제 여유롭게 여행을 다닌다. 남편은 지질학에 취미가 있어서 기이한 암석, 동굴, 화산이 있는 곳을 찾아 여행한다.

남편이 희귀한 돌들을 수집할 때, 나는 거기서 발견한 새로운 모티프들을 사진으로 찍어 창작에 활용한다.

다시 돌아가고 싶은 시절이 있는가?

나는 지금이 좋다. 교사 생활은 행복했다. 아이들과 주고받는 에너지도 삶에 활기를 불어넣었다. 그러나 그만큼 잘해야 한다는 의무감도 컸다. 지금은 아침에 눈을 떴을 때 나를 짓누르는 어떤 의무도 없다. 오직 하고 싶은 일만 할 수 있다. 일주일에 한 번 정도 손자들을 보러 딸들 집에 가곤 하지만 그것은 의무이기보다 즐거움이다.

──── 의무가 사라지고 즐거움만 남은 제2의 인생. 그것을 가능하게 하는 데는 세 가지 정도의 조건이 필요했다. 첫 번째가 아이를 낳은 여자들에게 유리하게 설계된 프랑스의 연금제도, 두 번째는 세 자녀를 키우고 가르치는 데 큰 재정적 부담이 없는 교육 시스템, 세 번째는 경제적 여유보다 자신의 자유와 진정한 열정에 방점을 찍고 인생을 조율할 줄 알았던 그녀의 결단이었다.

아이가 11살에 쓰기 시작한 책이 13살이 되어 마무리되었다.

그사이 아이는 눈부시게 성장했다. 기쁨과 만족, 행복뿐 아니라 슬픔과 불안, 절망도 알아가기 시작한다.

아이의 오늘이 웃음으로 가득하길,

슬픔이 충분히 위로받길,

억압이나 불의에 굴하지 않길,

절망 안에서 다시 희망을 발견하길 바라며,

하루하루 함께해왔다.

아침저녁으로 뜨겁게 안아주며.

프랑스 학교(유치원, 초등학교, 중학교)에 아이를 보낸 지 올해로

10년이다. 다행히도 아이는 학교를 좋아한다. 처음에 학교는 아이에게 우정을 쌓는 공간을 의미했다. 친구들과 만나서 놀거나 밥 먹거나 때때로 뭘 배우기도 하는. 그다음엔 사람들 사이에서 발생하는 갈등과 이해의 충돌을 어떻게 조절해가며 더불어 살아가야 하는지, 그 지혜를 학교에서 배워갔다. 아이는 어디 가서든 친구를 금세 만들었고, 친구들과 함께하는 시간에서 삶의 가장 큰 의미를 터득해갔다. 학교는 효율과 경쟁보다 존엄과 다양성, 협력 그리고 자율을 아이들에게 가르쳐주었다.

중학교에 가면서 학습한 바가 점수로 평가되는 경험을 하기 시작했다. 그러나 점수가 있되 등수가 없었던 까닭에 우정을 경쟁으로 훼손시키지 않고, 오직 자신과의 경주를 할 수 있었다.

프랑스의 민주주의와 학교는 같은 시기 같은 동기로 태어났다. 소수 엘리트가 아니라 시민이 통치하는 나라가 제대로 굴러가려면 그 시민 일반이 깨어 있지 않으면 안 된다. 그래서 만들어진 것이 학교다. 그런 학교가 혁명의 정신을 가르치는 것은 지극히 당연한 일이었다. 인간이 태어날 때부터 평등하고, 자유롭고, 존엄하다는 것을 아이들이 인지하고 있다는 것은 생각보다 멋진 일이었다. 불평등이 가해질 때 항의할 수 있고, 자유가 위협받을 때 광장으로 뛰쳐나가 자유를 엄호할 수 있으며, 존엄이 짓밟

힐 때 그것을 단호히 거부할 수 있다는 의미다. 아이는 학교와 학교를 둘러싸고 펼쳐지는 생활을 통해 이 모든 가치들이 선언되고 위협받고, 다시 수호되는 과정을 겪어왔다. 선언만으로 지켜지는 것은 없다. 매일 이 선언을 부수려는 시도가 도처에서 이뤄질 때, 그것을 지켜내려는 노력 또한 숨 쉬듯 일상적으로 이뤄져야 한다.

다시 프랑스 사회에 거대한 위험이 몰아닥치고 있다.

마크롱이라는 합법적 위험이 부지런히 이 사회에 덫을 놓고 있고, 곳곳에서 사람들은 여기에 맞서 싸우고, 또 싸울 준비를 한다. 연대의 힘으로 세우고 지탱해온 이 사회가 간단히 허물어지진 않을 것이다.

꺼뜨리지 말아야 할 촛불처럼 아이 얼굴에 "기쁨"이 사라지지 않는지 오늘도 살핀다.

기쁨은 오직 동시대를 살아가는 모든 사람들과 공생하는 방법을 터득할 때 오래 유지될 수 있기에, 아이의 우정과 사랑에 기반한 삶이 계속 꽃피도록 응원하며.

2018년 6월 12일
목수정

프랑스 학교에 대한 질문과 답변들

2018년 6월 말에 책이 출간된 후, 총 12번의 강연을 통해 학부모·교사·장학사 그리고 학생들을 만났다. 강연 때 자주 나왔던 질문들을 통해 우리의 갈증이 어디에 있는지, 독자들의 궁금증이 무엇인지 알 수 있었다. 그중 7개의 질문을 추려, 강연에서 드렸던 답변들을 담아보았다.

1. 이 책에서 묘사된 프랑스식 공교육을 받은 아이들은 어떤 어른이 되나?

자기 인생의 즐거움에 포커스를 맞추는 어른, 각자의 주관이 또렷한 어른이 된다. 누굴 위해 희생하지도, 누군가에게 굽실거리지도 않는다. 공권력에 저항하는 사회적 유전자를 갖게 되고, 타인의 사생활에 대해선 기본적으로 관심을 두지 않는다. 타인에게 인정받기보다 내면의 욕구를 실현하는 데서 인생의 만족을 찾는다.

2. 프랑스 교사들이 갖는 재량이 한국에 비해 훨씬 커보인다. 서술식 시험에서 공정하고 객관적으로 채점하려면 교사의 자질이 뛰어나야 할 것 같다. 교사를 양성하는 특별한 비결이라도 있는가?

교사 양성을 위한 특별한 시스템? 그런 건 딱히 없어 보인다. 임용시험을 통해 교원을 뽑는 건 비슷하다. 200년 넘게 이런 식의 교육제도가 지속됐으니 교사들도 같은 교육을 받고 성장한 사람들이다. 학교교육이 시험의 공정성과 채점의 객관성에 초점을 맞춘다는 것, 그것은 교육이 시험과 점수에 종속되어 있다는 말이기도 하다. 시험은 학교에서 습득하는 지식들에 대한 자기 점검의 도구여야 한다. 시험이 학생들을 향한 채찍이 되거나 교사들의 권한을 행사하기 위한 도구가 되지 않고, 학생들의 능력을 향상시키도록 돕는 지렛대가 되라는 것은 학부모들의 한결같은 요구사항이기도 하다.

프랑스에서는 모든 교사들이 같은 방식으로 가르치지 않고, 똑같은 내용을 전달하지도 않는다. 당연히 각자의 주관과 신념을 실어 가르치고, 채점의 방식 또한 그러하다. 교육청을 통해 각 학년에서 가르쳐야 할 내용에 대한 가이드라인이 제시되지만, 교사가 참고하는 교재나 매체 등에 있어서 수업 내용과 그것을 테스트하는 방식에서 각자의 주관이 존중된다.

그것은 이 나라 교사들의 자질이 모두 뛰어나서가 아니다. 여기에도 종종 의욕이 모자라거나, 어딘가 부족해보이는 교사들이 있다. 그러나 절반 정도의 교사들이 기본 이상을 해주고, 아이들이 한 학년에 두세 명 정도 뛰어난 교사를 만날 수 있다면, 충분히 배우며 성장할 수 있다. 세상의 집단 속엔 늘 평범한 사람과 뛰어난 사람, 모자란 사람, 약간 길 밖에 서 있는 듯한 사람들이 섞여 있기 마련이란 사실을 아이들도 배워나간다.

3. 프랑스에도 경쟁이 없는 건 아니지 않나? 그랑제콜이라는 엘리트 교육이 있지 않나?

경쟁이 있지만, 그건 자신과의 경쟁이다. 자신의 어제와 오늘, 내일이 경쟁하도록 성적표가 구성되어 있다. 나 자신의 시기별 학과목의 성취를 그래프로 보여주고, 나의 성장과 퇴보를 알려주며, 과목별로 평균 점수에 비해 내가 우수한 성과를 낸 과목이 무엇인지, 반대로 뒤떨어지는 과목은 무엇인지 보여준다. 어떤 과목을 잘하는지 스스로 파악할 수 있게 돕는다. 중학교부터 학생들이 받는 성적표의 구성 방식을 보면, 이 나라 교육이 타인이 아니라 나 자신과의 경쟁을 유도하고 있음을 알 수 있다.

초등학교 때 받은 성적표에는 아이 스스로 자신의 성취도를 체크하게 하고, 그 옆에 교사가 평가한 성취도를 적는다. 중학교에서와 마찬가지로 초등학교에서도 스스로의 성취 수준을 파악하게 돕는 것이 성적이다. 그래서 다른 아이들보다 잘했는지 못했는지를 알려주지 않는다.

프랑스에도 1퍼센트에 속하는 공부의 신들이 가는 그랑제콜이라는 학교들이 있다. 그곳을 졸업해야만 성공한 인생으로 간주되는 건 결코 아니므로, 거길 가기 위해 많은 아이들이 어린 시절부터 준비를 하는 구조가 조성되지 않는다. 나름, 다양한 가치가 존중되는 사회이기 때문이다.

고등학교 시절 성적이 뛰어난 아이들이 일반 대학을 가는 대신, 일부 고등학교에 설치된 그랑제콜 준비반에서 2년간 더 공부하여 도전해보는 경우가 많다. 하지만 뛰어난 아이들이라고 모두 그랑제콜 진학을 희망하진 않으며, 준비 과정에서 다른 길을 택하기도 한다.

아이가 원하지 않는데, 부모가 등을 떠밀 수 있는 경우는 흔치 않다. 18세만 되면 성인으로 간주되어 부모와 따로 사는 경우가 대부분인 이 나라에서 치열한 노력과 의지가 동반되는 과정에 대한 선택은 본인만이 할 수 있다.

대학과 달리 입학정원이 한정되어 있기에 그랑제콜 입학을 위한 관문에선 경쟁이 발생한다. 재수는 가능하지만 세 번 이상은 도전할 수 없다. 실패했을 때, 낭떠러지에 서게 되는 것은 아니다. 일반 대학으로의 편입이 가능하다.

그 밖에 초등학교부터 대학교까지 이 나라의 평가 방식은 절대평가다. 타인으로 인해 내가 탈락하는 것이 아니라, 내가 부족하거나 나의 적성과 맞지 않는 곳이기 때문에 탈락하는 시스템이다. 아이들의 관계가 매사 경쟁하고 서로의 적이 되는 구조가 아니다. 서로의 취향과 다른 가치관과 사고에 대한 존중이 지탱될 수 있는 구조다.

4. 프랑스 교육이 가진 문제점은 없는가?

당연히 아주 많다. 사실 프랑스 사람들은 그들의 교육 시스템에 특별한 장점이 있다고 생각하지 않는다. 내가 당신네 제도에 장점이 적지 않다고 말하면 대체 그게 뭐냐고 묻는다. 그들 입장에선 현 시스템에서 수세기를 살아왔으니, 그 시스템은 몸에 달라붙은 피부처럼 자연스럽다. 과거에 비해 뒤처진 점들만이 눈에 띌 뿐이다. 여기서도 종종 북유럽 시스템을 사례로 들며 개선 방향을 이야기한다. 내가 프랑스 교육의 장점을 이야기하는 것은 한국 교육을 경험한 사람으로서 우리가 취하면 좋을 법한 차이점을 그들에게서 볼 수 있기 때문이다.

프랑스 교육이 처한 문제점은, 교육만의 것이라기보다 사회 전체가 함께 앓고 있는 문제점이다. 미테랑 집권 2기(1980년대 말)부터 가속화된 신자유주의화, 그리고 사르코지 집권 당시인 2008년에 시작된 금융위기, 그로 인해 심화된 긴축재정이 교육재정을 심각하게 위축시켰다. 교원 축소, 취약 지역에 대한 재정보조 축소, 자연스럽게 이어지는 교사들의 업무 가중, 타 직종에 비해 낮은 임금 인상……. 이 모든 것이 교사들의 사기 저하, 스트레스 가중으로 연결되고 교육의 질을 저하시키고 있다. 나날이 학부모들과 교사들이 힘을 합해 정부에 저항(시위나 서명운동)하기도 하고, 교육청을 향해 담판을 벌이기도 하고……. 나름 교육의 질적 저하를 막기 위해 치열하게 전쟁 중이다.

5. 다문화 가정이라서 차별받은 경험이 있는가?

없다. 내 느낌일 뿐 아니라 아이의 증언이기도 하다. 자신뿐 아니라 다른 어떤 아이도 혼혈 가정의 아이라서 차별을 받는 걸 본 적이 없다. 아이가 초등학교 시절에 "일본 아이니?" 하고 다가온 사람에게 "아니. 한국 아이야" 하고 답했더니 더 이상 질문이 이어지지 않는 경험을 종종 했었다. "혹시 이런 것도 차별이야?" 하고 아이가 묻곤 했다. 상대적으로 프랑스 사람들은 일본에 대한 정보도 많고, 일본에 호의적이기 때문에 있던 현상이다.

　중학교에 간 이후, 이런 상황은 거의 사라졌다. 중학교 아이들 사이에서 확산된 케이팝에 대한 호감 때문일 터. 특별한 차별의 경험이 없는 것은 파리 중심에 있는 공립학교여서 그럴 수도 있다. 한 반 아이들의 국적을 세면 19개 정도는 된다. (한 반에 27~28명 정도 된다.) 누가 누구를 차별할 수 있는 전제가 성립되기 어렵다. 유치원 때부터 지금까지 일관되게 그러하다. 아이가 한국인 엄마를 두었다는 사실로 피곤했던 적은 한 번도 없었다. 그러나 넉넉하지 않은 이민자 가정들이 많은 지역에선 오히려 차별이 자주 작동한다는 이야기를 듣곤 한다.

상대적으로 돈의 힘을 믿는 사람들이 가는 사립학교에서도 다른 양상
이 펼쳐질 가능성이 있다. 프랑스에서 모든 공립학교는 무상교육이 실
시되지만, 사립학교는 유료다. 학교에 따라 다른 비용을 지불한다.

6. 각 가정의 수입에 따라 7단계로 달라지는 비용(급식, 예능 교육, 심지어 바캉
스 비용까지)**에 대한 사회적 문제 제기는 없는가?**

없다. 그것은 프랑스 사회를 지탱하는 민주공화국이라는 대전제에 대
한 사회 성원들의 완벽한 합의 중 하나인 평등(기회의 균등)을 실현하
는 방식이다.

**7. 한국 교육이 당면한 문제들을 해결하기 위해 가장 시급한 과제가 뭐라
고 생각하는가?**

첫 번째는 교사가 자부심을 갖고 교단에 설 수 있는 조건을 만드는 것
이다. 엄마가 불행하면 집안 식구 모두 행복해질 수 없듯, 학교에서도
교사가 불행하면 아이들을 행복한 수업으로 이끌 수 없다. 존엄과 긍
지와 자유의지를 가진 교사만이 아이들에게 그것을 전할 수 있다.

교사 각자가 옳다고 믿는 방식으로 신념을 갖고 학생을 가르칠 수
있어야 한다. 그래야 살아 있는 수업을 진행할 수 있고, 아이들이 무언
가를 교사로부터 받을 수 있다. 그런 차원에서 정부가 교사들의 노조
를 법외노조로 발목 잡고 있는 것은 최악의 반교육적 행동이다. 교사

들의 존엄을 정부가 짓밟으면서 어떻게 높은 수준의 교육이 이뤄지길 바랄 수 있나.

무한경쟁의 살벌한 전쟁터가 되어버린 학교가 회복되려면 정반대로 상생과 협력, 공존의 방법을 학교에서 배울 수 있어야 한다. 교육제도의 혁신 없이, 자기 자신들의 입지를 위해 목소리를 낼 수 없도록 교사들의 손목을 묶어놓은 상태에서 아이들에게 이런 가치를 가르치는 일은 불가능하다.

두 번째는 학생들의 목소리가 학교행정, 교육행정에 지속적·실질적으로 수용될 수 있는 시스템을 만들어야 한다. 아이들의 머릿속에는 행복하게 공부하고 학교를 자신들의 삶을 건강하게 만드는 공간으로 바꿀 생각들이 가득 차 있다. 이것은 아이들과 이야기해보면 알 수 있다. 처음엔 중구난방의 아이디어들이 나오기도 하고 간혹 실수도 있겠지만, 아이들은 자신들이 행복해지는 길을 찾는 데 가장 현명한 지혜를 발휘할 주체임이 분명하다. 그리고 시행착오를 통해 함께 성장해가는 길을 찾는 것, 그것이 민주주의 교육이다.

칼리의 프랑스 학교 이야기

초판 1쇄 발행 2018년 6월 22일
초판 7쇄 발행 2022년 2월 4일

지은이 | 목수정

발행인 | 박재호
편집팀 | 강혜진, 송지영
마케팅팀 | 김용범, 권유정
총무팀 | 김명숙

표지사진 | 황채영
디자인 | 김윤남
교정교열 | 윤정숙
종이 | 세종페이퍼
인쇄·제본 | 한영문화사

발행처 | 생각정원 Thinking Garden
출판신고 | 제25100-2011-320호(2011년 12월 16일)
주소 | 서울시 마포구 양화로 156(동교동) LG팰리스 814호
전화 | 02-334-7932 팩스 | 02-334-7933
전자우편 | 3347932@gmail.com

ISBN 979-11-88388-37-0 03370

이 도서의 국립중앙도서관 출판예정도서목록(CIP)은 서지정보유통지원시스템 홈
페이지(http://seoji.nl.go.kr)와 국가자료공동목록시스템(http://www.nl.go.kr/
kolisnet)에서 이용하실 수 있습니다.(CIP제어번호: CIP2018017420)